W0364018

Den wunderbaren Menschen von der
Franklin Avenue Baptist Church,
meinem Zuhause, wenn ich nicht zu Hause bin.
Wenn ich an Breaking Free denke,
dann denke ich immer auch an euch.
Wie dankbar ich euch wirklich dafür bin,
dass ihr so viel zum Inhalt
und Entstehen dieses Buches beigetragen habt,
lässt sich mit Worten kaum ausdrücken.
Mein Herz gehört euch.

BETH MOORE

DU FÜHRST MICH IN DIE FREIHEIT

Folgen Sie Gott in ein erfülltes Leben!

SCHULTE & GERTH

Die amerikanische Originalausgabe erschien im Verlag
Broadman & Holman Publishers, Nashville, Tennessee
unter dem Titel „Breaking Free“.

Aus dem Amerikanischen übersetzt von Barbara Trebing.

Falls nicht anders vermerkt, wurden die Bibelzitate
der Lutherbibel von 1984 entnommen.
Die Abkürzung „Hfa“ steht für die Bibelübersetzung „Hoffnung für alle“.

Best.-Nr. 815 763
ISBN 3-89437-763-1
1. Auflage 2002
Umschlaggestaltung: Hanni Plato
Umschlagphoto: Bavaria
Satz: Typostudio Rücker
Druck und Verarbeitung: Schönbach-Druck
Printed in Germany
www.gerth.de

Inhalt

Vorwort

Willkommen in meinem Buch „Du führst mich in die Freiheit"!

Eigentlich finde ich, eine Autorin sollte sich keine Gedanken darüber machen, ob ihr Buch den Lesern gefällt oder nicht. Sie sollte einfach versuchen, ihr Bestes zu geben, und alles weitere aus der Hand geben. So weit die Theorie. Aber in diesem Fall versagt sie. Was Sie auf den folgenden Seiten lesen werden, ist mir so wichtig, dass ich mir nichts sehnlicher wünsche, als dass es auch Ihnen wichtig wird. Die Botschaft dieses Buches ist mir so kostbar, dass ich mir von Herzen wünsche, dass sie auch Ihnen kostbar wird.

Ich möchte, dass Sie von dem, was Sie hier lesen, gepackt, dass Sie getroffen werden und sich überhaupt nicht mehr vorstellen können, wie man sich mit einem nur mittelmäßigen Glaubensleben zufrieden geben kann. Jesus möchte uns frei machen. Er möchte uns in die absolute Freiheit führen – die einzige Form von Freiheit, die diese Bezeichnung tatsächlich verdient. Lassen Sie mich den Vorhang schon jetzt ein wenig lüften, damit Sie sehen können, was Sie in diesem Buch erwartet. Ich habe den Weg, den wir gemeinsam gehen wollen, in sechs Abschnitte unterteilt.

Wir beginnen in Teil I mit einer Betrachtung der Schriften des Propheten Jesaja. Ich bin der festen Überzeugung, dass Gottes Wort uns frei macht. Das heißt, sein Fleisch gewordenes Wort, von dem wir in seinem geschriebenen Wort erfahren. Aus diesem Grund beginnen wir auch mit einer Bibelarbeit. Wir sehen uns an, wie die Könige im alten Israel in Gefangenschaft gerieten und wie der König aller Könige Freiheit schafft.

Teil II trägt die Überschrift „Vorrechte und Hindernisse". Wir erfahren etwas von den Vorrechten, die wir durch den Glauben haben und durch die Freiheit für uns letztendlich möglich wird. Wir sehen, wie Gott der Vater diese Vorrechte jedem seiner Kinder zugedacht hat und was uns daran hindert, sie und damit gleichzeitig auch die Freiheit zu gewinnen.

In Teil III wird es dann persönlicher. Wir werfen einen Blick zurück und betrachten die Bollwerke, die Abwehrhaltungen, die oft so tief in uns verwurzelt sind. Erst wenn wir die Trümmer in unserem Leben ansehen, wenn wir erkennen, wann und woran unsere Herzen gebrochen sind, finden wir die Freiheit, die Gott uns verheißen hat.

Nachdem wir uns mit der Vergangenheit auseinander gesetzt haben, wenden wir uns der Zukunft zu. Wir alle haben unsere Träume und manche von ihnen erscheinen unmöglich. In Teil IV sehen wir, dass Gott unsere schönsten Träume noch übertreffen und dass er in uns einen Gehorsam schaffen kann, der Bestand hat.

In Teil V geht es schließlich um die tiefsten Sehnsüchte unseres Herzens. Wir alle sehnen uns nach einer Liebe, die uns nie enttäuscht oder verlässt. Wahre Freiheit kann nur dort entstehen, wo solche Liebe herrscht.

Und zu guter Letzt suchen wir uns einen Punkt, von dem aus wir einen Blick ins gelobte Land werfen können. Wie Mose steigen wir auf einen Berg, um in das herrliche Land der Freiheit zu blicken. Doch anders als er haben wir tatsächlich die Möglichkeit, in dieses Land zu gelangen. Gott zeigt uns seine Herrlichkeit, um uns zu sich zu locken. Deshalb sollten Sie so schnell Sie können kommen. Gehen Sie an den Ort, an dem Sie frei werden. Den Ort, wo wir Gott erkennen und ihm glauben können. Den Ort, wo wir seine Ehre suchen und unsere vergessen. Den Ort, an dem die Erfüllung unserer Wünsche von dem Einzigen kommt, der unserer Seele wirklich Zufriedenheit schenken kann. Den Ort, an dem wir seinen Frieden erfahren, egal was die Welt uns in den Weg stellt. Den Ort schließlich, an dem wir nur noch seine Nähe suchen und uns allein an ihr erfreuen.

Ich wünsche Ihnen, dass Sie frei werden. Ich wünsche Ihnen, dass Sie sich in die große Schar derer einreihen, die die Freiheit suchen.

Einleitung

Willkommen auf dem Weg in die Freiheit

Von allem, was ich bisher geschrieben habe, ist mir nie etwas so wichtig gewesen wie das, worum es in diesem Buch geht. Ich war gerade achtzehn, als ich Gottes Ruf in den vollzeitlichen Dienst hörte und annahm. Ein paar Jahre später sprach Gott erneut recht eindringlich zu meinem Herzen und sagte etwa Folgendes: „Ich habe meinen Sohn gesandt, um die Gebundenen frei zu machen. Und ich schicke dich, damit du die Freiheitsglocke läutest." Dieser Gedanke gefiel mir. Aber obwohl ich ziemlich romantisch veranlagt bin, kam er mir fast ein bisschen zu poetisch vor. Auf jeden Fall klang er ungeheuer evangelistisch. Und damals war ich mir ziemlich sicher, dass ich dazu berufen war, andere zum Glauben und in die Nachfolge zu rufen.

Heute kann ich nur den Kopf schütteln und mich darüber wundern, dass ich meinte, die geistlich Verlorenen seien die einzigen Gebundenen. Gott hat diesbezüglich meine verkrusteten Denkstrukturen auf ziemlich wirkungsvolle Weise aufgebrochen, nämlich von innen nach außen.

Ich hatte keine Ahnung, dass ich selbst gebunden war, bis Gott mich frei machte. Wenn mir früher jemand gesagt hätte, auch ein Christ könne gebunden sein, dann hätte ich mich so lautstark dagegen gewehrt, wie es ein Mensch, dem das Joch der Sklaverei beinahe die Luft abdrückt, nur kann. Ich war die schlimmste Sorte Gefangener, die es geben kann, denn ich war mir meiner Gebundenheit nicht bewusst. Das sind die Gefangenen, die ihren Herren am wehrlosesten ausgeliefert sind. Die leichteste Beute.

Die folgende Definition von Gefangenschaft oder Gebundensein wird uns von nun an durch das ganze Buch begleiten:

Ein Christ ist von allem gefangen, was das überströmende, wirksame, vom Geist erfüllte Leben behindert, das Gott für ihn gewollt hat.

Wir beginnen nun unsere Reise in die Freiheit mit einer Einführung in den Propheten Jesaja. Wir gehen dabei auf zwei verschiedene Arten vor, die wir die mikroskopische und die makroskopische Methode nennen können. Die mikroskopische Sicht gewinnen wir durch die Betrachtung eines Satzes aus Jesaja 9,3 gleich in dieser Einleitung. In Kapitel 1 verschaffen wir uns dann einen breiteren Überblick über die Könige, die zu Lebzeiten von Jesaja regierten. Beide Ansätze geben uns biblische Werkzeuge an die Hand, die uns schließlich zu erkennen helfen, wie wir in Christus die Freiheit erringen können.

Doch nun zunächst zu dem eben erwähnten Satz aus der Feder des „Fürsten aller Propheten". In Jesaja 9,3 finden wir eine ziemlich rätselhafte Stelle:

Denn du hast ihr drückendes Joch, die Jochstange auf ihrer Schulter und den Stecken ihres Treibers zerbrochen wie am Tage Midians.

Wenn Sie sich ein wenig in der Bibel auskennen, dann erkennen Sie hier vielleicht die Anspielung auf Gideon im Buch Richter. In der Zeit, als Midian besiegt wurde, war etwas Entscheidendes passiert, das nicht nur für das Buch Jesaja, sondern auch für den kommenden Erlöser, der die Gefangenen befreien sollte, äußerst wichtig war. Worum ging es?

Am Ende des Buches Josua hatte Gott dem Volk versprochen: „Ich will immer vor euch hergehen und euch den Sieg schenken. Aber eines dürft ihr nicht tun. Ihr sollt keinen fremden Göttern dienen." Doch genau das taten die Menschen und so beginnt Richter 6 mit den beunruhigenden Worten: „Und als die Israeliten taten, was dem Herrn missfiel ..." Ausgehend von diesen Versen wollen wir ein paar Grundsätze formulieren, die die Basis für unsere weitere Diskussion bilden und aus neun Lektionen zum Thema Gebundenheit und Freiheit besteht.

Lektion 1

Es ist möglich, dass Gottes Volk vom Feind unterdrückt wird. Die Israeliten hatten getan, was dem Herrn missfiel. Im Urtext steht in Richter 6,1 das belastende Wort *wieder*. Also gab Gott sie für eine Zeit lang in die Hand der Feinde, damit sie es besser lernten. Vielleicht geht es Ihnen wie mir früher. Ich dachte: „Wenn ich Satan einfach ignoriere und versuche, mit Gott zu leben, dann ist alles gut." Doch wir merken, dass das nicht allzu lange funktioniert, vor allem wenn wir für Satans finsteres Reich auf einmal eine Bedrohung werden.

Lektion 2

Wenn Gottes Kinder unterdrückt werden, dann neigen sie dazu, Unterschlupf zu suchen anstelle von Freiheit. Ein solcher Unterschlupf kann jedoch schnell zu einem Gefängnis werden. Wenn wir bedrängt werden, dann verstecken wir uns oft, anstatt uns mit Gott zusammenzutun und die Freiheit zu suchen. Manchmal ziehen wir uns völlig zurück. Wir verstecken uns hinter unserer Arbeit. Wir verstecken uns hinter dem Einsatz für die Gemeinde. Wir verstecken uns hinter allen möglichen Aktivitäten. Alles, was allein die Symptome behandelt, statt an die Wurzel zu gehen, ist nur ein Versteck.

Lektion 3

Wenn Gott sich nicht mit seiner Kraft für sein Volk einsetzt, hat es dem zerstörerischen Wesen des Feindes wenig entgegenzusetzen. Die Israeliten bauten sich Verstecke, doch in den Versen 5 und 6 erfahren wir, dass die Midianiter, wenn sie in ein Land einfielen, wie ein Schwarm Heuschrecken herankamen – sie waren so viele, dass man sie nicht zählen konnte. Sie überfielen und verwüsteten das Land. Auch wir können gerettet sein, der Heilige Geist kann in uns wohnen, und doch leben wir ständig in der Niederlage, weil der Feind uns überlisten kann, wenn wir uns nicht ganz und gar auf den Heiligen Geist und Gottes Wort verlassen. Wir müssen wissen, dass auch wir überfallen werden können. Deshalb ist es wichtig, dass wir uns in Gottes Wort kundig machen, lernen, was unsere Rechte sind, und lernen, das Handwerkszeug zu gebrauchen, das Gott uns gegeben hat.

Lektion 4

Gott ließ nicht deshalb zu, dass sein Volk unterdrückt wurde, damit es besiegt wurde, sondern damit es am Ende den Sieg errang. Gott lässt die Dinge manchmal so schlimm werden, damit wir gezwungen sind, zu ihm aufzusehen. Der Sieg beginnt immer mit einem Hilferuf. Wenn wir am Ende sind und um Hilfe rufen, dann kann Erstaunliches geschehen.

Lektion 5

Gott möchte seinen Kindern gern erklären, warum sie unterdrückt werden, wenn sie nur bereit sind, hinzuhören. Wir sollen wissen, warum wir bedrängt werden. In den Versen 7 bis 10 schickte Gott einen Propheten zu den Israeliten. Er sollte ihnen sagen, dass sie unterdrückt würden, weil sie andere Götter angebetet hatten. Uns wäre es jedoch meist lieber, Gott würde die Probleme einfach so lösen. Denn über das Warum wollen wir gar nicht viel wissen. „Herr, mach mich frei! Ich muss nicht wissen, warum ich in diesen Schlamassel hineingeraten bin. Wir wollen doch keine alten Geschichten aufwärmen. Hilf mir einfach, hier rauszukommen!" Doch Gott sagt: „Ich will aber, dass du weißt, warum es schief gelaufen ist, damit du es das nächste Mal, wenn du in dieselbe Situation gerätst, besser machen kannst."

Lektion 6

Gott sieht, was seine Kinder können. In Richter 6,11-16 versteckte sich Gideon vor den Midianitern in einer Kelter. Der Engel des Herrn kam und sagte zu ihm: „Der Herr steht dir bei, du starker Kämpfer!" Während Gideon vor Angst zitterte, nannte Gott ihn einen starken Kämpfer – lange bevor er es dann wurde.

Gott nennt auch uns starke Kämpfer. In diesem Buch geht es

darum, wie Gott uns lehrt, als die starken Kämpfer zu leben, die wir in ihm tatsächlich sein können. Sind Sie es leid, sich ständig etwas vorzumachen, und wollen Sie es lernen, als ein starker Kämpfer zu leben?

Lektion 7

Alle Opfer, die wir bei unserer Suche nach Freiheit bringen, werden von Gott angenommen und gesegnet. Diesbezüglich wollen wir etwas ganz Wichtiges beachten. Gideon bereitete Gott ein Opfer zu. Dann lesen wir in Vers 21: „Der Engel des Herrn streckte seinen Stab aus und berührte damit das Fleisch und das Brot. Da kam Feuer aus dem Felsen und verzehrte das Essen."

Damit wir in Christus frei werden können, müssen wir Opfer bringen. Aber wir müssen uns erst darüber im Klaren sein, ob es wirklich Gott ist, der uns um das Opfer bittet. Und wenn er es tut, dann wird er das Opfer, das wir bringen, auch annehmen und segnen.

Wir bringen nicht gern Opfer. Das Tragische dabei ist jedoch, dass wir jede Menge Opfer bringen, sobald wir *nicht* nach dem Willen Gottes leben. Und was haben wir nicht schon alles auf Satans Altar geopfert? Letztlich verzichten wir durch unser Verhalten auf so vieles, was uns in Christus eigentlich zugedacht war, wenn wir nicht nach Gottes Willen leben. Andererseits können wir diese Dinge zurückverlangen, aber zuvor ist es nun einmal nötig, dass wir ein paar andere Dinge aufgeben.

Lektion 8

Damit wir in der Freiheit leben können, die Gott für uns bestimmt hat, müssen wir alle anderen Götter erkennen und loslassen. Gott sagte zu Gideon: „Reiß den Altar Baals nieder" (Vers 25). Und weiter in Vers 27 wird eine mir recht gut bekannte Verhaltensweise beschrieben. Gideon nahm zehn von seinen Leuten mit sich und tat, was Gott ihm befohlen hatte, aber weil er Angst hatte, tat er es bei Nacht und nicht am Tag. Finden Sie das nicht auch sympathisch? So verhielt sich Gottes starker Kämpfer! Macht Ihnen das nicht Mut? Er tat es bei Nacht. Aber wenigstens tat er es. Nun sind wir aufgefordert, es genauso zu machen.

Wir werden dabei ein paar Götzen entdecken, von deren Vorhandensein wir noch nichts wussten. Darüber hinaus werden wir auch einen Blick zurück auf die Generationen vor uns werfen, um zu sehen, welche Götzen es in unserer Familie gab, von denen wir uns lossagen und die wir umstürzen müssen, damit wir die Freiheit erleben, die Gott für uns bereithält.

Lektion 9

Gott möchte alle Zweifel darüber, wer den Sieg erringt, aus dem Weg räumen. Bei Gideon tat er das auf eindrückliche Weise. Sie kennen wahrscheinlich das Ende der Geschichte. Gideon rief ein Heer zusammen. Die Feinde waren so zahlreich wie die Heuschrecken, aber Gott sagte, Gideons Heer sei zu groß. Er musste also die weltweit erste Truppenreduktion vornehmen. Gott ließ Gideons Heer von 32.000 auf 300 Mann verkleinern.

Demzufolge kann uns keine noch so große Willenskraft in die Freiheit führen. Wir sind nur dann siegreich, wenn wir unser ganzes Leben dem Geist Gottes ausliefern und nicht wenn wir die Zähne zusammenbeißen und es noch mehr versuchen.

In Richter 7,9-18 zeigt Gott, wer den Sieg brachte. Gott sagt: „Fürchtest du dich aber hinabzugehen ... damit du hörst, was sie sagen“ (Vers 10-11). Der Staub hatte sich noch nicht gelegt, da war Gideon schon auf und rannte los. Er wollte sehen, wovon Gott redete, denn er war in Todesängsten. Und wissen Sie was? Bei Gott macht das gar nichts. Er weiß, wann wir Angst haben und unsicher sind. Ich selbst habe manchmal das Gefühl, als würde Gott zu mir sagen: „Weißt du, Beth, ich verstehe, dass du über diese Sache nicht glücklich bist. Ich verstehe, dass du Angst hast. Ich verstehe es, wenn du deswegen weinen musst. Weine, gräme dich, das macht doch nichts. Aber tu meinen Willen. Mit mir wirst du siegen.“ Gideon tat den Willen Gottes und fand dabei heraus, dass die Midianiter wegen *ihm* in Todesängsten schwebten!

Er kehrte ins Lager der Israeliten zurück und führte sein Heer zum Sieg. Was war nun aus dem Feigling geworden, wie wir ihn vorher gesehen haben? Wenn wir bei Gott bleiben, dann sind wir ein einzigartiges Glied an seinem Leib und können selbst dann die Führung übernehmen, wenn wir es vorher gar nicht wollten. Das geschieht, wenn Menschen zu Siegern werden.

Wollen Sie mit mir ein Hingabegebet sprechen? Wir wollen Gott dieses Buch schenken. Wir wollen es ihm erlauben, an uns zu wirken, uns frei zu machen, in die tiefsten Tiefen unseres Herzens zu sehen und uns zu lehren, wie wir ein siegreiches Leben führen können.

Herr, am Anfang dieses Weges ist unser Herz voller gespannter Erwartung. Wir wollen so gern anders werden. Wir laden dich ein, an uns etwas zu wirken, was wir nicht in Worte fassen können. Wir wollen dir den ganzen Inhalt dieses Buches und das, was er an uns bewirken kann, bringen. Vater, wir bitten dich, dass wir nichts tun, was dich hindert oder stoppt, auch wenn die Wahrheit wehtut. Wir wissen, dass du uns ein Leben in Fülle geben möchtest, damit wir in dem Sieg leben können, für den dein Sohn am Kreuz gestorben ist. Herr, wir beugen uns vor dir und bitten dich, in und durch uns dein mächtiges Werk zu tun, damit wir für den Rest unseres Lebens deinen Namen verkündigen. Du allein bist Gott. Es gibt keinen anderen Erlöser. Wir danken dir schon jetzt für alles, was du tun willst. Alle Ehre gehört alleine dir. In Jesu Namen, Amen.

Teil I
Aus der Gefangenschaft in die Freiheit

Gleich hier am Anfang unserer Betrachtungen muss ich Sie warnen. Wir werden uns zwar einige biblische Schlüssel für den Weg in die Freiheit ansehen, aber erwarten Sie bitte keine Patentlösung. Gott wirkt vor allem durch sein Wort. Wir behalten sein Wort in unserem Herzen, damit wir nicht wider ihn sündigen (Psalm 119,11). Die Merkverse für unsere gemeinsame Betrachtung sind – in der Reihenfolge wie sie erscheinen – folgende Abschnitte aus Jesaja: 61,1-4; 43,10; 43,6-7; 55,2; 26,3 und 43,2-3. Ich empfehle Ihnen, sich die Verse jeweils auf einem Kärtchen zu notieren. Versuchen Sie nicht mehr als einen Vers auf einmal zu lernen. Tragen Sie die Kärtchen immer bei sich. Sagen Sie sich die Verse so oft wie möglich vor. Auf diese Weise können Sie versuchen alle Verse auswendig zu können, bis Sie die Lektüre dieses Buches beendet haben. Beginnen Sie mit Jesaja 61,1 und fahren Sie anschließend mit den Versen 2, 3 und 4 fort.

Der Geist Gottes des Herrn ist auf mir,
weil der Herr mich gesalbt hat.
Er hat mich gesandt, den Elenden gute Botschaft zu bringen,
die zerbrochenen Herzen zu verbinden,
zu verkündigen den Gefangenen die Freiheit,
den Gebundenen, dass sie frei und ledig sein sollen;
zu verkündigen ein gnädiges Jahr des Herrn
und einen Tag der Vergeltung unseres Gottes,
zu trösten alle Trauernden,
zu schaffen den Trauernden zu Zion,

dass ihnen Schmuck statt Asche,
Freudenöl statt Trauerkleid,
Lobgesang statt eines betrübten Geistes gegeben werden,
dass sie genannt werden „Bäume der Gerechtigkeit“,
„Pflanzung des Herrn“, ihm zum Preise.
Sie werden die alten Trümmer wieder aufbauen
und, was vorzeiten zerstört worden ist, wieder aufrichten;
sie werden die verwüsteten Städte erneuern,
die von Geschlecht zu Geschlecht zerstört gelegen haben.
(Jesaja 61,1-4)

Kapitel 1

Vom Königsthron in die Gefangenschaft

Und als [Usija] mächtig geworden war, überhob sich sein Herz zu seinem Verderben. (2.Chronik 26,16a)

Wir wollen unseren persönlichen Weg in die Freiheit an einer auf den ersten Blick etwas eigenartigen Stelle beginnen. Wir werden uns nämlich zunächst die Könige ansehen, die während der Zeit regierten, als Jesaja als Prophet wirkte. Wir tun dies aus drei Gründen:

- Erstens verkörpert jeder dieser Könige Probleme, denen auch wir auf unserem Weg in die Freiheit begegnen. Wenn wir erkennen, wieso diese Könige in Gefangenschaft gerieten, erkennen wir in gewisser Hinsicht auch uns selbst. Und ich hoffe, wir entdecken auch die ersten Hinweise darauf, wie wir der Gefangenschaft entkommen können.
- Zweitens hilft uns dieser Einstieg, den Propheten Jesaja und seine Botschaft besser zu verstehen.
- Und drittens bin ich einfach der Meinung, dass sich eine intensive Beschäftigung mit der Bibel immer lohnt. Gott hat meine Auseinandersetzung mit seinem Wort dazu gebraucht, um mich frei zu machen. Zeit mit der Bibel ist nie verlorene Zeit.

Bevor wir uns nun aber dem ersten König zuwenden, wollen wir etwas über Jesaja erfahren. Jesaja war zu einer Zeit Prophet, als Israel geteilt war. Nach dem Tod König Salomos im Jahr 931 v.Chr. wurde das Land in ein Nord- und ein Südreich aufgeteilt. Das Südreich trug den Namen Juda, der nördliche Teil hieß weiterhin Israel.

Die Propheten Hosea und Micha lebten zur selben Zeit wie Jesaja.

Der Name Jesaja bedeutet „der Herr rettet" und das Wort *Rettung* kommt im Buch Jesaja 27 Mal vor – doppelt so häufig wie bei allen anderen Propheten zusammen. Jesaja war verheiratet und der Titel, den er seiner Frau gab, würde sicher auch uns gefallen. In Jesaja 8,3 nennt er sie „Prophetin".

Wie mag es wohl geklungen haben, wenn die beiden vorgestellt wurden? Der Prophet Jesaja und seine Frau, die Prophetin. Der Mann gefällt mir schon jetzt. Ihnen auch? Frau Jesaja und er hatten zwei Söhne, Schear-Jaschub (ein Rest wird umkehren) und Macher-Schalal-Chasch-Bas (Raubebald-Eilebeute). Ich hätte die beiden, um Zeit zu sparen, sicher Jasch und Chasch gerufen. Jesaja tat das vermutlich nicht. Vielleicht hätte er unter normalen Umständen auch eine humoristische Ader gezeigt. Aber die Zeiten waren nicht danach. Und das drohende Gericht Gottes ist nichts, worüber man seine Späße macht.

Jesaja war gebildet. Vermutlich entstammte er einer Familie der Oberschicht, unter Umständen war er sogar mit dem Königshaus Juda verwandt. Gott gab ihm ein, eines der längsten Bücher der Bibel zu schreiben. Sein Dienst erstreckte sich über 40 Jahre, von 740 v. Chr. bis mindestens 701 v. Chr.

Jesajas Berufung geschah, nicht gerade zufällig, unmittelbar nach dem Tod des ersten Königs, den wir uns ansehen wollen, nämlich Usija. Der Name Usija bedeutet „der Herr ist meine Stärke" und seine Regierung spiegelte auch etwas davon wider. Usija war 16, als er König wurde, und regierte 25 Jahre in Jerusalem. Er führte Juda sowohl wirtschaftlich als auch militärisch zu einem Höhepunkt. Usija könnte als einer der größten Könige zwischen David und Jesus gelten, wenn da nicht etwas gewesen wäre. In 2. Chronik 26,16-23 lesen wir, dass er überheblich wurde und das wurde ihm zum Verhängnis. Er riss die Rolle an sich, die allein den Priestern vorbehalten war, indem er im Allerheiligsten des Tempels Weihrauch verbrannte, obwohl das verboten war. Dafür ließ Gott ihn an Lepra erkranken. Usija war ein guter Mensch gewesen, doch am Ende seines Lebens hieß es von ihm nur noch: „Er war aussätzig."

Hochmut und Überheblichkeit können in Gefangenschaft führen (Jeremia 13,15-17). Und im Leben des Usija sehen wir das ganz konkret. Deshalb ist sein tragisches Ende für uns eine erste Warnung. Stolz ist ein Hindernis, dem jeder Gläubige auf dem Weg in die Freiheit begegnen wird.

Usija starb nach einer erfolgreichen Regierungszeit in totaler Isolation. Sein Sohn Jotam glich ihm insofern, als auch er mächtig wurde und geschickt regierte. Doch in einem unterschied er sich von seinem Vater: „So wurde Jotam mächtig; denn er wandelte recht vor dem Herrn, seinem Gott" (2. Chronik 27,6). Es scheint, als hätte Jotam aus dem Niedergang seines einst so großen Vaters gelernt.

Jotam tat, „was dem Herrn wohl gefiel" (2. König 15,35), aber auch er übersah etwas Entscheidendes. Das Volk opferte anderen Göttern wie Baal und Aschera. Die Orte, wo diese Götter angebetet wurden, nannte man „Höhen". Jotam ließ es zu, dass sie in Juda beibehalten wurden. Er suchte Gott und wandelte recht vor dem Herrn, aber er versäumte es, darauf zu achten, dass nur der einzig wahre Gott angebetet wurde. Darum dient er uns als Sinnbild für einen weiteren Weg in die Unfreiheit. Damit wir in Christus frei sein können, müssen unsere „Höhen" fallen. Wir müssen bereit sein, jede Art von Götzendienst abzulegen.

Im Leben von Usija und seinem Sohn Jotam sehen wir also zwei große Hindernisse, nämlich den *Stolz* und den Unwillen, sich vom *Götzendienst* loszusagen. Wir sehen außerdem, wie der Unglaube sich fortsetzt, denn beide wurden immer wieder davor gewarnt, was passieren würde, wenn sie sich widersetzten. Dieselben Hindernisse begegnen auch uns auf dem Weg zur Erlösung.

Nach dem Tod seines Vaters Jotam wurde Ahas König, doch er „tat nicht, was dem Herrn wohl gefiel" (2. Chronik 28,1). Er ließ Götzenbilder anfertigen, opferte dem Baal und räucherte auf den Höhen. In einem Abgrund von Bosheit, den man sich nicht ausmalen mag, ließ er, wie es in Vers 3 heißt, sogar seine eigenen Söhne im Feuer verbrennen. Kann man sich ein solches Verhalten von einem der Könige des Volkes Gottes überhaupt vorstellen?

Wir wollen auch nicht übersehen, dass Ahas selbst auf den Höhen opferte. Diese Höhen waren für den jungen, leicht zu beeindruckenden Ahas deshalb zugänglich, weil sein Vater Jotam sie nicht zerstört hatte. Es ist also kein Zufall, dass die Scheußlichkeiten, die Jotam nicht sehen wollte, seinem Sohn schließlich zum Verhängnis wurden. Wir werden noch darauf zurückkommen, wie die Sünden von Eltern und Großeltern an die Kinder weitergegeben werden.

Wir kommen nun zum vierten König und einem bemerkenswerten Phänomen, das ohne Gott kaum vorstellbar ist – dem gerechten Sohn eines ungerechten Vaters. Hiskia war das genaue Gegenteil seines Vaters Ahas. Er tat, was Jotam versäumt hatte. Hiskia zerstörte die Höhen. Er bemühte sich von ganzem Herzen um Erneuerung und Aufbau. Ich frage mich, wann sein Verhalten und sein Denken sich von dem seines Vaters abwandten. Ob es ihm zu schaffen machte, dass er seine Brüder auf einem heidnischen Altar verloren hatte, und er einem Vater misstraute, der so etwas tun konnte?

In 2. Chronik 32 lesen wir eine der interessantesten Befreiungsgeschichten der ganzen Bibel. König Sanherib von Assyrien fiel in Juda ein und belagerte seine Städte. Die assyrische Armee zog sich um Jerusalem zusammen und ihre Obersten versuchten, die Bewohner der Stadt einzuschüchtern. Doch sie begingen einen entscheidenden Fehler – sie verhöhnten den Gott Israels.

Der assyrische Botschafter wollte die Bewohner von Jerusalem davon überzeugen, dass ihr Gott sie nicht retten könne. Er sagte, die anderen Völker wären von ihren Göttern nicht gerettet worden und mit Israels Gott werde es nicht anders sein. Doch er stellte die falsche Frage: „Wo ist einer unter allen Göttern ... der sein Volk hätte erretten können aus meiner Hand, dass euer Gott euch aus meiner Hand sollte erretten können?" (2. Chronik 32,14).

Aus 2. Chronik 32,20 lässt sich schließen, dass Hiskia und Jesaja Angst hatten. Aber sie taten mit ihrer Angst etwas Geniales – sie schrien zum Herrn. „Und der Herr sandte einen Engel; der vertilgte alle Kriegsleute und Obersten und Hauptleute im Lager des Königs von Assur, dass er mit Schanden wieder in sein Land zog" (2. Chronik 32,21).

Vielleicht meinte Hiskia, der Angriff Sanheribs sei das Schlimmste gewesen, was er je erlebt hatte – bis ihn eine andere, viel persönlichere Angst traf.

In Jesaja 38 sagt Gott Hiskia, er müsse sterben. Da drehte Hiskia den Kopf zur Wand und schrie zu Gott, woraufhin dieser dem König noch weitere 15 Jahre schenkte. Jesaja sprach, man „solle ein Pflaster von Feigen nehmen und auf sein Geschwür legen, dass er gesund würde" (Vers 21). Ich finde es faszinierend, dass Gott Hiskia durch einen ärztlichen Eingriff heilte. Offensichtlich sieht er keinen Widerspruch zwischen Glaube und Medizin.

Doch kaum war Hiskia wieder gesund, da tat er, als habe die Begegnung mit dem Tod ihn selbst zum Arzt gemacht. Er sagte zum Beispiel:

„In deiner Liebe hast du mich vor Tod und Grab bewahrt" (Vers 17, Hfa), als hätte Gottes Entscheidung, ihn zu verschonen, etwas damit zu tun, dass Gott ihn mehr liebte als andere. Doch Gott kann uns gar nicht mehr oder weniger lieben, als er es jetzt gerade tut. Ob er jemanden heilen will oder nicht, ist allein seine Entscheidung. Und alle seine Entscheidungen entspringen seiner Liebe. Aber ob er uns nun heilen oder zu sich heimrufen will, seine Liebe ist immer gleich.

Hiskia meinte auch, Gott habe ihm deshalb 15 weitere Jahre geschenkt, weil nur die, die auf der Erde leben, Gott preisen können (Vers 19). Es gibt im Alten Testament nur sehr wenige Menschen, die eine leise Ahnung von der Auferstehung hatten. Hiskia dachte ganz offensichtlich, dass es außer dieser Welt nichts gebe. Ich selbst habe all die Jahre hindurch allerdings gemeint, ich könnte Gott erst nach meinem Tod so loben, wie ich es sollte, und bis dahin sei mein Lob ziemlich beschränkt.

Doch es kommt noch schlimmer. Was Hiskia dann sagt, ist ein echter Hammer, und ich finde, jemand hätte ihm seinen Feigenverband in den Mund stopfen sollen, bevor er sagen konnte: „Nun kann ich den Rest meines Lebens gelassen verbringen" (Vers 15, Hfa).

Wir haben eine erschreckende Neigung zu vergessen, was Gott für uns getan hat. Eine Zeit lang denken wir noch daran. Doch wenn wir nicht auf unser Herz und unseren Verstand achten, beginnen wir irgendwann zu meinen, wir hätten etwas Besonderes getan und deshalb sei Gott so gut zu uns gewesen. Auch das ist ein Weg in die Gebundenheit. Es ist der Weg in die Gesetzlichkeit. Hiskia meinte, zwischen ihm und Gott sei nun alles in Ordnung, weil er das Richtige getan hatte.

Wir müssen nicht weit blättern, um festzustellen, dass Hiskias selbst geschaffene Gerechtigkeit nicht allzu lange funktionierte. Botschafter aus der anscheinend unbedeutenden Stadt Babylon kamen nach Jerusalem, um ihm zu seiner wiedergewonnenen Gesundheit zu gratulieren. Voll Arroganz und dummem Stolz zeigte er ihnen alle Schätze der Stadt. Er missachtete alle Vorsichtsregeln und freute sich an der Bestätigung von Seiten der Gottlosen.

Hiskias Leben ist eine deutliche Mahnung, dass niemand vor dummem, aus Stolz genährtem Handeln sicher ist. Vielleicht wollen wir Gott nicht Tag für Tag darum bitten, uns demütig zu machen, weil Demut meist etwas unbequem ist. Es könnte ja sein, dass wir in eine peinliche Situation geraten oder versagen. Aber sollten wir nicht viel größere Angst vor dem haben, was der Stolz anrichten kann? Der Stolz hat immer seinen Preis – für uns und meist auch für unsere Nachkommen.

Seit ein paar Jahren habe ich es mir zur Gewohnheit gemacht, jeden Tag meinen Stolz zu bekennen und zu bereuen, selbst da, wo ich nichts davon merke. Ich habe Gott gebeten, mir zu zeigen, wo er sein hässliches Haupt erhebt oder sich heimlich einschleichen will. Und wie oft zeigt mir Gott kleine Stückchen Stolz, die verheerend werden können, wenn man sie wachsen lässt. Dazu ein Beispiel.

Vor kurzem beschloss ich, mir eine neue Bibel zu kaufen. Meine alte sah so aus, als hätte sie jemand in die Spülmaschine gesteckt und das Topfprogramm eingeschaltet. Ich erzählte meinen Kollegen, ich würde die neue Bibel zunächst nur im Büro benutzen, bis ich mich an sie gewöhnt hätte. Zu Vorträgen wollte ich weiterhin die alte Bibel mitnehmen. Noch während ich das sagte, schien es mir, als würde der Heilige Geist mir ins Ohr flüstern: „Hört sich für mich ziemlich stolz an." Und er hatte Recht, denn ich wollte mir nicht die Blöße geben, dass ich vor meinen Hörern nach einer Bibelstelle suchen musste. Mir wurde richtig übel. Von dem Augenblick an legte ich meine alte Bibel zur Seite und suche mir seitdem meinen Weg durch die neue.

Ist Ihnen übrigens aufgefallen, dass die frommen Könige viel mehr mit Stolz zu kämpfen hatten als die gottlosen? Dass wir es doch lernen, uns vor den Dingen zu hüten, die uns gefangen nehmen können. Stolz, Götzendienst, Unglauben, Gesetzlichkeit, das sind die Hindernisse, mit denen auch wir uns auseinander setzen müssen.

Kapitel 2

Die Herrschaft Christi

Der Geist des Herrn ist auf mir, weil der Herr mich gesalbt hat. Er hat mich gesandt, den Elenden gute Botschaft zu bringen. (Jesaja 61,1a)

Wir haben unsere Bibelarbeit damit begonnen, dass wir uns die Könige aus der Zeit des Propheten Jesaja angesehen haben. In den Kapiteln 1-35 predigt Jesaja über die Rebellion von Gottes Volk und die Gefahr, die Juda und Jerusalem von Seiten der Assyrer drohte. Assyrien nahm im Jahr 722 v. Chr. das Nordreich gefangen. In den Kapiteln 36-39 berichtet Jesaja von der Niederlage, die Assyrien durch König Hiskia zugefügt wurde, als er den Angriff Sanheribs abwehrte. Jesaja berichtet auch von der Krankheit Hiskias, seinem Anfall von Stolz und dem Aufstieg Babylons.

Wir haben von den Königen von Juda bereits etwas Wichtiges gelernt. Selbst die Besten waren nicht vollkommen. Selbst die Ehrenwertesten waren nicht heilig und die Demütigsten waren vor Stolz nicht gefeit. Kein irdischer Führer ist dagegen gewappnet, das Falsche zu tun. Und wenn die Freiheit in Christus in unserem Leben Wirklichkeit werden soll, dann müssen wir es lernen, in der Freiheit Christi zu wandeln, egal was die anderen um uns herum tun.

Auf unserem Weg in die Freiheit brauchen wir mehr als einen Führer. Wir brauchen einen Erlöser – einen, der uns immer wieder rettet. Zwar müssen wir nur einmal von der ewigen Trennung von Gott erlöst werden, aber Christus will ständig sein erlösendes Werk in uns tun. Wenn Sie so sind wie ich, dann fällt Ihnen mehr als eine Katastrophe ein, aus der Christus Sie seit Ihrer Bekehrung gerettet hat.

In den Kapiteln 40-66 schlägt Jesaja ein neues Thema an. Er spricht von der Zeit, wenn die Gefangenschaft ein Ende hat. Israel wird von

Gott getröstet werden und wieder seinem ursprünglichen Auftrag nachleben. Ich liebe die Art, wie Gott diesen Wendepunkt im Buch Jesaja formuliert, nachdem er bis dahin von Israels schwerer Sünde und der Strafe gesprochen hat. In Jesaja 40,1 heißt es auf einmal: „Tröstet, tröstet mein Volk! spricht euer Gott."

Und der nächste Vers beginnt mit den Worten: „Redet mit Jerusalem freundlich." Wie dankbar bin auch ich für die freundlichen Worte, die Gott zu mir spricht, nachdem er mich für meine Sünde gestraft hat. Viele von ihnen sind im Buch Jesaja zu finden. Manchmal wundere ich mich über seine Treue. Ja, es ist Treue, dass Gott uns züchtigt, denn wie würden wir aus unserer Rebellion sonst etwas lernen können? Gleichzeitig ist er aber in seinem Trost auch treu.

Gott hat das Buch Jesaja, eine Abhandlung über die Unfreiheit, dazu bestimmt, einige der bemerkenswertesten Prophezeiungen des Alten Testamentes zu überliefern. In einem Buch, in dem er die Schrecken unter einem fremden Joch ankündigt, kündigt er auch den Befreier an. Nicht selten erfüllt Gott seine Verheißungen vorübergehend durch einen menschlichen Mittler, letztlich aber durch Christus allein.

Ich möchte Sie bitten, nun die Verse 1-4 aus Jesaja 61 mit besonderer Aufmerksamkeit zu lesen. Am besten ist es, Sie lesen sie laut. Wir erkennen hier einige wichtige Punkte.

Gott hört das Schreien der Bedrängten

Ja er hört selbst die Schreie derer, deren Bedrängung Folge ihrer eigenen Sünde und Auflehnung ist. Wir dürfen nie aufhören zu glauben, dass Gott sich auch um die sorgt, die körperlich, seelisch, geistig oder geistlich gebunden sind. Die Worte in Jesaja 61,1-4 sind Gottes Reaktion auf die Gefangenschaft, die er vorhersah, wenn er das rebellische Juda betrachtete. Gott ist stets viel mehr an unserer Freiheit interessiert als wir es sind. Er selbst hat die befreiende Beziehung zwischen den Menschen und dem Erlöser hergestellt. „Ich habe das Elend meines Volks in Ägypten gesehen und ihr Geschrei über ihre Bedränger gehört; ich habe ihr Leiden erkannt" (2. Mose 3,7). Gott kennt die Sorgen und Leiden, die aus der Sklaverei herrühren, ganz genau. Und er hat auch ein Gegenmittel. Er ist es, der unsere Bedürfnisse stillt.

Ob die Israeliten ihren Aufsehern in Ägypten in die Hände fielen wie in 2. Mose oder wegen Ungehorsam und Götzendienst in Gefangenschaft gerieten wie in Jesaja, Gott hatte bereits ihre Befreiung im Sinn. Solange jeden Morgen die Sonne aufgeht, will Gott seine Kinder erlösen.

Gottes befreiende Worte aus Jesaja 61,1-4 gelten für uns heute noch genauso wie damals für das Volk Israel. Und sie werden so lange Gültigkeit haben, wie Gott aus seinem Heiligtum in der Höhe auf uns herabsieht und das Stöhnen der Gefangenen hört.

Gott erfüllt Jesaja 61,1-4 allein in Christus

In Lukas 4,14-21 zitiert Jesus Jesaja 61 als sein persönliches Programm. Darum müssen wir die Erfüllung von Jesaja 61,1-4 in Christus sehen. Beide Stellen berichten, dass Jesus vom Geist bevollmächtigt wurde. Wir werden noch sehen, welchen Stellenwert der Heilige Geist für die Freiheit in Christus hat und 2. Korinther 3,17 wird uns dabei besonders wichtig werden. Dort heißt es: „Wo der Geist Gottes ist, da ist Freiheit."

Christus befreit uns durch die Kraft seines Geistes. Und er sorgt dafür, dass wir frei bleiben, indem wir lernen, Tag für Tag in dieser Kraft des Geistes zu leben. Jesaja und Lukas sind sich einig, dass nur Christus dazu gesalbt war, diese Art Freiheit zu bringen.

Das Werk Christi ist ein Werk des Herzens

Ist Ihnen aufgefallen, dass Jesaja 61,1-4 eigentlich eine Arbeitsbeschreibung für Jesus ist? Christus kam, um „die zerbrochenen Herzen zu verbinden, zu verkündigen den Gefangenen die Freiheit, den Gebundenen, dass sie frei und ledig sein sollen ... zu trösten alle Trauernden ... dass ihnen Schmuck statt Asche, Freudenöl statt Trauerkleid, Lobgesang statt eines betrübten Geistes gegeben werde" (Jesaja 61,1-3).

Nach 2. Petrus 3,9 ist es Jesu wichtigste Aufgabe, die Gefangenen aus ihren Gebundenheiten zu befreien. Doch auch erlöste Menschen können noch gebunden sein (Galater 5,1). Wenn ich an Gebundenheit denke, dann fällt mir meist ein Joch ein, das aus irgendeinem kindlichen Trauma oder Missbrauch herrührt, denn das war der Bereich, mit dem ich selbst am meisten zu kämpfen hatte. Ich sage das, weil wir fast alle dazu neigen, unsere Vorstellung von Gebundenheit unwissentlich auf die Bindungen zu beschränken, die wir selbst erlebt oder mit angesehen haben. Doch damit wir aus unseren Studien etwas lernen, wollen wir dieses Thema weiter fassen.

Als ich merkte, dass Gott von mir wollte, dass ich dieses Buch schreibe, bat ich meine Frauengruppe, meinen Horizont etwas zu erweitern und mir von den Bindungen zu berichten, mit denen sie zu tun haben. Ich bat jede Einzelne, die von irgendetwas frei geworden war, mir in einem Brief zwei Fragen zu beantworten:

1. In welchem Bereich bist du ganz konkret frei geworden?
2. Auf welche Weise hat Gott dich befreit und wie lange hat er dafür gebraucht?

Ich weiß nicht, wie ich mich auf ihre Antworten hätte vorbereiten können. Ich werde ihre Namen hier nicht nennen, aber wir alle kennen Frauen wie sie, kluge, gebildete, gläubige Frauen. Sie arbeiten treu in ihrer Gemeinde mit. Sie kommen aus allen möglichen Schichten und aus Angst, verurteilt zu werden, hatten viele von ihnen, außer mit ihrem Seelsorger, noch mit niemanden über das gesprochen, was sie beschäftigte.

Ich hörte erschütternde Geschichten von Gebundenheit an Lust und Neigung zu sexueller Sünde. Mit Tränen in den Augen las ich vom Kampf mit gleichgeschlechtlicher Neigung und der Angst vor Männern, weil sie in der Kindheit missbraucht worden waren. Einige berichteten, wie sie unfähig waren, andere Menschen wirklich zu lieben, selbst den eigenen Mann und die Kinder. Eine Frau schrieb von dem Sieg, den Gott ihr über ihren Drang zu stehlen geschenkt hatte. Eine andere war von chronischer Lügerei befreit worden. Eine Freundin, von der ich es nie vermutet hätte, schrieb, wie sie von der Bitterkeit befreit wurde, die sie wegen körperlichen Missbrauchs in ihrer Kindheit empfunden hatte. Und mir brach fast das Herz bei der Schilderung einer Frau, die durch ihre eigene Unsicherheit Freunde, Gemeinde und eine gute Ehe verloren hatte. Ich las von vielen, die von Vorurteilen und einem kritischen Geist gebunden waren. Andere kämpften mit ihrer

Wut auf Gott, mit Zweifeln, Mutlosigkeit, Einsamkeit, chronischer Unzufriedenheit.

Dabei stammten alle diese Briefe von Frauen, die in Christus Freiheit gefunden hatten. Und wie viele kämpfen heute noch! Doch ich glaube fest daran:

- ▷ Jesus kam, um die Gebundenen zu befreien – egal, von welchem Joch sie gefangen gehalten werden.
- ▷ Er kam, um die zerbrochenen Herzen zu verbinden – egal, was ihr Herz zerbrochen hat.
- ▷ Er kam, um den Blinden die Augen zu öffnen – egal, was ihnen den Blick getrübt hat.

Teil II
Vorrechte und Hindernisse

Wir haben gesehen, welche Rolle die vier Könige zur Zeit Jesajas spielten, und haben ihre Herrschaft mit der Herrschaft Jesu verglichen. Vielleicht haben Sie bereits erste Anzeichen von Gebundenheit in Ihrem eigenen Leben entdeckt. Jetzt sind wir so weit, dass wir die eigentliche Reise beginnen können. In den folgenden Kapiteln werden Sie erfahren, welche Rechte Ihnen zustehen. Gott möchte, dass jedes seiner Kinder im täglichen Leben fünf Vorrechte erfährt. Es geht dabei nicht um Prämien für ein paar besonders gute Gläubige. Gott will, dass wir *alle* jede dieser Verheißungen erleben und erfahren.

Da viele Christen heute ganz offensichtlich nicht so leben, als würden sie diese fünf Vorrechte kennen, wollen wir uns auch fünf Hindernisse ansehen; Dinge, die uns davon abhalten, das Erbe in Anspruch zu nehmen, das Gott uns zugedacht hat.

Ich hoffe, Sie sind dabei, Gottes Wort in Ihr Herz aufzunehmen. Und weil die fünf Vorrechte für unseren Weg so wichtig sind, möchte ich Sie bitten, dass Sie auch diese auswendig lernen. Sie lauten:

1. Gott kennen und ihm glauben.
2. Gott verherrlichen.
3. In Gott Zufriedenheit finden.
4. Gottes Frieden erleben.
5. Sich an Gottes Gegenwart freuen.

Fünf Hindernisse stehen uns dabei im Weg, diese Vorrechte in Anspruch zu nehmen:

1. Der *Unglaube*, der uns daran hindert, Gott kennen zu lernen.
2. Der *Stolz*, der uns daran hindert, Gott zu verherrlichen.
3. Der *Götzendienst*, der uns daran hindert, mit Gott zufrieden zu sein.
4. Die *Gebetslosigkeit*, die uns daran hindert, Gottes Frieden zu erleben.
5. Die *Gesetzlichkeit*, die uns daran hindert, uns an Gottes Gegenwart zu freuen.

Die Bibelverse, die wir im weiteren Verlauf noch auswendig lernen wollen, haben alle mit diesen Vorrechten zu tun. Der Vers für Punkt 1 stammt aus Jesaja 43,10. Schreiben Sie ihn ab und lernen Sie ihn auswendig:

Ihr seid meine Zeugen, spricht der Herr,
und mein Knecht, den ich erwählt habe,
damit ihr wisst und mir glaubt
und erkennt, dass ichs bin.
(Jesaja 43,10)

Lernen Sie auch weiter unseren Hauptabschnitt in Jesaja 61,1-4. Lassen Sie sich nicht entmutigen. Das Auswendiglernen wird Ihnen schon bald leichter fallen. Ein Anfang ist gemacht.

Kapitel 3

Gott kennen und ihm glauben

Kein Ohr hat gehört, kein Auge hat gesehen einen Gott außer dir, der so wohl tut denen, die auf ihn harren. (Jesaja 64,3)

Mir gefällt es, wie Paulus diesen Vers in 1. Korinther 2,9 wiedergibt. Er schreibt: „Was kein Auge gesehen hat und kein Ohr gehört hat und in keines Menschen Herz gekommen ist, was Gott bereitet hat denen, die ihn lieben.“ Fällt Ihnen auf, dass er der Beschreibung von Jesaja etwas hinzugefügt hat?

Gott möchte in Ihrem Leben etwas tun, was Sie sich in Ihrem Herzen noch nie vorstellen konnten. Doch so wie die Kinder Israel von den Babyloniern gefangen gehalten wurden, so können bestimmte Bereiche, in denen wir gefangen sind, uns daran hindern, die Wirklichkeit von Jesaja 64,3 und 1. Korinther 2,9 auszuleben.

Lesen Sie dazu bitte noch einmal nach, wie ich weiter vorne den Begriff Gefangenschaft oder Gebundenheit definiert habe: *Ein Christ ist von allem gefangen, was das überströmende, wirksame, vom Geist erfüllte Leben behindert, das Gott für ihn gewollt hat.* Eine der sichersten Methoden, um festzustellen, wo wir gefangen sind, besteht darin, einmal abzuwägen, ob wir uns an den Dingen, die Gott für seine Kinder möchte, freuen oder nicht. Auf den folgenden Seiten möchte ich fünf wichtige Punkte unserer Beziehung zu Gott behandeln. Wir wollen uns bemühen, jeden Einzelnen von ihnen genau zu begreifen. Dann wollen wir mit Hilfe der so gewonnenen Erkenntnisse untersuchen, was Gott in unserem Leben tun will, damit wir in Christus die wahre Freiheit erfahren.

Doch zunächst möchte ich Ihnen eine Frage stellen. Erleben Sie in Ihrer Gemeinschaft mit Gott durch Jesus Christus schon jetzt etwas von diesen Vorrechten oder kommen Ihnen die Dinge, von denen Sie in der Bibel lesen, nur wie ein paar nette, wohlmeinende Ideen vor?

So, wie die Israeliten gefangen waren, so hält vielleicht auch Sie ein fremdes Joch davon ab, die fünf Vorrechte zu genießen, die Gott seinen Kindern schenken möchte. Wo wir nichts von diesen Vorrechten erleben, ist das ein deutlicher Hinweis darauf, dass wir irgendwo gebunden sind. Nach Jesaja hat Gott seinen Kindern die folgenden fünf Vorrechte zugedacht:

1. Gott kennen und ihm glauben.
2. Gott verherrlichen.
3. In Gott Zufriedenheit finden.
4. Gottes Frieden erleben.
5. Sich an Gottes Gegenwart freuen.

Diese fünf Dinge und die dazugehörenden Bibelverse werden uns als Wegweiser dienen, die uns nach Hause bringen, wenn wir in Gefangenschaft geraten sind. Wir wollen mit einer kurzen Betrachtung der ersten Aussage beginnen. Dann werden wir uns den anderen vier zuwenden.

Wir lesen noch einmal die wunderbaren Worte aus Jesaja 43,10: „Ihr seid meine Zeugen, spricht der Herr, und mein Knecht, den ich erwählt habe, damit ihr wisst und mir glaubt und erkennt, dass ichs bin."

Ist Ihnen klar, warum wir „erwählt" sind? Gott hat uns extra deshalb erwählt, damit wir ihm glauben und erkennen, wer er ist.

Das hebräische Wort, das hier für „wissen" gebraucht wird, lautet *jada*. Dieser Ausdruck steht für Vertrautheit mit einem Gegenstand oder Sachverhalt und wurde oft gebraucht, um die enge Beziehung zwischen Mann und Frau zu beschreiben. Einer der wichtigsten Gründe, warum Sie auf dieser Erde leben, ist der, dass Sie Gott ganz intim und vertraut kennen lernen sollen. Diese intime Beziehung hat zwar einen Anfang, aber sie sollte mit dem, was wir „Bekehrung" nennen, nicht aufhören. Die erste Frage, die Sie sich stellen müssen, lautet darum: „Haben Sie Christus als Ihren persönlichen Heiland angenommen?"

Wenn nicht, dann könnte ich mir nichts Besseres vorstellen, als dass Sie es jetzt auf der Stelle tun, denn Christus ist der einzige Zugang zum

Weg in die Freiheit. In Johannes 8,36 wird das ganz einfach erklärt: „Wen der Sohn frei macht, der ist recht frei."

Etwas vom Schönsten bei der Erlösung ist, dass sie so einfach ist. Christus hat schon alles am Kreuz getan. Ihre Antwort darauf hat nun vier Elemente:

1. Erkennen Sie an, dass Sie ein Sünder sind und sich nicht selbst retten können.
2. Erkennen Sie an, dass Jesus Christus Gottes Sohn ist und nur er Sie retten kann.
3. Glauben Sie, dass er für Ihre Sünden gekreuzigt wurde und wegen Ihnen starb.
4. Übergeben Sie ihm Ihr Leben und bitten Sie ihn, Ihr Erlöser und Herr zu werden.

Wenn Sie Christus schon kennen, dann fragen Sie sich bitte einmal, wie Ihre Beziehung zu ihm aussieht. Ist sie distanziert oder eng und persönlich oder irgendetwas in der Mitte? Wenn Sie eine vertraute Beziehung zu Gott haben, dann kann Ihnen dieses Buch Gelegenheit bieten, sie noch weiter zu vertiefen. Ich wünsche mir um Ihretwillen, dass Sie, wenn Sie die letzte Seite umblättern, sagen können: „Und ich dachte, als ich zu lesen begann, ich würde ihn schon kennen und lieben." Und wenn Ihre Beziehung zu Gott nicht besonders eng und vertraut ist, dann geben Sie nicht auf! Wir werden noch viele Gelegenheiten haben, uns auf sein Herz einzustimmen.

Jesaja 43,10 sagt, dass Gott nicht nur will, dass wir ihn kennen, sondern auch, dass wir ihm glauben. Das hebräische Wort für „glauben", das hier gebraucht wird, lautet *aman* und bedeutet „zuverlässig, treu sein".

Das Maß an Vertrauen, das wir Gott entgegenbringen, ist für jeden Gläubigen von ungeheurer Bedeutung. Es gibt in unserem Leben viele Dinge, die unsere Bereitschaft zum Glauben beeinträchtigen können. Zum Beispiel kann ein Verlust oder Verrat das Maß unseres Vertrauens zutiefst beeinflussen. Auch ein gebrochenes Herz, das nie heilen konnte, kann uns enorm behindern. Einem unsichtbaren Gott vertrauen, das geht nicht von selbst. Eine Vertrauensbeziehung wächst nur, wenn wir im Glauben losgehen und uns bewusst dafür entscheiden, dass wir vertrauen wollen. Die Fähigkeit, Gott zu glauben, entsteht meist durch Erfahrung. „Ich habe gestern erfahren, dass ich ihm vertrauen kann. Da wird er heute nicht treulos werden."

Bevor wir fortfahren, möchte ich Sie bitten, einmal zu überlegen, wie hoch Sie Ihr Vertrauen Gott gegenüber zur Zeit einstufen würden. Wir werden später noch darauf eingehen, welche Erfahrungen das Maß Ihres Vertrauens beeinflusst haben.

Nun möchte ich Sie ermutigen, auch unsere Definition von Gebundenheit auf ein Kärtchen zu schreiben und auswendig zu lernen: *Ein Christ ist von allem gefangen, was das überströmende, wirksame, vom Geist erfüllte Leben behindert, das Gott für ihn gewollt hat.*

Ich freue mich sehr, dass Sie bereit sind, mit mir den Weg in die Freiheit zu suchen, und bete für Sie.

Kapitel 4

Gott verherrlichen

Alle, die mit meinem Namen genannt sind, die ich zu meiner Ehre geschaffen und zubereitet und gemacht habe. (Jesaja 43,7)

Eines der Ziele dieses Buches ist es, herauszufinden, was uns persönlich im Wege steht, ein Leben in Fülle zu führen. Wir haben schon gesehen, dass das Fehlen der Vorrechte, die Gott uns zugedacht hat, ein Hinweis darauf sein kann, dass wir irgendwo gebunden sind. Darum möchte ich Ihnen Mut machen, das Buch nicht nur zu lesen. Ideal wäre es, wenn Sie die Fragen im Arbeitsteil zusammen mit ein paar Freundinnen durchgehen könnten. Und vergessen Sie auch nicht das Auswendiglernen. Schreiben Sie die zehn Verse auf und lernen Sie sie, dazu die Definition von Gefangenschaft und die fünf Vorrechte eines jeden Christen. Ich wünsche mir, dass Sie, wenn wir die letzte Seite aufschlagen, wirklich frei sind, Gott zu suchen und ihm zu vertrauen. Doch nun wollen wir uns Vorrecht Nummer zwei ansehen: Gott verherrlichen.

Was glauben Sie, was Gott meint, wenn er in Jesaja 43,7 von seiner Ehre spricht? Je mehr ich über Gottes Ehre nachdenke, desto mehr bin ich überzeugt, dass man sie nicht beschreiben kann. Wir wollen einmal verschiedene Bibelverse ansehen und die Bedeutung des Wortes in Hebräisch und Griechisch betrachten. Dabei wollen wir aber nicht vergessen, dass Gottes Ehre alles übersteigt, was wir uns nur vorstellen können. Seine Ehre ist alles, was wir nur erahnen können, und noch unendlich viel mehr.

Zunächst sehen wir, dass Gottes Ehre immer etwas bewirkt. In Jesaja 6,3 rufen sich die Serafim vor Gottes Thron zu: „Heilig, heilig, heilig ist der Herr Zebaoth, alle Lande sind seiner Ehre voll!“ Als Mose und Aaron die Herrlichkeit Gottes sahen, da fielen sie auf ihr Angesicht (4. Mose 20,6). In 2. Chronik 5,14 heißt es, dass die Priester „nicht zum Dienst hinzutreten konnten wegen der Wolke, denn die Herrlichkeit des Herrn erfüllte das Haus Gottes". Wenn Gottes Ehre oder Herrlichkeit erscheint, dann wird unsere Routine unterbrochen.

Ist auch Ihnen bewusst, dass Gott sich durch seine Herrlichkeit bekannt macht? In Psalm 19,1 heißt es: „Die Himmel erzählen die Ehre Gottes, und die Feste verkündigt seiner Hände Werk." Psalm 29,9 zeigt etwas von der Macht, die Gottes Selbstoffenbarung ausübt: „Die Stimme des Herrn lässt Eichen wirbeln und reißt Wälder kahl. In seinem Tempel ruft alles: Ehre!"

Doch Gottes Ehre zeigt nicht nur, wer Gott ist, sie ist sogar ein Teil von ihm! In jeder der genannten Stellen aus dem Alten Testament steht das hebräische Wort *kabod,* das „Herrlichkeit, Ehre" bedeutet. Das Wort *kabod* kommt von einem anderen hebräischen Ausdruck, der uns sehr zum Verständnis hilft, von dem Wort *kaved.* Es bedeutet, „berühmt sein ... sich groß oder mächtig erweisen". Mit anderen Worten, Gottes Ehre ist die Art, wie er sich selbst bekannt macht oder seine Macht zeigt. Gott möchte sich den Menschen offenbaren. Und das tut er jedes Mal durch seine Herrlichkeit. Gottes Herrlichkeit ist die Art, wie er zeigt, wer er ist.

Wir wollen nun noch ein paar Stellen im Neuen Testament betrachten und sehen, wie sie uns weiterhelfen. Der Apostel Johannes schildert, wie Christus Gottes Herrlichkeit auf Erden zeigte: „Das Wort ward Fleisch und wohnte unter uns und wir sahen seine Herrlicheit als des eingeborenen Sohnes vom Vater, voller Gnade und Wahrheit" (Johannes 1,14). „Das ist das erste Zeichen, das Jesus tat, geschehen in Kana in Galiläa, und er offenbarte seine Herrlichkeit. Und seine Jünger glaubten an ihn" (Johannes 2,11).

Im Hebräerbrief wird dasselbe zum Ausdruck gebracht, diesmal in Form einer Behauptung: „Er [der Sohn] ist der Abglanz seiner Herrlichkeit und das Ebenbild seines Wesens und trägt alle Dinge mit seinem kräftigen Wort und hat vollbracht die Reinigung von den Sünden und hat sich gesetzt zur Rechten der Majestät in der Höhe" (Hebräer 1,3). Christus ist die Herrlichkeit Gottes.

Petrus sagt dasselbe mit einem etwas engeren Bezug zu unserem Leben: „Alles, was zum Leben und zur Frömmigkeit dient, hat uns seine göttliche Kraft geschenkt durch die Erkenntnis dessen, der uns berufen hat durch seine Herrlichkeit und Kraft" (2. Petrus 1,3). Christus ist nicht nur der Ausdruck von Gottes Herrlichkeit, seine Herrlichkeit gibt uns darüber hinaus alles, was wir brauchen.

Das griechische Wort für Herrlichkeit in diesen Stellen des Neuen Testamentes lautet *doxa*. *Doxa* ist eine Gott eigene und von Menschen nur antwortend anerkannte Qualität. Sie bezieht sich auf die Erscheinung, das Auftreten und die Manifestation der Person und zwar unter Betonung des Eindrucks, der bei den anderen hervorgerufen wird. Gottes Herrlichkeit ist also die Art, in der er sich zu erkennen gibt.

Schauen wir uns noch einmal Jesaja 43,7 an: „Alle, die mit meinem Namen genannt sind, die ich zu meiner Ehre geschaffen und zubereitet und gemacht habe." Ausgehend von dem, was wir aus diesen Versen und unseren Erklärungen gelernt haben, glaube ich, zur Ehre Gottes geschaffen zu sein, bedeutet für alle, die mit seinem Namen genannt sind, zweierlei:

1. Gott möchte sich uns zu erkennen geben.
2. Gott möchte sich durch uns zu erkennen geben.

In 1. Korinther 10,31 heißt es: „Tut alles zu Gottes Ehre." Gott möchte in allem, was wir tun, durch uns erkannt werden! So zu leben, dass Gott verherrlicht wird, ist dasselbe, wie so zu leben, dass Gott gesehen wird.

Wenn Sie so veranlagt sind wie ich, dann wird Ihnen die Verantwortung, die mit solch einer Berufung verbunden ist, sicher Angst machen. Wir sind doch so unvollkommen! Wie sollen andere etwas von Gott erkennen können, einfach dadurch, dass sie uns kennen und unser Leben betrachten? Dazu eine andere Definition von *doxa*, die diesen Begriff im Blick auf den Menschen sieht: „Die Herrlichkeit offenbart sich vom Himmel her, aber das Ziel ist die Verklärung der geschaffenen Welt und der Menschheit."

Die Verklärung der Menschheit – Gott will demnach, dass wir seine Herrlichkeit zeigen, aber wir „sind allesamt Sünder und ermangeln des Ruhmes, den [wir] bei Gott haben sollten" (Römer 3,23). Wir haben versagt, es nicht geschafft, gesündigt. Doch jeder, der unseren Gott kennt, weiß, dass er viel zu hartnäckig ist, um sich von unserer Sünde abhalten zu lassen. Paulus erklärt, das Geheimnis sei nun offenbart den Heiligen, „denen Gott kundtun wollte, was der herrliche Reichtum dieses Geheimnisses unter den Heiden ist, nämlich Christus in euch, die Hoffnung der Herrlichkeit" (Kolosser 1,17). Er sprach von dem Geheimnis, dass Christus selbst in jedem Gläubigen lebt. Christus in uns! In Römer 8,9 heißt es: „Wer aber Christi Geist nicht hat, der ist nicht sein." Mit anderen Worten, in dem Augenblick, wo wir Christus als unseren Erlöser angenommen haben, haben wir auch den Heiligen Geist bekommen.

Ist uns klar, was das bedeutet? Es besteht überhaupt keine Aussicht, dass Gottes Wesen in uns erkennbar wird, wenn der Geist Christi nicht in uns wohnt. Wenn wir seinen Geist nicht haben, dann ist nichts von Gott in uns, was wir zeigen könnten. Christus ist die einzige Hoffnung auf Herrlichkeit für den Menschen!

Wir verherrlichen Gott in dem Maße, wie wir das Leben Christi in uns nach außen tragen. Ein Leben, das Gott verherrlicht, ist nicht etwas, das wir plötzlich erreichen. Vielmehr verändert uns erst seine Herrlichkeit und strahlt von uns aus, wenn wir auch Zeit in der Gegenwart Gottes verbringen.

Paulus gebraucht das Beispiel von Mose, um diese praktische Wahrheit zu veranschaulichen. Wenn Mose in der Gegenwart Gottes war, dann erstrahlte sein Gesicht so sehr von der Herrlichkeit Gottes, dass er einen Schleier darüber tragen musste (2. Mose 34,33). Paulus schreibt von den Christen: „Nun aber schauen wir alle mit aufgedecktem Angesicht die Herrlichkeit des Herrn wie in einem Spiegel, und wir werden verklärt in sein Bild von einer Herrlichkeit zur andern von dem Herrn, der der Geist ist" (2. Korinther 3,18).

Ich hoffe, es ist Ihnen nicht entgangen, dass wir „von einer Herrlichkeit zur andern" in das Bild Christi verklärt werden sollen. Mir gefällt diese Formulierung. Wir sehen also, Menschen, die ihre Befreiung in Christus ausleben (Galater 5,1; 2. Korinther 3,17), bekommen „immer größeren Anteil" an der Herrlichkeit Gottes. Je mehr sie geistlich wachsen und reif werden, desto besser wird der Geist Christi in ihnen erkennbar. Genauso aber gilt, dass wir dort, wo Christus im Leben eines Gläubigen *nicht* sichtbar wird, erkennen müssen, in welchem Bereich eine falsche Bindung besteht, damit Gott daran arbeiten kann.

Wir sind dazu geschaffen, das unsichtbare Wesen Christi ein wenig sichtbar zu machen. Wenn wir nur ein wenig von der ewigen Bedeutung dieses Gedankens erfassen könnten, dann würden wir alles daransetzen, um alles, was diesen Plan behindert, aus dem Weg zu räumen.

Wissen wir noch, was *doxa* im Blick auf den Menschen bedeutet? Seine Verklärung. Nun denken Sie noch einmal an die Worte aus Jesaja 43,7: „Alle, die mit meinem Namen genannt sind, die ich zu meiner Ehre geschaffen habe." Lassen Sie mich kurz zusammenfassen:

- ▷ Wir wurden zu Gottes Ehre geschaffen.
- ▷ Wir haben keine Hoffnung auf Gottes Ehre, wenn der Heilige Geist, der mit der Bekehrung kommt, nicht in uns wohnt.
- ▷ Wir leben so, wie wir gemeint sind, wenn Gott in uns erkennbar wird.
- ▷ Ein Leben, das Gott verherrlicht oder erkennbar macht, ist ein Prozess, in dem man im Lauf der Zeit und mit zunehmender Reife Fortschritte macht.

Vielleicht fragen Sie sich, wie man erkennen kann, ob das eigene Leben Gott verherrlicht oder nicht. Schauen Sie sich dazu einmal die folgenden Bibelstellen an. Sie helfen zu erkennen, ob Vorrecht Nummer zwei in Ihrem Leben Wirklichkeit ist. Aber seien Sie nicht allzu erschrocken, wenn Sie das Gefühl bekommen, dass Gott in Ihrem Leben noch nicht verherrlicht wird! Er holt unsere Schwächen oder Mängel nie ans Licht, um uns zu verurteilen (Römer 8,1). Nein, er zeigt uns vielmehr die Hindernisse, weil er uns befreien will.

Hier ist meine persönliche Liste von Gedanken und Bibelstellen zu diesem Thema. Ich versuche sie regelmäßig in meinem Leben anzuwenden:

- ▷ Ist bei allem, was ich tue, meine Hauptfrage, ob Gott dadurch verherrlicht wird oder nicht? (1. Korinther 10,31)
- ▷ Suche ich Gottes Ehre oder meine eigene? (Johannes 8,50.54)
- ▷ Hoffe ich bei meinem Dienst an anderen vor allem, dass sie irgendwie durch mich Gott erkennen können? (1. Petrus 4,10-11).
- ▷ Wenn ich durch schwere Zeiten gehe, wende ich mich dann an Gott und versuche mit ihm zusammenzuarbeiten, damit er die Schwierigkeiten zu meinem Besten und zu seiner Ehre nutzen kann? (1. Petrus 4,12-13)
- ▷ Gibt es Dinge, die ich nur deshalb schaffe oder denen ich nur deshalb widerstehen kann, weil Gott mir seine Kraft gibt? (2. Korinther 4,7)

Keine Angst! Keiner von uns kann Gott bei allem, was wir sagen oder tun, ständig ehren. Aber wir können echte Befreiung in Christus erleben. Gott möchte viel mehr tun, als wir je gehört oder gesehen haben oder uns überhaupt vorstellen können (1. Korinther 2,9). Gott bewahrt uns vor Stolz, indem er uns manchmal gar nicht erst merken lässt, in welchem Maße wir ihn tatsächlich verherrlichen. Doch wenn wir die obigen Fragen mit einem herzhaften „Ja" oder „Doch, ich mache Fortschritte" beantworten können, dann wird er verherrlicht. Vergessen Sie nur nicht, zu ihm zu kommen und ihm dafür die Ehre zu geben!

Vielleicht haben Sie dieses Kapitel als schwierig empfunden. Vielleicht haben Sie das Gefühl, Sie hätten noch viel zu tun, bis Sie Gottes Plan erfüllen. Ich hoffe aber, dass Sie stattdessen all die herrlichen Möglichkeiten sehen, die er für Sie bereithält. Auf der anderen Seite können Sie vielleicht über manchen Ihrer Fortschritte zur Ehre Gottes berichten. Egal, was Gott Ihnen gezeigt hat, freuen Sie sich an den wunderbaren Worten Christi, die auch für Sie gelten. Er sagte sie bereits im Angesicht des Kreuzes:

Ich bitte für sie und bitte nicht für die Welt, sondern für die, die du mir gegeben hast; denn sie sind dein. Und alles, was mein ist, das ist dein, und was dein ist, das ist mein; und ich bin in ihnen verherrlicht.
(Johannes 17,9-10)

Im letzten Satz spricht Christus von dem Reichtum, den er empfangen hat. Egal wo Sie auf dem Weg zu einem verherrlichten, befreiten Leben in Christus stehen, für ihn sind Sie kostbar. Er will Ihnen nichts wegnehmen. Er will Ihnen etwas geben und die Hindernisse vor Ihnen wegräumen.

Bitte nehmen Sie sich am Schluss dieses Kapitels etwas Zeit, um für ein Leben zu beten, das Gott verherrlicht. Sagen Sie Gott, was Ihnen beim Lesen wichtig geworden ist.

Kapitel 5

In Gott Zufriedenheit finden

Ihr werdet die Wahrheit erkennen und die Wahrheit wird euch frei machen. (Johannes 8,32)

Christus gebraucht die Wahrheit aus Johannes 8,32 immer wieder, um uns ans Ziel zu bringen. Doch nicht nur Gottes Wahrheit ist eine absolute Notwendigkeit auf unserem Weg zur völligen Befreiung, auch unsere eigene Wahrhaftigkeit ist gefragt. In Psalm 51,8 heißt es, dass Gott Gefallen hat an der Wahrheit, die im Verborgenen liegt. Erst eine Kombination aus zwei Fahrzeugen – Gottes Wahrheit und unserer Wahrhaftigkeit – wird uns schließlich ans gewünschte Ziel bringen.

Ich betone deshalb, dass die Ehrlichkeit so wichtig ist, weil ich im Folgenden vielleicht ein bisschen ehrlicher werde, als es vielen lieb ist. Doch ich bitte Sie, mich anzuhören und darüber nachzudenken: Viele Christen sind mit Jesus nicht zufrieden.

Ehe Sie nun sagen, das sei Lästerung, lassen Sie mich eins betonen: Jesus ist absolut genug. Ja, er ist der einzige Weg, auf dem jedes sterbliche Wesen wahre Befriedigung finden kann. Dennoch glaube ich, dass ein Mensch Jesus als seinen Erlöser annehmen, ihm jahrelang dienen und ihm in seiner Herrlichkeit begegnen kann, ohne je echte Zufriedenheit in ihm gefunden zu haben. Und wenn Sie selbst wahre Zufriedenheit in Christus gefunden haben und es Ihnen geht wie mir, dann wollen Sie nun sicher auch alles daransetzen, dass andere dasselbe erleben, und deshalb gern das Folgende lesen.

Die Bibel verwendet das Wort *Seele* in verschiedener Bedeutung. Eine davon bezieht sich auf unser nicht materielles Wesen. Wenn ich vom Hunger der Seele spreche, dann meine ich unser Bedürfnis nach innerer Befriedigung. Ist Ihre Seele, Ihr Geist, Ihr Innerstes – Ihr wahres Ich – ganz zufrieden in Jesus? Während wir uns eine Antwort überlegen, wollen wir uns die biblische Bedeutung von *Zufriedenheit* anhand von ein paar Bibelstellen aus dem Alten Testament ansehen.

Jesaja überliefert eine klassische und äußerst poetische Aufforderung Gottes:

Wohlan, alle, die ihr durstig seid, kommt her zum Wasser! Und die ihr kein Geld habt, kommt her, kauft und esst! Kommt her und kauft ohne Geld und umsonst Wein und Milch! Warum zählt ihr Geld für das, was kein Brot ist, und sauren Verdienst für das, was nicht satt macht? Hört doch auf mich, so werdet ihr Gutes essen und euch am Köstlichen laben. (Jesaja 55,1-2)

Der Prophet stellt den Versuchen der Welt, Befriedigung zu finden, das gegenüber, was Gott gibt. Das hebräische Wort für „befriedigen" lautet *saba* und bedeutet „satt werden, satt sein, satt machen". Gott fragt uns: „Warum arbeitet ihr so hart für Dinge, die doch nie ausreichen, die nie genug sind, nie satt machen?"

Fällt Ihnen ein Beispiel ein, wo Sie einmal alles darangesetzt haben, um etwas zu erreichen, das dann doch nicht die Befriedigung brachte, die Sie sich erhofften? Wir alle sind schon von Dingen enttäuscht worden, die uns eigentlich Befriedigung hätten bringen sollen.

In Jeremia 31 finden wir einen anderen interessanten Vers über die Zufriedenheit. Gott sagt, er wolle die Müden erquicken und die Verschmachtenden sättigen – wenn er sie aus der Gefangenschaft erlöst (Jeremia 31,23-25). In Jeremia 31,25 steht für das Wort „sättigen" *male* und dies bedeutet „füllen, einen Behälter füllen, einen Wunsch erfüllen, eine Lücke füllen". Das Wort für „verschmachten" bedeutet „hungern, erschöpft sein, ermatten". Erkennen Sie den Zusammenhang zwischen der Gebundenheit und einer fehlenden Zufriedenheit in Jesus? Wir geraten leicht in Gebundenheit, wenn wir auf unsere Nöte und Wünsche andere Antworten suchen, als Gott sie uns geben kann. Vielleicht haben wir alle eine leere Stelle tief in uns drin, die wir entweder ignorieren oder mit etwas anderem zu füllen suchen als mit Gott.

Ein wesentlicher Schritt, um der Freiheit in Christus Gestalt zu geben, besteht darin, dass wir ihm erlauben, die leeren Stellen in unserem Leben zu füllen. Zufriedenheit in Christus ist möglich. Ich weiß das aus Erfahrung und ich wünsche mir, dass jeder erfährt, wie absolut vollkommen Jesus uns machen kann. Ich spreche nicht von einem Leben voller Aktivitäten, sondern von einer Seele, die erfüllt ist von Christus.

Das Erfülltsein, das er schenkt, kommt nicht automatisch mit der Bekehrung. Ich war schon Anfang dreißig, als ich den riesigen Unterschied zwischen der Erlösung von der Sünde und der Zufriedenheit der Seele begriff. Durch die Erlösung wird unser Leben für alle Ewigkeit gerettet. Die Zufriedenheit der Seele aber schenkt uns hier auf Erden ein Leben in Fülle.

Wir können verschiedene Erkenntnisse über eine zufriedene Seele gewinnen, wenn wir einmal den Vergleich zu unserem leiblichen Körper vornehmen. Ich weiß, dass das etwas primitiv klingt, aber machen Sie doch einfach mal mit. Woher wissen Sie, ob Sie Hunger haben? Ob Sie durstig sind? Und was tun Sie im Allgemeinen, wenn Sie Hunger oder Durst haben? Sie versuchen beides zu stillen. Wenn Sie Ihre körperlichen Bedürfnisse zu lange ignorieren, dann fühlen Sie sich nicht nur schlecht. Sie werden krank. Sie können die Signale, die Ihr Körper aussendet, leicht erkennen. Doch um die Signale der Seele zu erkennen, brauchen Sie schon etwas mehr Weisheit.

Psalm 63 erklärt, wie einer zufriedenen Seele zumute ist. Lesen wir einmal, was David sagt: „Es dürstet meine Seele nach dir, mein ganzer Mensch verlangt nach dir aus trockenem, dürrem Land, wo kein Wasser ist“ (Vers 2). „Denn deine Güte ist besser als Leben; meine Lippen preisen dich“ (Vers 4). „Das ist meines Herzens Freude und Wonne, wenn ich dich mit meinem Munde loben kann“ (Vers 6). Das deutlichste Symptom, dass eine Seele Gottes Befriedigung braucht, ist ein Gefühl der inneren Leere. Das Bewusstsein, dass da eine Art *Loch* ist.

Auch die Seele kann körperliche Symptome zeigen, wenn sie nicht zufrieden ist. Ich stelle mir das gern folgendermaßen vor: So, wie mir der Magen knurrt, wenn ich leibliche Nahrung brauche, so knurrt mein Geist, wenn ihm die geistliche Nahrung fehlt. Wenn die Bedienung im Lebensmittelladen übermäßig gereizt scheint oder mürrisch ist, dann lächele ich manchmal in mich hinein und denke: „Wahrscheinlich waren ihre Kinder schon munter, ehe sie ihre stille Zeit machen konnte!“ Von mir selbst kann ich auf jeden Fall versichern, dass ich mich ganz anders verhalte als sonst, wenn ich nicht die nötige Zeit mit Gott verbracht habe. Dann kann meine Seele ziemlich heftig knurren!

Wie ist es bei Ihnen? Zeigt Ihre hungrige Seele je äußerliche Zeichen wie Gereiztheit, Egoismus, Zorn, unreine Gedanken, Neid, Groll oder sexuelle Begierden?

Hier noch ein anderer Vergleich: Wenn meine Seele lebendiges Wasser braucht (Johannes 4), dann wird mein geistlicher Mund genauso trocken, wenn er die Erfrischung, die nur Gott ihm geben kann, nicht bekommt, wie der richtige Mund austrocknet, wenn ich nicht genug trinke. Die folgenden Bibelverse zeigen, was ein Mund tut, der Gottes lebendiges Wasser erhalten hat.

Lass meinen Mund deines Ruhmes und Preises voll sein täglich. (Psalm 71,8)

Meine Zunge soll singen von deinem Wort; denn alle deine Gebote sind gerecht. (Psalm 119,172)

Gott der Herr hat mir eine Zunge gegeben, wie sie Jünger haben, dass ich wisse, mit den Müden zu rechter Zeit zu reden. (Jesaja 50,4)

Unser letzter Punkt ist sehr wichtig. Wir können mit Gewissheit davon ausgehen, dass unsere Seele nach Gott hungert und dürstet, wenn wir für eine längere Zeit keine geistliche Nahrung zu uns genommen haben. Eine Seele, die an Seelennahrung gewöhnt ist, hat auch einen größeren Appetit. In Psalm 63 kommt zum Ausdruck, dass David daran gewöhnt war, Gottes Macht und Herrlichkeit zu sehen. Gottes Liebe war ihm so vertraut, dass sie für ihn „besser als Leben“ war (Vers 4). Darum vermisste er die Erquickung Gottes, wenn er sie nicht hatte.

Ich denke, uns geht es genauso. Je mehr Gottes Liebe, sein Wort und seine Nähe uns erfüllt haben, desto mehr verlangen wir danach. Wenn wir andererseits zu lange von Gott fort sind, dann spüren wir den Hunger und Durst auch nicht mehr so stark. Ich weiß jedoch aus persönlicher Erfahrung, dass wir, wenn wir eine Zeit lang nichts von der geistlichen Nahrung Gottes zu uns genommen haben, trotzdem nach seiner Befriedigung verlangen, ob uns das bewusst ist oder nicht.

Gott kann das Verlangen unserer Seele stillen. Die Zufriedenheit im Innersten unserer Seele ist ein Ergebnis der wunderbaren Beziehung, die wir in Christus zu Gott haben. Er wartet darauf, den Hunger unserer Seele zu stillen.

Kapitel 6

Gottes Frieden erleben

Er aber, der Herr des Friedens, gebe euch Frieden allezeit und auf alle Weise. Der Herr sei mit euch allen! (2. Thessalonicher 3,16)

Ich kann gar nicht genug betonen, wie wichtig der Friede als ein ganz greifbares, praktisches Vorrecht unserer Beziehung zu Gott ist. Sein Friede sollte uns nicht nur hier und da überraschend überfallen, sondern Grundlage unseres Lebens sein.

In 2. Thessalonicher 3,16 unterstreicht der Apostel Paulus das Wesen des Friedens. Ist Ihnen aufgefallen, für wie wichtig er den Frieden hält? „Auf alle Weise." Frieden ist in jeder Situation möglich, aber wir können ihn nicht auf Befehl hervorrufen. Nein, genau genommen können wir ihn nicht selbst machen. Er ist eine Frucht des Geistes (Galater 5,22).

Wir haben den Frieden Christi. Er wurde uns gegeben, als wir Christus in unser Leben aufnahmen. Wir wissen nur nicht immer, wie wir ihn aktivieren können. Doch wir werden gleich den Schlüssel entdecken, wie wir Gottes Frieden ganz praktisch erleben können. Und auch in den restlichen Kapiteln werden wir uns damit befassen, wie wir es lernen können, diesen Schlüssel immer öfter im Schloss zu drehen.

Jesaja gebrauchte das Wort *Frieden* 26 Mal. Immer wieder verhieß Gott seinem Volk Frieden, wenn es sich ihm nur erneut von ganzem Herzen zuwenden würde. In dem bekannten messianischen Abschnitt aus Jesaja 9,6 wird Christus der „Friedefürst" genannt. Im nächsten Vers wird geschildert, wie er herrschen wird: „Auf dass seine Herrschaft groß werde und des Friedens kein Ende auf dem Thron Davids." Viele von uns kennen auch die Worte aus Jesaja 26,3: „Wer festen Herzens ist, dem bewahrst du Frieden; denn er verlässt sich auf dich." Und wer kann an den Frieden im Buch Jesaja denken, ohne dass ihm die Prophezeiung über Christi Leiden für uns Menschen einfällt? „Aber er ist um unserer Missetat willen verwundet und um unserer Sünde willen zerschlagen. Die Strafe liegt auf ihm, auf dass wir Frieden hätten" (Jesaja 53,5).

Haben Sie in diesen Versen einen gemeinsamen Nenner entdecken können, der sie alle verbindet? Jesaja 9,6-7 zeigt ganz deutlich den Schlüssel zum Frieden: Er heißt Macht und Autorität. Wenn wir dem Friedefürst erlauben, in unserem Leben zu herrschen, dann erleben wir Frieden, entweder sofort oder auf jeden Fall später. Macht bringt also Frieden.

Haben Sie schon erlebt, dass Sie sich Jesus in einer schwierigen Zeit anvertraut haben und einen Frieden spürten, der alles Begreifen überstieg? Und können Sie auch sagen, dass Sie in weit weniger schwierigen Umständen keinen Frieden empfanden? Haben Sie sich je gefragt, woran das lag?

Frieden kommt in Situationen, in denen wir uns völlig der Herrschaft Christi unterstellen. Wenn wir endlich aufhören, die Antwort auf alles Warum in unserem Leben selbst zu finden, und uns dem allmächtigen Gott anvertrauen, dann strömt ganz unerwartet Friede über uns wie ein warmer Sommerregen. Manchmal fehlt uns der Friede in weit weniger stressigen Situationen, weil wir nicht verzweifelt genug sind, sie Gott zu überlassen.

Ich selbst erkannte irgendwann, dass ich einige Verletzungen aus meiner Kindheit Gottes Allmacht überlassen musste, weil ich merkte, dass sie mich sonst wie ein Krebsgeschwür auffressen würden. Als ich es endlich zuließ, dass er auch Herr über meine komplette Vergangenheit wurde, da schenkte mir der Friedefürst nicht nur seinen Frieden, er ließ auch aus schrecklichem Unrecht etwas Gutes werden. Wenn Sie im Blick auf bestimmte Bereiche Ihrer Vergangenheit Ihre Knie noch nicht vor Gottes Autorität gebeugt haben, dann sind Sie immer noch gebunden.

Christus möchte, dass seine Kinder seinen Frieden erleben. Das griechische Wort *klaio* ist der stärkste Ausdruck, der im Neuen Testament für Trauer verwendet wird. Es bedeutet „laut klagen, weinen, beweinen, nach außen hin sichtbaren Schmerz körperlicher oder seelischer Art zeigen". Jesus weinte bei verschiedenen Gelegenheiten, doch nur einmal wird seine Trauer mit dem Wort *klaio* wiedergegeben.

Wir finden den Bericht in Lukas 19,41-42. Als Jesus sich der Stadt Jerusalem näherte, weinte er über sie und sagte: „Wenn doch auch du erkenntest zu dieser Zeit, was zum Frieden dient! Aber nun ists vor deinen Augen verborgen."

Ich glaube, Jesus weint noch immer, wenn er sieht, wie Herzen unnötig in Aufruhr sind. Wir können Frieden in Christus haben, ganz egal in welcher Situation. Aber wir müssen glauben, unsere Knie beugen und lernen, den Frieden zu empfangen.

Wir werden später noch ein paar Gründe nennen, warum es uns so schwer fällt, uns Gottes Herrschaft unterzuordnen. Aber wir sollten daran denken, dass es eine reine Frage des Gehorsams ist, ob wir unsere Knie beugen. Vielleicht ist uns nicht danach zumute, Gott unsere Situation, unsere Verletzung, unseren Verlust zu überlassen. Doch wir können trotzdem lernen, uns im Glauben und Gehorsam und nicht so sehr aus den Gefühlen heraus seiner Autorität anzuvertrauen. Gehorsam ist immer ein Kennzeichen für die echte Hingabe an Gottes Autorität.

Als ich wegen der Verletzungen aus meiner Kindheit endlich meine Knie vor dem Friedefürsten beugte, da spürte ich, dass ich der Person, die mich damals verletzt hatte, vergeben sollte. Er wollte das nicht um dieses Menschen willen, sondern damit ich selbst Frieden bekam. Als ich mich Gott in diesem schmerzhaften Bereich erst einmal ausgeliefert hatte, da schenkte er mir die übernatürliche Kraft, auch zu vergeben. Ein Abschnitt aus Jesaja bringt den Zusammenhang zwischen Gehorsam, Autorität und Frieden ganz wunderbar zum Ausdruck. Gott hat das Recht, alle Autorität in Anspruch zu nehmen, weil er ist, der er ist: „So spricht der Herr, dein Erlöser, der Heilige Israels: Ich bin der Herr, der Gott, der dich lehrt, was dir hilft, und dich leitet auf dem Wege, den du gehst" (Jesaja 48,17).

Sehen Sie, welche Titel Gott sich selbst in diesem Abschnitt gibt? Lassen Sie mich die Reihenfolge einmal umkehren und Ihnen erklären, wie sein Recht auf völlige Autorität in meinen Augen aussieht. Er ist Gott, der Schöpfer des Himmels und der Erde, der Urheber all dessen, was lebt. Er herrscht über alles und in ihm ist alles. Er ist der Herr, der Meister und Eigentümer aller Lebewesen. Er ist es, der den Bund schließt und hält. Er ist heilig. Als der Herr wird er von uns nie etwas verlangen, das nicht richtig oder nicht gut ist und nicht das Licht sehen darf. Er ist vollkommen und ohne Fehl. Schließlich ist er der Erlöser, der Eine, der uns aus der Sklaverei freigekauft hat, damit wir das Leben in Fülle genießen können. Er hat uns erlöst, um uns zu befreien. „Was wollen wir nun hierzu sagen? Ist Gott für uns, wer kann wider uns sein?" (Römer 8,31).

Was würde wohl passieren, wenn wir Gottes Gebote einmal einhalten würden? Keine Frage, er hat es uns deutlich gesagt: „O dass du auf meine Gebote gemerkt hättest, so würde dein Friede sein wie ein Wasserstrom und deine Gerechtigkeit wie Meereswellen" (Jesaja 48,18).

Stellen Sie sich das einmal bildlich vor, Friede wie ein Wasserstrom, und überlegen Sie dabei Folgendes.

Ein Strom ist etwas, das sich bewegt, lebendiges Wasser

Es heißt in Gottes Wort nicht, unser Friede würde sein wie ein Brunnen. Wenn wir ehrlich sind, dann geben wir vielleicht zu, dass wir friedfertige Menschen leicht für langweilig halten. Vielleicht denken wir: Lieber keinen Frieden, dafür aber ein spannendes Leben. Wann haben Sie zum letzten Mal ein paar richtige Stromschnellen gesehen? Kaum ein Wasser ist aufregender als ein Fluss. Wir können ein aktives, spannendes Leben führen, ohne dass es gleich drunter und drüber gehen muss. Frieden wie ein Wasserstrom ist Sicherheit und Ruhe und hat trotzdem manche Unruhe und unvorhergesehene Wendung. Friede heißt Unterordnung unter eine Autorität, der man vertrauen kann, nicht Rückzug von jeder Aktivität.

Ein Fluss ist frisches Wasser, das aus einer Quelle oder Nebenflüssen gespeist wird

Damit wir Frieden erfahren, müssen wir unsere Beziehung zu Gott pflegen. Ich habe festgestellt, dass ich in der Gegenwart keinen Frieden bewahren kann, wenn ich mich auf eine Beziehung aus der Vergangenheit verlasse. So wie ein Fluss durch das zuströmende Wasser aus Quellen und Nebenflüssen ständig erneuert wird, so kommt unser Friede aus einer aktiven, dauerhaften und gehorsamen Beziehung zu dem Friedefürsten. Gott möchte, dass ein Strom des Friedens unsere Seele erfüllt.

Ein Fluss beginnt und endet in einem Gewässer

Jeder Fluss hat eine Quelle und eine Mündung. Ein Fluss hängt von anderen Gewässern ab, er ist immer mit anderen Gewässern verbunden. Genauso entspringt der Friede, der wie ein Strom ist, aus der ständigen Verbindung mit der Quelle Jesus Christus. Und er erinnert uns daran, dass dieses Leben einmal in das ewige Leben in der Herrlichkeit einmünden wird. Das jetzige Leben ist nicht unser Ziel, Halleluja! Wir, die wir Jesus kennen, müssen Felsen und Klippen überwinden, Engpässe und weite Täler durchqueren, aber das Ziel ist der Himmel. Bis dahin kommt es darauf an, dass wir in Jesus bleiben (Johannes 15,4), damit die Verbindung zur Quelle nicht unterbrochen wird.

Freuen Sie sich daran, dass Gott sein Wort mit großer Sorgfalt und äußerster Präzision verfasst hat. Jedes Wort hat er ganz bewusst gesetzt. Wenn er in Jesaja 48,18 sagt, unser Friede sei wie ein Wasserstrom, dann ist das nicht einfach ein hübscher Vergleich. Nein, er meint das wirklich so. Wie bekommt man nun aber diesen Frieden? Wenn man durch die Kraft des Heiligen Geistes (im Gehorsam) auf Gottes Gebote hört. Und Gehorsam gegenüber Gott bringt nicht nur Frieden wie einen Wasserstrom, sondern auch Gerechtigkeit wie Meereswellen und *Beständigkeit*.

Bei Gott sind wir sicher und auf dem richtigen Weg. Dem einzigen Weg, der in einer chaotischen Welt Frieden bringt. Ich hoffe, Sie haben erkannt, dass auch Sie Frieden finden können. Nicht an einem einzigen Tag. Aber Sie können heute beginnen, im Frieden zu leben. Der Weg zum Frieden ist mit Abdrücken gebeugter Knie übersät. Beugen Sie Ihre Knie vor Gottes Macht und Autorität. Ihm können Sie vertrauen. „Und der Friede Christi, zu dem ihr berufen seid, regiere in euren Herzen“ (Kolosser 3,15).

Kapitel 7

Sich an Gottes Gegenwart freuen

Wenn du durch Wasser gehst, will ich bei dir sein, dass dich die Ströme nicht ersäufen sollen; und wenn du ins Feuer gehst, sollst du nicht brennen, und die Flamme soll dich nicht versengen. Denn ich bin der Herr, dein Gott, der Heilige Israels, dein Heiland. (Jesaja 43,2-3)

Ich bezweifle, dass ein Christ den ganzen Tag und in jedem Augenblick die herrliche Gegenwart Gottes spürt. Manchmal müssen wir einfach daran festhalten, dass er da ist, weil er es uns versprochen hat (Hebräer 13,5). Das ist Glaube.

Gottes Wort sagt uns oft, wir sollten uns nicht fürchten. Doch nicht alle unsere Ängste sind unbegründet. Die Gesellschaft, in der wir leben, birgt eine ganze Menge ganz reale Gefahren. Aber haben wir es gemerkt? In Jesaja 43,2 heißt es: „*Wenn* du durch Wasser gehst"! Gott meint nicht, dass seine Kinder nie in Schwierigkeiten geraten. Wenn uns nie etwas Schlimmes zustoßen würde, wie könnte dann die Gewissheit, dass Gott ständig bei uns ist, unsere Ängste stillen?

In Psalm 139,7-12 wird uns versichert, dass Gott immer bei uns ist. „Auch Finsternis [ist] nicht finster" bei unserem Gott (Vers 12). Und Hebräer 13,5 erklärt: „Ich will dich nicht verlassen und nicht von dir weichen." Wir können Gottes Gegenwart nicht entrinnen, auch wenn wir sie nicht ständig spüren.

Gottes Gegenwart in unserem Leben ist absolut unwandelbar; sie kann sich jedoch auf unterschiedliche Weise äußern. So kann es sein, dass Gott die Hinweise, an denen wir seine Nähe erkennen, absichtlich ändert, damit wir einen umso größeren Gewinn davon haben. Manchmal bringt es uns besonders viel, wenn wir, vielleicht in einer schweren Zeit, möglichst viele sichtbare „Spuren" seiner unsichtbaren

Hand erkennen können. Ein anderes Mal haben wir womöglich mehr Gewinn, wenn wir weniger Beweise sehen. Doch Gott liebt uns nicht weniger, wenn wir weniger Hinweise seines Wirkens erkennen. Er möchte nur, dass wir wachsen und lernen, im Glauben zu leben.

In Matthäus 14,25-32 lesen wir, wie Jesus mitten im Sturm über das Wasser kam. Zu seinen verängstigten Jüngern sagte er: „Seid getrost, ich bins; fürchtet euch nicht!" (Vers 27). Aber der Sturm tobte weiter, bis Jesus ins Boot stieg. Es geht deshalb nicht darum, dass wir keine Angst mehr haben, sondern darum, dass seine Gegenwart uns getrost macht. Jesus sagte nicht: „Seid getrost. Ich stille den Sturm. Fürchtet euch nicht." Nein, als der Wind noch heulte, sagte er: „Seid getrost, ich bins; fürchtet euch nicht!"

Christus stillt nicht immer sofort den Sturm. Aber durch seine Gegenwart möchte er sein Kind ruhig machen. „Hab keine Angst. Ich weiß, dass der Sturm tobt und die Wellen ins Boot schlagen, aber ich bin Herr über beides. Wenn ich es zulasse, dass sie so heftig rasen, dann weil ich will, dass du erlebst, dass ich auch übers Wasser gehen kann." Wir werden es wohl kaum je lernen, an den Stürmen unsere Freude zu haben, aber wir können es lernen, uns im Sturm über Gottes Nähe zu freuen!

In Psalm 16,11 sagt David voller Vertrauen: „Vor dir ist Freude die Fülle." Das hebräische Wort für „Freude" lautet *simchah* und bedeutet „sich freuen, fröhlich sein". Wir können es lernen, uns selbst dann über Gottes Nähe zu freuen, wenn das Leben nicht besonders erfreulich aussieht. Ich kann das nicht erklären, aber ich habe es selbst immer wieder erlebt.

Ehe wir uns über Gottes Gegenwart in unserem Leben freuen können, müssen wir es jedoch lernen, diese Gegenwart als unumstößliche Tatsache anzunehmen. Und die größte Zusicherung für seine Gegenwart liegt in diesem Augenblick wahrscheinlich ganz direkt vor Ihnen – nämlich sein Wort. Letztlich hängt alles davon ab, ob wir Gott glauben oder nicht. Wenn wir bereit sind, seine Gegenwart als Tatsache anzuerkennen, dann können wir auch lernen, uns darüber zu freuen.

Sind Sie bereit anzunehmen, dass Gott auch in Ihrem Leben ständig gegenwärtig ist? Sind Sie bereit, sich mehr als je zuvor darüber zu freuen, dass er da ist? Wenn ja, dann nehmen Sie sich ein wenig Zeit zum Beten. Bitten Sie Gott, Ihren Glauben zu stärken und Ihnen zu zeigen, wie Sie sich noch mehr an ihm freuen können.

Die Freude über die Beziehung zu Christus bewirkt, dass wir die fünf genannten Vorrechte erleben und immer stärker erfahren. Denn sie hängen eng miteinander zusammen. Ich will das an einem Vergleich deutlich machen.

Mein Mann Keith und ich sind seit mehr als 20 Jahren miteinander verheiratet. Ich kenne Keith sehr gut und glaube ihm, wenn er mir etwas erzählt (Vorrecht 1). In einem recht irdischen Sinn verherrliche (verehre) ich ihn, weil ich nun schon so lange mit ihm lebe, dass manche seiner Charakterzüge auch auf mich abgefärbt haben (Vorrecht 2). Er gibt mir praktisch alles, was ein Ehemann seiner Frau geben sollte (Vorrecht 3). Ich bin entspannt und habe Frieden, wenn er im Blick auf die Finanzen oder die Absicherung unserer Zukunft die Verantwortung übernimmt (Vorrecht 4). Und ich könnte das letzte Vorrecht unserer Ehe nicht erleben, wenn es die anderen vier nicht gäbe. Dennoch unterscheidet es sich grundlegend von den anderen – ich freue mich einfach daran, dass es meinen Mann gibt (Vorrecht 5).

Doch so sehr ich mich auch an meinem Mann, meinen Töchtern, der Familie und Freunden freue, keine Beziehung macht mich glücklicher als die Beziehung zu Gott. Das ist kein irgendwie mystischer Zustand, zu dem ich *aufgestiegen* bin, und ich habe ihn auch nicht unbedingt schnell oder eher zufällig erreicht. Nein, es war eine Entwicklung. Nicht jeder Augenblick, den ich mit Gott verbringe, ist froh oder beglückend. Die Nähe zu Gott wächst, wenn man alles mit ihm teilt, was man erlebt. Ich habe mit ihm schon bittere Tränen geweint. Ich habe geschrien vor Enttäuschung. Manchmal dachte ich, er wolle mir das Herz brechen. Aber ich habe auch schon laut mit ihm gelacht. Vor Freude geweint. Bin vom Stuhl aufgestanden und vor ihm auf die Knie gefallen oder ich habe vor Begeisterung gequiekt.

Ich bin von einem Extrem ins andere gefallen und wieder zurück. Aber wenn ich meine Beziehung zu Gott mit wenigen Worten beschreiben sollte, dann würde ich sagen, er ist die ultimative Freude meines Lebens. Ich liebe ihn nicht nur. Ich liebe es, ihn zu lieben. Ihm mein Herz zu geben, war kein Opfer. Ich kann es nicht anders sagen: Er wirkt es für mich.

Es fällt mir ein bisschen schwer, das hier so zur Sprache zu bringen, denn ich möchte nicht, dass Sie denken, ich sei stolz auf mein Verhältnis zu Gott. Darum noch dies: Die größte Freude meines Lebens ist etwas, das ich am wenigsten verdient habe. Die Fähigkeit, Gott zu lieben und mich an ihm zu freuen, ist meiner Meinung nach ein absolutes Geschenk der Gnade ... ein Geschenk, das er jedem gerne gibt, der ihm sein Herz überlassen will.

Ich verstehe inzwischen ein bisschen, was der Apostel Paulus meinte, als er sagte: „Ich eifere um euch mit göttlichem Eifer" (2. Korinther 11,2). Ja, ich „eifere" darum, dass auch Sie diese Freude an Gott erleben. Ich möchte gern, dass Gott die größte Wirklichkeit in Ihrem Leben wird. Ich möchte, dass seine Gegenwart für Sie viel konkreter wird als alles, was Sie sehen oder berühren können. Ja, das können Sie erleben. Als Kind Gottes haben Sie sogar ein Recht darauf. Wir sind dazu geschaffen, um in einer solchen Beziehung zu Gott zu leben, aber der Feind will uns immer wieder vormachen, das Leben als Christ bestünde bestenfalls aus Opfern und sei schlimmstenfalls von A bis Z verlogen.

Wir haben mit Hilfe des Propheten Jesaja eine Liste von fünf Vorrechten erstellt, die wir durch Jesus haben. Der Feind hat kein Recht, Ihnen diese Vorrechte vorzuenthalten. Sie gehören Ihnen. In diesem Buch wollen wir Boden zurückgewinnen, den wir preisgegeben haben. Was empfinden Sie, wenn Sie sich die fünf Vorrechte anschauen? Ist da etwas, was Sie zurückhält? Zeigt Gott Ihnen einen Bereich, in dem Sie vielleicht gebunden sind?

Schließen Sie die Lektüre dieses Kapitels mit einem festen Vorsatz. Geben Sie sich ganz in Gottes Hand, damit er Sie dazu befreien kann, so zu sein, wie er es möchte. Bitten Sie ihn im Namen Jesu, dass der Feind Ihnen von dem Sieg, den Gott für Sie bereithält, keinen Handbreit wegnehmen kann. Wir dürfen uns nicht einschüchtern oder von der Angst gefangen nehmen lassen. Satan hat kein Recht auf Ihr Leben. Er wird alles tun, um Sie irrezuführen. Aber Sie müssen das nicht zulassen. „Der in euch ist, ist größer als der, der in der Welt ist" (1. Johannes 4,4).

Hören Sie einmal genau hin. Läutet da nicht schon die Freiheitsglocke?

Kapitel 8

Hindernis eins: Unglaube

Machet Bahn, machet Bahn! Bereitet den Weg, räumt die Anstöße aus dem Weg meines Volks! (Jesaja 57,14)

Wir haben gesehen, dass eine Beziehung zu Gott fünf Vorrechte bringt. Wo eines dieser Vorrechte fehlt, kann das ein Hinweis auf irgendeine Form von Gebundenheit sein. Jesaja schreibt von einer Verheißung und einer Konsequenz, die für mich ganz deutlich von der Freiheit reden. Gott sagte durch Jesaja: „Wer auf mich traut, wird das Land erben und meinen heiligen Berg besitzen. Und er spricht: Machet Bahn, machet Bahn! Bereitet den Weg, räumt die Anstöße aus dem Weg meines Volks!" (Jesaja 57,13-14).

Wenn der König seinen Besuch ankündigte, dann bereitete sich ein Dorf zur Zeit des Propheten Jesaja schon Wochen vorher darauf vor. Arbeiter legten Wege an und bauten eine Straße, damit der König und seine Begleitung es so bequem wie möglich hatten. Wenn der König mit einem Weg nicht zufrieden war, dann konnte es sein, dass er vorbeizog und dem Dorf seine Gunst vorenthielt.

Gott hatte in Jesaja 57,14 allerdings etwas anderes im Sinn. Sehen Sie sich den Vers noch einmal genau an. Ist Ihnen aufgefallen, dass hier das Volk als Reisender genannt wird? Der König ruft nicht dazu auf, alle Hindernisse für sein eigenes Kommen aus dem Weg zu räumen, sondern befiehlt, dass für sein Volk die Steine weggeräumt werden. Sein Volk soll durch nichts daran gehindert werden, in seine Nähe zu treten.

Wir wollen der Aufgabe, die in Jesaja 57,14 beschrieben wird, nachkommen. Ja, es gibt auch bei uns einige Hindernisse, die weggeräumt werden müssen. Aber wir haben auch die Verheißung und den Segen unseres unvergleichlichen Königs. Wir müssen uns nicht fragen, ob er bereit und fähig ist, uns von den Dingen zu befreien, die uns von dem Leben in seiner ganzen Fülle abhalten. Nein, er hat uns ja selbst zur Freiheit berufen. Er will uns die Freiheit schenken. Die Frage ist nur, ob wir unsererseits bereit sind, mit ihm zusammenzuarbeiten und ihm den Weg frei zu räumen.

In diesem Buch werden wir versuchen, Hindernisse zu beseitigen, die sich uns entgegenstellen. Zunächst wollen wir einmal die fünf Hindernisse betrachten, die den fünf bereits behandelten Vorrechten entsprechen. Diese Hindernisse sind so sperrig, dass unser König tatsächlich aufgehalten wird, wenn wir sie nicht anpacken und aus dem Weg schaffen. Worum handelt es sich? Es geht um Unglauben, Stolz, Götzendienst, fehlendes Gebet und um Gesetzlichkeit.

Doch zunächst noch einmal zu Vorrecht Nummer eins: Gott kennen und ihm glauben. Die Tatsache, dass Sie dieses Buch lesen, ist schon ein Beweis dafür, dass Sie Gott kennen lernen möchten. Wir wollen uns darum dem zweiten Teil unseres Satzes zuwenden: Gott glauben.

Was ist Ihrer Ansicht nach das größte Hindernis, Gott zu glauben? So einfach es klingt, es ist der Unglaube, die Entscheidung, Gott nicht zu glauben. Es geht im Moment nicht darum, ob wir *an* Gott glauben oder nicht, sondern darum, ob wir ihm, ob wir dem, was er sagt, glauben wollen. Wir können uns in ein paar Sekunden dafür entscheiden, an Christus und seine Erlösung zu glauben, und es dann für den Rest unserer Tage mehr oder weniger dabei belassen. Das ewige Leben ist gesichert, aber das Leben hier auf der Erde bleibt weiter ziemlich ungewiss. Darum wollen wir noch etwas näher darauf eingehen, was „Gott glauben" bedeutet. Dann verstehen wir auch besser, was es mit dem hinderlichen Gegenteil davon auf sich hat.

Wenn im Neuen Testament ein Vers aus dem Alten Testament zitiert wird, werde ich meist sofort hellhörig. In 1. Mose 15,6 heißt es: „Abram glaubte dem Herrn und das rechnete er ihm zur Gerechtigkeit." Paulus zitiert den Vers in Römer 4,3. Die Verse zeigen, dass die Vorstellung, was Gott glauben bedeutet, in beiden Testamenten übereinstimmt.

In 1. Mose 15,6 lautet das hebräische Wort für „glauben" *'aman*, was so viel bedeutet wie „zuverlässig, treu sein". Das griechische Wort für „glaubte" in Römer 4,3 lautet *pisteuo* und bedeutet „einer Person oder Sache vertrauen". Es ist von dem griechischen *pistis* abgeleitet, das im Neuen Testament auf Deutsch durchweg mit „Glauben" wiedergegeben wird. Es geht beim Glauben in beiden Testamenten also um dieselbe Sache.

Was Unglaube ist, könnten wir nun leicht definieren, doch wir wollen uns noch eine Bibelstelle ansehen, die uns im Verständnis weiterhilft und uns Mut macht. In Markus 9,21-24 bittet der Vater eines besessenen Jungen Jesus um Hilfe – wenn er kann. Jesus erwidert ihm: „Alle Dinge sind möglich dem, der da glaubt." Worauf der Vater ausruft: „Ich glaube; hilf meinem Unglauben!"

Wie wohltuend muss Jesus dieses ehrliche Bekenntnis vorgekommen sein! Der Vater hatte eine korrekte Antwort gegeben: „Ich glaube!" Aber korrekte Antworten sind nicht unbedingt eine Hilfe, wenn das Herz zweifelt. Als der Vater so vor Jesus stand, konnte er nicht anders, als ganz ehrlich zu bitten: „Hilf mir, meinen Unglauben loszuwerden!" Das griechische Wort für „Unglaube" lautet *apistia* und bedeutet „Misstrauen, Unzuverlässigkeit, Unglaubwürdigkeit".

Wir können an Jesus glauben und akzeptieren, dass er Gottes Sohn ist. Wir können uns auf ihn verlassen und darauf, dass er uns die ewige Erlösung schenkt, und dabei doch nicht fest im Glauben stehen und ihm in den kleinen Dingen des Alltags vertrauen.

Der Ausdruck „unglaubwürdig" lässt mich schaudern. Gott hat unser vollstes Vertrauen verdient. Mose hat das so schön zum Ausdruck gebracht: „Gott ist nicht ein Mensch, dass er lüge, noch ein Menschenkind, dass ihn etwas gereue. Sollte er etwas sagen und nicht tun? Sollte er etwas reden und nicht halten?" (4. Mose 23,19).

Können Sie sich an einen Anlass erinnern, wo Gott sich Ihres Vertrauens nicht würdig gezeigt hat? Wenn wir meinen, wir hätten bei Gott Untreue entdeckt, dann kann meiner Ansicht nach dreierlei passiert sein:

1. Wir haben seine Verheißung falsch verstanden.
2. Wir haben seine Antwort nicht mitbekommen.
3. Wir haben aufgegeben, bevor seine Antwort kam.

Die Sache mit dem Unglauben hat eine gute und eine schlechte Seite. Die schlechte? Unglaube ist lähmend. Die Schritte, die wir mit Gott vorwärts gehen, gehen wir im Glauben. Deshalb lähmt Unglaube im wahrsten Sinne des Wortes unser geistliches Vorwärtskommen und ist ein massives Hindernis auf unserem Weg zu einem siegreichen Leben.

Glauben Sie Gott? Oder haben Sie irgendwann aufgehört, an seine Macht zu glauben? Kommen Sie eher in der Haltung zu ihm: „*Falls* du mir helfen kannst, dann tu doch etwas"?

Doch nun die gute Seite! Wenn wir bereit sind, ihm unser mangelndes Vertrauen zu gestehen, dann ist Jesus nur allzu gern bereit, uns zu helfen, damit wir unseren Unglauben überwinden. Der Glaube – der Glaube an die Macht und die Verheißungen Gottes – ist eine ganz wichtige Voraussetzung, um der Freiheit, die wir in Jesus Christus gewonnen haben, Gestalt zu geben.

Wir können ganz leicht testen, wie es um den Zustand unseres Glaubens steht. Gehen Sie einmal die folgenden sechs Aussagen aufmerksam durch. Wo würden Sie sich bei jeder einzelnen Aussage auf einer Skala von 1 bis 10 (10 entspricht dabei „das glaube ich ganz fest") einordnen? Denken Sie über jeden Satz nach, bevor Sie nachlesen, was die Bibel zu den einzelnen Fragen zu sagen hat.

1. Ein Christ kann in manchen Bereichen noch gebunden sein.
2. Christus kann jeden aus jeder Bindung befreien.
3. Gott kennt mich persönlich und möchte für mich nur das Beste.
4. Christen haben einen unsichtbaren, aber sehr realen Feind, Satan, der viel eher eine böse Person als ein böses „Prinzip" ist.
5. Mein Herz will manchmal Dinge, die für mich gar nicht gut sind.
6. Die Bibel ist Gottes inspiriertes Wort. Sie ist wahr.

Vergleichen Sie diese sechs Aussagen nun mit dem, was die Bibel zu jedem einzelnen Punkt zu sagen hat:

1. Paulus wendet sich vor allem an die, die frei geworden waren, und mahnt die Galater: „Lasst euch nicht wieder das Joch der Knechtschaft auflegen" (Galater 5,1).
2. Jesus sagte: „[Der Geist des Herrn] hat mich gesandt, zu predigen den Gefangenen, dass sie frei sein sollen" (Lukas 4,18).
3. In einer der wunderbarsten Aussagen über Gottes persönliches Interesse an unserem Leben schreibt David: „Herr, du erforschst mich und kennst mich. Ich sitze oder stehe auf, so weißt du es; du verstehst meine Gedanken von ferne. Ich gehe oder liege, so bist du um mich und siehst alle meine Wege" (Psalm 139,1-3).
4. Der Apostel Paulus schrieb: „Denn wir haben nicht mit Fleisch und

Blut zu kämpfen, sondern mit Mächtigen und Gewaltigen, nämlich mit den Herren der Welt, die in dieser Finsternis herrschen, mit den bösen Geistern unter dem Himmel" (Epheser 6,12). Und Petrus erklärte: „Euer Widersacher, der Teufel, geht umher wie ein brüllender Löwe und sucht, wen er verschlinge" (1. Petrus 5,8).

5. Vergessen wir auch nicht, was Jeremia über das Herz schrieb: „Es ist ein trotzig und verzagt Ding; wer kann es ergründen?" (Jeremia 17,9).
6. Paulus versichert uns: „Alle Schrift, von Gott eingegeben, ist nütze zur Lehre, zur Zurechtweisung, zur Besserung, zur Erziehung in der Gerechtigkeit" (2. Timotheus 3,16). Und David konnte sagen, das Wort Gottes sei „durchläutert" (Psalm 18,31).

Es gab in meinem Leben eine Zeit, wo ich mich bei keiner dieser Fragen bei 10 eingestuft hätte. Doch in den letzten Jahren hat Gott mir geholfen zu glauben. Wenn wir der Bibel glauben, dann können wir ebenfalls glauben, was sie zu jeder dieser Fragen sagt.

Ihr Problem ist vielleicht, dass Sie nicht ganz überzeugt davon sind, dass die Bibel wirklich Gottes inspiriertes Wort ist. Wenn ja, dann helfen Ihnen biblische „Beweise" leider nicht weiter. Ob Sie es glauben oder nicht, auch ich war nicht immer völlig überzeugt – obwohl ich das nie zugegeben hätte. Doch es war kein Zufall, dass meine Unsicherheit mit einem beträchtlichen Mangel an Wissen einherging. Ich hatte einiges gelernt und die Grundzüge glaubte ich von ganzem Herzen. Aber dass die ganze Bibel Gottes inspiriertes Wort ist, habe ich erst begriffen, als ich anfing, mich wirklich mit ihr zu beschäftigen. Statt Fallstricken und lästigen Widersprüchen entdeckte ich die Schönheit von Gottes Wort und eine so vollkommene Übereinstimmung zwischen Altem und Neuem Testament, dass ich vor Ehrfurcht auf die Knie ging. Die Beschäftigung mit der Bibel hat meinen Glauben hundertfach verstärkt. Und ich staune immer mehr über Gottes Wort.

In der Bibel erkennen wir deutlich, wie wichtig der Glaube für die Frage der Freiheit ist. So wird in Matthäus 9,27-29 zum Beispiel über Jesu Begegnung mit zwei Blinden berichtet. Er fragte sie: „Glaubt ihr, dass ich das tun kann?" Als sie bejahten, berührte er ihre Augen und sagte: „Euch geschehe nach eurem Glauben."

Bitte, verstehen Sie: Jesus ist ganz Gott. Er kann jeden heilen und Wunder tun, egal ob der Glaube eines Menschen groß oder klein ist. Er fordert uns nicht auf, daran zu glauben, dass wir einen festen Glauben haben können. Wir sollen vielmehr glauben, dass er etwas tun kann.

Und wenn es darum geht, uns in die Freiheit zu führen, dann glaube ich, dass er das auch will. Wenn wir uns aber zu sehr auf die physische Seite unserer Freiheit beschränken, das heißt, auf die Freiheit von Krankheit, dann bin ich mir jedoch nicht so sicher. Manchmal heilt Gott eine Krankheit, manchmal will er durch eine Krankheit verherrlicht werden. Er kann immer gesund machen, aber er tut es nicht immer hier auf dieser Erde.

Die Bibel sagt aber klipp und klar, dass Gott die geistlich Gebundenen in jedem Fall befreien will. Er will, dass wir ihn kennen, ihm glauben, ihn verherrlichen, in ihm zufrieden sind, in ihm Frieden haben und uns an ihm freuen. Damit wir auf diesem Weg in die Freiheit mitgehen, müssen wir glauben, dass er willig und fähig ist, uns zu befreien.

Wenn Glaube oder Unglaube nicht Ihr Problem sind, dann passen Sie auf, dass Sie andere, die einen schwächeren Glauben haben, nicht verurteilen (Römer 14,1). Manche Christen waren so lange gebunden und haben so krampfhaft versucht, frei zu werden, dass sie schon fast die Hoffnung verloren haben.

Aber wenn es Ihnen schwer fällt zu glauben, dass Sie wirklich in der Freiheit Christi leben können, wollen Sie dann nicht dieselbe Bitte aussprechen wie der Vater in Markus 9,24? Nehmen Sie sich Zeit zum Beten und bitten Sie unsren Vater im Himmel, Ihren Unglauben zu überwinden.

Und dann lesen Sie noch einmal Jesaja 43,10. Gott möchte, dass wir ihn kennen und ihm glauben. Und Gott zu glauben ist ganz einfach – je besser wir ihn kennen, umso mehr glauben wir ihm. Besser als der Apostel Paulus können auch wir es nicht ausdrücken: „Ich weiß, an wen ich glaube, und bin gewiss, er kann mir bewahren, was mir anvertraut ist, bis an jenen Tag“ (2. Timotheus 1,12). Wir laufen meist nur dann zu Gott, wenn wir sofort Hilfe brauchen. Doch Gott sucht Leute, die ständig mit ihm gehen wollen. Seien Sie bereit zu glauben. Wer ihm vertraut, der wird nicht zuschanden werden.

Kapitel 9

Hindernis zwei: Stolz

„Ich wohne in der Höhe und im Heiligtum und bei denen, die zerschlagenen und demütigen Geistes sind, auf dass ich erquicke den Geist der Gedemütigten und das Herz der Zerschlagenen.“ (Jesaja 57,15)

Als Nächstes wollen wir das Hindernis betrachten, das unserem zweiten Vorrecht im Wege steht: dem Verherrlichen Gottes. Denken wir noch einmal daran, was es bedeutet, Gott zu verherrlichen. Einfach gesagt wird Gott in jedem Menschen verherrlicht, durch den er seine große Macht zeigen kann. Wie können wir wissen, ob Gott durch unser Leben verherrlicht wird? Indem wir eine Haltung annehmen, die ihn ehrt. Im Buch Jesaja hat Gott ein wunderbares Wort verborgen, das eine solche Haltung widerspiegelt. In Jesaja 26,8 heißt es: „Des Herzens Begehren steht nach deinem Namen und deinem Lobpreis.“

Gott wird seine Macht in denen zeigen, deren Herz danach begehrt, seinen Namen zu lobpreisen. Das Wort, das hier im Urtext für „Lobpreis“ steht, heißt *secher* und bedeutet in diesem Zusammenhang „Dankerbietung, Dankerweisung“.

Nach Jesaja 43,7 sind wir zu Gottes Ehre geschaffen. Er will seine Ehre nicht mit anderen teilen, nicht einmal mit seinen eigenen Kindern. Nicht, weil er egoistisch wäre, sondern weil es ihm um unseren ewigen Schatz geht. Wenn er uns aufruft, allein seine Ehre zu suchen, dann deshalb, damit wir die natürliche und oft übermächtige Versuchung, unsere eigene Ehre zu suchen, überwinden. Was also ist Ihrer Meinung nach das größte Hindernis, Gott zu ehren? Der Stolz.

Alexander Pope nannte den Stolz „die nie versagende Tugend der Narren“. Stolz – er zerstört unseren Dienst, unsere Ehen, Freundschaften, Arbeitsstellen und den Charakter. Gott ist am leichtesten in den

Menschen zu erkennen, die vor allem anderen seine Ehre suchen. Das klingt so einfach, ist es jedoch nicht. Kaum etwas widerstrebt unserer menschlichen Natur so sehr wie der Gedanke, die Ehre eines anderen zu suchen. Selbst wenn wir den Ruhm unserer Partner oder Kinder wünschen, geht es uns im tiefsten Inneren oft um die Ehre, die dabei vielleicht auch für uns abfällt.

Damit wir den Zweck erfüllen, zu dem Gott uns erschaffen hat – dass der Herr der gesamten Schöpfung in uns sichtbar wird –, müssen wir die Versuchung überwinden, unsere eigene Ehre zu suchen, und stattdessen nach Gottes Ehre trachten. Wenn wir wollen, dass Gott uns von den Gebundenheiten unseres Lebens befreit, dann müssen wir erkennen, dass Stolz mehr ist als nur Werbung in eigener Sache. Er ist eine gefährliche Verlockung, die uns in die Gefangenschaft führt.

Mit Gottes Gebot, dass wir ihn ehren sollen, geht eine Warnung einher. Was Jeremia über den Stolz zu sagen hat, ist nicht ohne:

Gebt dem Herrn, eurem Gott, die Ehre, ehe es finster wird und ehe eure Füße sich an den dunklen Bergen stoßen und ihr auf das Licht wartet, während er es doch finster und dunkel machen wird. (Jeremia 13,16)

In Vers 17 warnt Gott dann davor, dass sein Volk gefangen weggeführt wird, wenn es stolz ist und nicht auf ihn hört. „Ich muss weinen über solchen Hochmut ..."

Achten wir aber darauf, dass der Stolz sich oft verkleidet. Ich kenne zum Beispiel Leute, die meinten, sie seien viel zu verdorben, um noch gerettet zu werden, viel zu böse und zu sündig. Solche Leute wären schockiert, wenn man ihnen sagen würde, auch diese Haltung sei eine Art Stolz. Denn letztlich meinen sie ja, ihre Sünde oder was sonst ihr Problem ist, sei größer als Gott.

Auch der Stolz ist also ein Brocken, der uns den Weg in die Freiheit versperrt. Wie groß er ist, ist bei jedem verschieden, je nachdem wie heftig wir damit zu kämpfen haben. Doch ich kann mir kaum vorstellen, dass wir nur einen kleinen Kieselstein sehen. Damit wir weiterkommen, muss Gott jedem von uns die Kraft geben, den Brocken wegzurollen, der Stolz heißt. Und ich glaube, er kommt in Bewegung, wenn wir ihm drei heftige Stöße versetzen.

1. Betrachten Sie den Stolz als einen schlimmen Feind

In Sprüche 8,13 heißt es: „Die Furcht des Herrn hasst Hoffart und Hochmut." In Sprüche 11,2: „Wo Hochmut ist, da ist auch Schande; aber Weisheit ist bei den Demütigen." Sprüche 13,10 sagt: „Unter den Übermütigen ist immer Streit; aber Weisheit ist bei denen, die sich raten lassen." Und am bekanntesten sind uns wahrscheinlich die Worte aus Sprüche 16,18: „Wer zugrunde gehen soll, der wird zuvor stolz; und Hochmut kommt vor dem Fall."

Moment mal ... Gott hasst Hochmut; Hochmut bringt Schande und Streit und weist uns den Weg ins Verderben wie eine Kompassnadel den Weg nach Norden zeigt. Obadja 1,3 formuliert es noch pointierter: „Der Hochmut deines Herzens hat dich betrogen", schreibt der Prophet. Und auch wenn du „in Felsenklüften wohnst ... und sprichst: Wer will mich zu Boden stoßen? ... dennoch will ich dich von dort herunterstürzen, spricht der Herr" (Obadja 1, 3-4). Der erste Stoß, den wir dem Stolz versetzen, besteht darin, ihn als schlimmen Feind zu erkennen.

2. Betrachten Sie die Demut als Freund

Demut, wie sie in der Bibel geschildert wird, wird von der heutigen Gesellschaft oft als Zeichen der Schwäche betrachtet. Doch nichts ist weiter von der Wahrheit entfernt. Stolz sein ist leicht; das geht von allein. Zur Demut aber braucht es eine übernatürliche Stärke, die nur die bekommen, die stark genug sind zuzugeben, dass sie schwach sind.

Die Bibel wiederholt sich nicht oft. Welchen Wert die Demut hat, sehen wir darin, dass sowohl Jakobus als auch Petrus aus Sprüche 3,34 zitieren, dass Gott den „Hochmütigen widersteht, aber den Demütigen gibt er Gnade" (Jakobus 4,6; 1. Petrus 5,5).

Und unser Prophet Jesaja sagt von Gott: „Ich wohne in der Höhe und im Heiligtum und bei denen, die zerschlagenen und demütigen Geistes sind" (Jesaja 57,15). Gott selbst sagt: „Ich sehe aber auf den Elenden und auf den, der zerbrochenen Geistes ist und der erzittert vor meinem Wort" (Jesaja 66,2). „Ich sehe auf den" heißt wörtlich „ich achte den". Können Sie sich vorstellen, dass Sie jemand sind, den Gott achtet? Was für ein herrlicher Gedanke! Um den Stolz aus dem Weg zu räumen, müssen wir ihn als bösen Feind erkennen und in der Demut einen Freund sehen.

3. Demütigen Sie sich vor Gott

Jakobus 4,10 und 1. Petrus 5,6 mahnen uns deutlich, dass wir uns demütigen sollen. Demut ist also nicht etwas, das wir einfach haben, sondern etwas, das wir tun müssen. Handeln ist gefragt, bevor wir Demut besitzen. Uns demütigen bedeutet nun aber sicher nicht, dass wir uns hassen sollen. Demut kann man viel eher dadurch erwerben, dass wir unsere Augen vor der Wirklichkeit nicht verschließen. Wir brauchen dazu nur einmal ein paar Kapitel aus der Bibel zu lesen, in denen von Gottes Größe die Rede ist. Hiob 38 zum Beispiel ist eine meiner liebsten Stellen.

Wir müssen uns gewiss nicht hassen, um zu erkennen, wie klein wir sind und dass es deshalb richtig ist, wenn wir uns vor Gott beugen. Denn genau das ist mit demütigen gemeint – dass wir uns vor Gottes Majestät beugen. Wir müssen dazu nicht den Kopf hängen lassen und uns selbst erniedrigen. Wir müssen nur den Kopf aus den Wolken holen. Wir demütigen uns, wenn wir uns jeden Tag Gottes Größe ausliefern.

Der letzte Satz von Daniel 4,34 liefert mir selbst eines der besten Motive, um mich in meinem persönlichen Leben zu demütigen: „Wer stolz ist, den kann er demütigen."

Ich sehe das so: Lieber demütige ich mich selbst, als dass ich Gott dazu zwinge, mich zu demütigen. Lassen wir es doch zu, dass die Umstände, unsere Schwächen oder irgendein Pfahl im Fleisch, den Gott uns lässt, ihre Aufgabe tun – uns zur Demut zu treiben. Nicht, damit wir so klein werden, dass wir nur noch unter Gottes Türvorleger passen, sondern damit er uns erhöhen kann. Nehmen Sie sich heute einen Moment Zeit, um sich zurückzuziehen. Gehen Sie auf Ihre Knie und demütigen Sie sich selbst vor Ihrem herrlichen Gott. Die Engel im Himmel werden sich freuen, wenn sie hören, wie der Stolz wegrollt.

Kapitel 10

Hindernis drei: Götzendienst

Wer sind die, die einen Gott machen und einen Götzen gießen, der nichts nütze ist? (Jesaja 44,10)

Das dritte Hindernis verwehrt uns den Weg zu Vorrecht Nummer drei, nämlich dass wir in Gott Zufriedenheit finden. Gott möchte, dass wir in ihm zufrieden sind, anstatt dass wir Zeit und Mühe an Dinge verschwenden, die uns doch nicht zufrieden stellen können. Doch wenn wir Befriedigung in anderen Quellen suchen, dann machen wir uns des Götzendienstes schuldig.

In Jesaja findet sich eine der schönsten und poetischsten Schilderungen der Gnade in der gesamten Bibel:

Wohlan, alle, die ihr durstig seid, kommt her zum Wasser! Und die ihr kein Geld habt, kommt her, kauft und esst! Kommt her und kauft ohne Geld und umsonst Wein und Milch. (Jesaja 55,1)

Unmittelbar nach dieser Einladung stellt Gott die Frage, die seit Adam jede Generation verfolgt: „Warum zählt ihr Geld für das, was kein Brot ist, und sauren Verdienst für das, was nicht satt macht?" Und wie ein frustrierter Vater, der es seinem Kind nicht begreiflich machen kann, wiederholt es noch mal: „Hört doch auf mich, so werdet ihr Gutes essen und euch am Köstlichen laben." Gottes Rezept für die, die in ihrem Inneren einen Hunger und Durst verspüren (Jesaja 55,1), den sie selbst nicht stillen können, findet sich meiner Meinung nach in Jesaja 55,6. Sie müssen nur dies tun: „Suchet den Herrn, solange er zu finden ist; rufet ihn an, solange er nahe ist."

Ich glaube, Gott schafft und erhält diese tiefe Unzufriedenheit im

Menschen aus gutem Grund. Laut 2. Petrus 3,9 will er nicht, dass irgendeiner verloren geht. Vielmehr will er, dass alle umkehren. Er hat uns einen Willen gegeben, damit wir selbst entscheiden können, ob wir seine Einladung annehmen wollen oder nicht. Aber mit voller Absicht hat er dieses Bedürfnis in uns hineingelegt, das nur er stillen kann.

Ist Ihnen je aufgefallen, dass es eine zutiefst menschliche Erfahrung ist, dass wir nie wirklich zufrieden sein können? Leider stillt auch die Bekehrung allein dieses Bedürfnis nicht. Viele kommen zu Jesus, weil sie etwas suchen, das ihnen fehlt. Doch nachdem sie sich bekehrt haben, suchen sie anderswo nach Befriedigung. Christen können ganz jämmerlich unzufrieden bleiben, wenn sie die Erlösung in Christus zwar haben, dann aber nicht in einer täglichen Beziehung mit ihm leben, die allein zufrieden machen kann. Gott will uns so viel mehr geben, als wir anzunehmen bereit sind.

Unzufriedenheit ist aber nichts Schlechtes. Sie kommt von Gott. Schlecht ist sie nur, wenn sie uns nicht zu Jesus führt. Er möchte, dass wir das Einzige finden, was unsere hungrigen und durstigen Herzen satt machen kann.

Wenn uns klar ist, dass Gott uns in sich volle Zufriedenheit schenken will, dann können wir auch das dritte Hindernis identifizieren, das uns den Weg in die Freiheit versperrt. Dass wir uns nämlich mit irgendetwas anderem als dieser Freiheit zufrieden geben. Gott hat dieser Haltung einen Namen gegeben, der mich zunächst überrascht hat – Götzendienst. Doch nachdem ich etwas darüber nachgedacht habe, ging mir auf, dass die Bezeichnung passt, auch wenn sie noch so hart klingt. Denn alles, was wir an Gottes Stelle setzen, ist letztlich ein Götze.

Damit wir auf unserem Weg in die Freiheit weiterkommen, müssen wir darum auch dieses Hindernis wegräumen. Wichtig ist zunächst, dass wir es überhaupt erkennen. Das Wegräumen jedoch ist schwierig. Die ersten beiden Hindernisse – Unglaube und Stolz – können durch eine bewusste Entscheidung aus dem Weg geschafft werden. Wir können uns vornehmen, Gott zu glauben, und beschließen, uns vor ihm zu demütigen. Ich will die Probleme nicht klein reden, aber ich denke wirklich, dass beides auch eine Frage des Willens ist. Für manche der Götzen in unserem Leben – Dinge oder Menschen, die wir an Gottes Stelle gerückt haben – werden wir aber einiges länger brauchen. Manche haben ihren Platz schon jahrelang und können nur mit Gottes Kraft weggerückt werden. Wichtig ist aber, dass wir ihr Vorhandensein einräumen und zugeben, dass sie uns nicht befriedigen können.

Das Volk Israel hatte immer wieder mit dem Götzendienst zu kämpfen. Was dabei herauskam, haben wir am Beispiel der Könige Usia, Jotham, Ahas und Hiskia gesehen. Im zweiten Kapitel des Propheten Jesaja lesen wir, was Jesaja sah, als er Juda und Jerusalem betrachtete. Der Abschnitt klingt verdächtig nach unserer westlichen Welt.

Sie treiben Wahrsagerei wie die im Osten und sind Zeichendeuter wie die Philister und hängen sich an die Kinder der Fremden. Ihr Land ist voll Silber und Gold, und ihrer Schätze ist kein Ende; ihr Land ist voller Rosse, und ihrer Wagen ist kein Ende. (Jesaja 2,6-7)

Am Anfang von Vers 6 sagt Jesaja: „Aber du hast dein Volk, das Haus Jakob, verstoßen." Jesaja meinte, er sähe nichts von Gottes Gegenwart. Gott hatte versprochen, sein Volk nicht zu verstoßen, und hatte es doch getan. Doch wo die Sünde die Oberhand gewinnt, da kann Gott die Gegenwart seines Geistes sicher reduzieren, sodass kaum ein Zeichen seiner Nähe bleibt. Ich habe in Zeiten der Sünde schon selbst erlebt, dass Gottes Nähe nicht mehr sichtbar war.

Das Volk Israel hatte alles und doch war es nicht zufrieden. Die Menschen tauschten das, was sie im Herzen wissen konnten, gegen das, was sie mit ihren Augen sahen. Jesaja 44,10 hält uns vor Augen, dass Götzen einem Menschen nichts nützen, im Gegenteil. Im nächsten Vers heißt es sogar, dass wir an ihnen zuschanden werden. Das Kapitel gibt uns einen ernsten Eindruck von der zerstörerischen Kraft der Götzen. Sehen wir uns nur einmal Vers 12 an:

Der Schmied macht ein Messer in der Glut und formt es mit Hammerschlägen. Er arbeitet daran mit der ganzen Kraft seines Arms; dabei wird er hungrig, sodass er nicht mehr kann, und trinkt auch kein Wasser, sodass er matt wird. (Jesaja 44,12)

Man kann von seinen Götzen so sehr in Beschlag genommen werden, dass man seine körperlichen Bedürfnisse vernachlässigt. Und in Vers 13 lesen wir, dass diese Götzen sogar die Gestalt von Menschen annehmen können.

Der Zimmermann ... behaut das Holz ... und macht es wie eines Mannes Gestalt, wie einen schönen Menschen; in einem Hause soll es thronen. (Jesaja 44,13)

Das können wir ganz wörtlich nehmen. Irgendwann hat jeder schon einmal einen Menschen an den Platz gehoben, der nur Gott gehört.

Doch selbst nach dieser langen Aufzählung verspricht Gott in Vers 21: „Ich vergesse dich nicht!" Die Gnade Gottes ist einfach unglaublich! Selbst wenn sein Volk sich fremden Götzen zuwendet, wischt Gott seine Übertretungen fort wie eine Wolke und ihre Sünden wie einen Morgennebel. Wenn wir die Götzen betrachten, die wir auf der Suche nach Befriedigung angebetet haben, dann brauchen wir nie an Gottes Erbarmen zu zweifeln. Er verlangt nur eines von uns: „Kehre dich zu mir, denn ich erlöse dich!" (Vers 22).

Erkennen Sie den Zusammenhang zwischen unserer Suche nach Befriedigung und dem Götzendienst? Die Leere, die Gott in unserem Leben zugelassen hat, verlangt Beachtung. Wir sehen uns verzweifelt nach etwas um, das uns zufrieden machen und diese Leere ausfüllen kann. Dieser Drang ist so stark, dass wir in dem Augenblick, wo wir etwas finden, das unser Bedürfnis zu stillen scheint, sofort bereit sind, diese Sache zu vergöttern.

Einer der Verse, die uns in Jesaja 44 am meisten zum Nachdenken anregen können, ist meiner Meinung nach Vers 20. Lesen Sie ihn einmal aufmerksam durch:

Wer Asche hütet, den hat sein Herz getäuscht und betört, sodass er sein Leben nicht erretten und nicht zu sich sagen wird: Ist das nicht Trug, woran meine Rechte sich hält?

Die Erkenntnis trifft mich wie ein Windstoß. Wie oft habe auch ich Asche gehütet, anstatt mich an dem Leben spendenden Wort Gottes zu stärken? Wie oft hat mein irregeleitetes Herz mich getäuscht? Wie oft habe ich versucht, mich selbst zu retten?

Ich könnte in diesem Augenblick vor Gott niederfallen und ihn in alle Ewigkeit loben, weil er mir gezeigt hat: „Ist das nicht Trug, woran meine Rechte sich hält?" Mir fällt dabei besonders eine Sache ein, an der ich mich förmlich festgeklammert habe. Und ich erinnere mich auch noch an den qualvollen Augenblick, wo Gott mir die Augen dafür öffnete, was für einer Lüge ich geglaubt hatte. Ich habe tagelang geweint.

Dabei dachte ich ursprünglich, diese Lüge wäre eine gute Sache. Mein Herz, das in meiner Kindheit Schaden genommen hatte, hatte mich getäuscht. Auch wenn ich es nicht gemerkt habe, irgendwann habe ich mich vor dieser Sache geneigt und sie angebetet. Der einzige Trost an der ganzen Sache ist für mich, dass Gott schließlich meine Finger davon lösen durfte, und soweit ich es beurteilen kann, habe ich mich seitdem nur noch an seine Hand geklammert.

Es ist leider so, dass es oft erst schlimm kommen muss, bis ich etwas begreife. Ja, ich musste ganz nach unten, bevor ich Zufriedenheit fand. Und nun bete ich darum, dass ich mich mit nichts anderem mehr zufrieden gebe. Mir ist klar, dass Satan mir immer wieder Götzen in den Weg führen wird. Und ich hoffe, ich vergesse nie, dass ich durchaus wieder fallen kann.

Aber glauben Sie mir, alles, woran wir uns klammern und wovon wir uns Befriedigung erhoffen, ist Betrug – solange es nicht Jesus ist. Er ist die Wahrheit, die uns frei macht. Wenn Sie sich an irgendetwas festklammern, sind Sie bereit, es als Lüge zu erkennen? Und selbst wenn Sie meinen, im Moment könnten Sie noch nicht davon ablassen, wollen Sie es Gott wenigstens hinhalten – vielleicht indem Sie ihm buchstäblich Ihre geballte Faust als Symbol entgegenstrecken und bekennen, dass dies ein Götze ist? Gott verdammt Sie nicht. Er ruft Sie. Wollen Sie Ihre Hand vor ihm öffnen? Er streckt Ihnen seine entgegen.

Kapitel 11

Hindernis vier: Gebetslosigkeit

... alle, die den Sabbat halten, dass sie ihn nicht entheiligen, und die an meinem Bund festhalten, die will ich zu meinem heiligen Berge bringen und will sie erfreuen in meinem Bethaus. (Jesaja 56,6-7)

Als viertes Vorrecht unserer Beziehung zu Gott haben wir genannt, dass wir seinen Frieden erleben. Der Schlüssel zum Frieden lautet Macht oder Autorität. Friede ist die Frucht eines gehorsamen, heiligen Lebens.

Die Sache mit dem Ungehorsam und der Auflehnung gegen Gottes Autorität macht das Leben des Gebundenen noch schwieriger. Ich kann Ihnen aus persönlicher Erfahrung sagen, dass ich in den Zeiten, in denen ich besonders gebunden war, Gott eigentlich unbedingt gehorchen wollte. Ich fühlte mich nicht wohl in meiner Rebellion und konnte nicht begreifen, warum ich immer wieder das Falsche tat. Ja, ich tat es aus freien Stücken und ich habe für meine Sünden die volle Verantwortung übernommen. Trotzdem hatte Satan mich so sehr in der Gewalt, dass ich keine Kraft hatte zu gehorchen, obwohl ich es gern getan hätte. Natürlich war ich nicht wirklich machtlos, aber solange ich dieser Lüge glaubte, verhielt ich mich entsprechend.

Wahrscheinlich kennen Sie Philipper 4,6-7: „Sorgt euch um nichts, sondern in allen Dingen lasst eure Bitten in Gebet und Flehen mit Danksagung vor Gott kundwerden! Und der Friede Gottes, der höher ist als alle Vernunft, bewahre eure Herzen und Sinne in Christus Jesus."

Um den Sinn dieser Sätze etwas deutlicher zu machen, erlaube ich mir einmal den Spaß, sie ins Gegenteil zu verkehren. Mit anderen Worten, ich mache aus diesem Rezept für Frieden eine unfehlbare Methode für die Angst. Das sieht dann etwa so aus: „Sei bloß nicht ruhig über irgendetwas. Halte dich stattdessen ständig an den Dingen auf. Wahrscheinlich hat Gott dich irgendwie auf dem Kieker. Denk immer: *Das ist nun der Dank,* und klage allen dein Leid außer Gott selbst. Und die Säure in deinem Magen verursacht ein Magengeschwür und die Arztrechnungen führen zu einem Herzinfarkt und du verlierst den Verstand.“

Wenn wir nicht beten, dann ist das zweifellos der sicherste Weg in die Angst und die beste Methode, friedlos zu werden. Um die Art von Frieden zu erleben, der alle Schwierigkeiten überwindet, sollen wir, so sagt die Bibel, ein echtes, aktives Gebetsleben entwickeln. Ein Gebet, das wirklich gehaltvoll ist – echte Gedanken aus einem engagierten Herzen, persönliche, vertrauensvolle Worte. Doch oft tun wir alles andere als beten. Wir wollen etwas „Handfesteres“. Selbst Bibellesen, Gottesdienstbesuch, das Gespräch mit unserem Pastor oder ein guter Rat erscheinen uns konkreter als das Gebet.

Doch was für einen Sieg trägt der Feind davon, wenn er es schafft, uns vom Beten abzuhalten. Ihm ist alles andere lieber, als dass wir beten. Lieber sollen wir uns zu Tode engagieren, denn er weiß genau, dass wir ohne das Gebet irgendwann mürrisch werden. Lieber sollen wir bis in die Nacht hinein in der Bibel lesen, denn er weiß genau, dass wir nie begreifen, was wir lesen, und nie die Kraft haben, das Gelesene umzusetzen, wenn wir nicht beten. Er weiß, dass ein Leben ohne Gebet ein kraftloses Leben ist, ein Leben mit Gebet aber voller Power.

In Epheser 1 nennt Paulus ein paar ganz konkrete Segenswirkungen, die mit dem Gebet einhergehen. Er betete darum, dass seine geistlichen Kinder den „Geist der Weisheit und der Offenbarung“ erhielten, um ihn, den Vater der Herrlichkeit, „zu erkennen“ (Vers 17). Er bat Gott, ihnen die Augen des Herzens zu erleuchten, damit „ihr erkennt, zu welcher Hoffnung ihr von ihm berufen seid, wie reich die Herrlichkeit seines Erbes für die Heiligen ist und wie überschwänglich groß seine Kraft an uns, die wir glauben“ (Vers 18-19). Je besser wir Gott kennen (Vers 17), umso mehr werden wir ihm vertrauen. Je mehr wir ihm vertrauen, umso mehr spüren wir seinen Frieden, wenn uns der kalte Wind ins Gesicht bläst.

Beim Einkaufen musste ich kürzlich lächeln, als ich das Etikett auf einer Lotion las. Da hieß es, sie sei ein wirksames Mittel zur Linderung von Stress. Im nächsten Gang hörte ich ein Kind schreien. Es durchzuckte mich kurz die Idee, der armen Mutter die Lotion anzubieten, aber ich vermutete, sie würde mir die Anti-Stress-Lotion nur an den Kopf werfen. Denn letztlich ist es doch so, dass diese Welt uns keine echte, dauerhafte Lösung für den Stress und die Probleme des Lebens bieten kann.

Vor ein paar Tagen sah ich den besten Rat, den die Welt anscheinend für uns hat: „Zweierlei solltest du nie vergessen: 1. Reg dich nicht auf über Kleinigkeiten. 2. Alles sind Kleinigkeiten." Was für ein schwacher Trost. Der Sohn einer Freundin ist seit einem Unfall, den er im letzten Schuljahr erlitt, querschnittgelähmt. Ich bete fast täglich für eine ganze Reihe von Leuten im Alter zwischen 4 und 74, die an Krebs erkrankt sind. Zwei konnte ich unlängst von meiner Liste streichen, weil sie nun im Himmel sind. Der Mann meiner besten Freundin, ein fleißiger, ehrlicher Christ, dessen Sohn noch studiert, hat schon wieder seinen Job verloren. Vor kurzem sind drei Wirbelstürme über meine Heimatstadt hinweggebraust und haben eine Spur der Verwüstung, des Todes und Raubes hinterlassen. Nein, es sind nicht alles Kleinigkeiten!

Die Philosophie der Welt muss die Schwierigkeiten klein reden, weil sie keine echten Antworten hat. Doch Sie und ich wissen es besser. Wir haben oft genug mit großen Problemen zu tun. Und nur wenn wir beten, können wir inneren Frieden haben.

Darum ist es an der Zeit, den Stein der Gebetslosigkeit wegzurollen. Er ist für den Gläubigen das größte Hindernis auf dem Weg zum Sieg, ganz gleich, um was es für uns persönlich dabei geht.

Ich möchte Ihnen erklären, warum ich glaube, dass unsere Sprachlosigkeit gegenüber Gott ein solches Hindernis ist. Wenn Satan auf unsere „Achillesferse" zielt, den besten Zeitpunkt abwartet und in der perfekten Verkleidung auftritt, dann wird uns keines der folgenden Dinge helfen, seinem Angriff standzuhalten:

▷ *Disziplin*: In Zeiten der Versuchung und Schwachheit macht sie sich davon wie ein Vogel.
▷ *Lektionen aus der Vergangenheit*: Wenn wir mit voller Wucht aus dem Hinterhalt angegriffen werden, dann können wir meist nicht mehr klar denken.
▷ *Das Beste für uns*: Wir sind von Natur aus viel zu selbstzerstörerisch, um in einem schwachen Moment wirklich automatisch das zu wählen, was für uns am Besten ist.

Die stärkste Motivation ist jedoch die Person, mit der wir unterwegs sind. Wenn wir ganz nah bei Gott bleiben, wenn wir mit ihm im Gespräch bleiben, dann bekommen wir immer wieder die Kraft, siegreich zu sein – Frieden zu empfinden –, selbst wenn wir durch ein Minenfeld gehen.

Und noch einen Grund will ich Ihnen nennen, warum wir das Gebet brauchen, wenn wir Befreiung erleben wollen. Satan wird versuchen, das aufzurühren, was unser treuer Veredler abschöpfen will. Jesus kam, um die Gebundenen zu befreien. Satan kommt, um die Befreiten zu binden. Jesus möchte die Fesseln, die uns gefangen halten, durchschneiden. Satan will uns damit binden.

Wir müssen Schritt für Schritt mit Jesus gehen, damit wir Bewahrung erleben und Kraft und eine ungeahnte Leidenschaft bekommen. Anders werden wir keines dieser drei Dinge erfahren. Doch der Feind wird besiegt werden. Glauben Sie mir. Und leben Sie entsprechend.

Beten ist wichtig. Der Geist Gottes, der durch unser und das Gebet anderer Menschen freigesetzt wird, macht aus Feiglingen Sieger, aus Chaos Ruhe, aus Weinen Trost. Der Feind kennt die Kraft des Gebetes. Er muss ihr seit Tausenden von Jahren ohnmächtig zusehen. Bei der Vorbereitung für dieses Kapitel habe ich einmal alle Stellen herausgesucht, in denen in der Bibel das Wort *beten* in seinen verschiedenen Formen vorkommt, von 1. Mose bis zur Offenbarung. Als ich diese Hunderte von Stellen sah, kamen mir fast die Tränen.

Abraham betete ... Isaak betete ... Jakob betete ... Und Mose ging hinaus vom Pharao und bat den Herrn ... Mose betete für das Volk ... Da bat Manoah den Herrn ... Simson betete ... Hanna betete zum Herrn und weinte sehr ... David betete ... Elia betete ... Elisa betete zu dem Herrn ... Als Hiob für seine Freunde Fürbitte tat ... Hiskia betete zum Herrn ... Daniel fiel auf seine Knie und betete ... Und Jona betete zu dem Herrn im Leibe des Fisches ... Und am Morgen, noch vor Tage, stand Jesus auf und ging hinaus. Und er ging an eine einsame Stätte und betete dort ... Und er ging ein wenig weiter, warf sich auf die Erde und betete.

Wenn es Jesus so wichtig war, das göttliche Leben in ihm durch Zeiten des Alleinseins und des Gesprächs mit dem Vater zu stärken, wie viel wichtiger sollte es uns dann sein! Es ist aussichtslos, ein siegreiches Leben zu führen, wenn wir nicht beten.

Die Bibel ist ein Buch des Gebetes. Und Gottes Haus ist ein Bethaus, wie es in Jesaja 56,7 heißt. Wenn unser Leben einmal vorbei und alle unsere Tage aufgezeichnet sind, mögen dann doch auch über uns die Worte stehen: „Da betete sie ...“

Kapitel 12

Hindernis fünf: Gesetzlichkeit

Und der Herr sprach: „Weil dies Volk mir naht mit seinem Munde und mit seinen Lippen mich ehrt, aber ihr Herz fern von mir ist und sie mich fürchten nur nach Menschengeboten, die man sie lehrt ...“ (Jesaja 29,13)

Einen letzten Block müssen wir noch von der Straße räumen, bevor wir auf unserem Weg in die Freiheit weitergehen können. Wie Sie sich erinnern, ist jedes Hindernis, das wir in diesem Abschnitt betrachten, ein direktes Gegenstück zu einem der fünf Vorrechte, die wir mit der Erlösung erhalten.

Das fünfte und letzte Vorrecht lautet, dass wir uns an Gottes Gegenwart erfreuen. Es gibt viele Situationen oder Umstände, die uns von der Freude an Gottes Nähe abhalten können. Wenn wir zum Beispiel nicht genug Zeit mit Gott verbringen, so wird das einen ganz starken Einfluss auf unser Verhältnis zu ihm haben. Auch wenn unser Gebetsleben eher unterentwickelt ist, fehlt uns die Freude, genauso wie dort, wo wir Groll oder Zorn auf einen anderen Menschen hegen. Doch der Mensch, der sich in Gottes Wort vertieft und dem dennoch die ständige Freude an Gott fehlt, leidet häufig unter einem anderen Zustand mit dem hässlichen Namen „Gesetzlichkeit“.

Das Wort selbst kommt in der Bibel nicht vor, doch Beispiele dafür finden wir genug. Jeder der folgenden Abschnitte will uns etwas über die Gesetzlichkeit sagen.

In Matthäus 12,9-14 lesen wir, wie Jesus einen Mann heilte, der seit seiner Geburt eine verdorrte Hand hatte. Mit einem Wort machte Jesus ihn gesund. Doch weil er das an einem Sabbat tat, „gingen die Pharisäer hinaus und hielten Rat über ihn, wie sie ihn umbrächten“ (Vers 14).

In Apostelgeschichte 15 wird von einer wichtigen Entscheidung der Urgemeinde berichtet, deren Auswirkungen auch uns heute noch betreffen. Die Gemeinde wuchs, Heiden kamen zu Jesus. „Da traten einige von der Partei der Pharisäer auf, die gläubig geworden waren, und sprachen: Man muss sie beschneiden und ihnen gebieten, das Gesetz des Mose zu halten" (Vers 5). Die Gemeindeleiter hatten zu entscheiden, ob wir allein durch den Glauben an Jesus Christen werden oder durch das Befolgen der Gebote. In der Debatte, die darauf folgte, machte Petrus die entscheidende Aussage. „Warum", so sagte er, „versucht ihr denn nun Gott dadurch, dass ihr ein Joch auf den Nacken der Jünger legt, das weder unsre Väter noch wir haben tragen können? Vielmehr glauben wir, durch die Gnade des Herrn Jesus selig zu werden, ebenso wie auch sie" (Vers 10-11).

Auch in den Gemeinden in Galatien gab es Zeichen von Gesetzlichkeit. Andere Lehrer kamen und sagten den jungen Christen, sie müssten die jüdischen Gesetze halten, wenn sie gerettet werden wollten. Paulus klärte die Frage.

Wir sind von Geburt Juden und nicht Sünder aus den Heiden. Doch weil wir wissen, dass der Mensch durch Werke des Gesetzes nicht gerecht wird, sondern durch den Glauben an Jesus Christus, sind auch wir zum Glauben an Christus Jesus gekommen, damit wir gerecht werden durch den Glauben an Christus und nicht durch Werke des Gesetzes; denn durch Werke des Gesetzes wird kein Mensch gerecht. (Galater 2,15-16)

In den genannten Abschnitten und in vielen anderen erhalten wir ein klares Bild von dem, was Gesetzlichkeit ist. Prediger 7,20 macht deutlich, wie vergeblich sie ist: „Denn es ist kein Mensch so gerecht auf Erden, dass er nur Gutes tue und nicht sündige." Wir können Gott nicht gefallen oder Freiheit finden, indem wir uns einfach an die Regeln halten. Das hat nie funktioniert und wird auch nie klappen. Leider ist es für das menschliche Herz immer eine Verlockung, sich selbst Gerechtigkeit zu schaffen. Gesetzlichkeit tritt meiner Meinung nach dann auf, wenn drei Bedingungen zusammenkommen.

Wenn Regeln Beziehungen ersetzen

Die Pharisäer hatten nur einen oberflächlichen Begriff von Gott und konnten sich nicht an seiner Nähe freuen. Der Sabbat gehörte ganz Gott. Er hat ihn zu unserem Nutzen geschaffen, nicht um uns einzusperren. Der größte Nutzen, den Jesus dem Mann mit der verdorrten Hand bringen konnte, war eine Beziehung zum Erlöser. Diese Beziehung kam durch seine Heilung zustande. Wir müssen uns nicht lange fragen, wer sich an jenem Tag mehr an Jesus freute, die Pharisäer oder der Mann mit der verdorrten Hand.

Wir müssen aufpassen. Wer Gottes Wort studiert, kann die Freude am Leben als Christ verlieren oder anderen vermiesen, wenn er statt der Beziehung nur noch Regeln sieht.

Wenn Mikroskope die Spiegel ersetzen

Sehen wir uns noch einmal an, was in Matthäus 12,10 steht. Die Pharisäer suchten nach einem Grund, „damit sie ihn verklagen könnten". Die Pharisäer unserer Zeit praktizieren manchmal eine Art religiösen Voyeurismus und suchen nach Gründen, um andere anklagen zu können. Sie freuen sich, wenn sie in der Gemeinde eine „Seifenoper" entdecken, weil ihre eigene Beziehung zu Gott so unspektakulär ist. Sie suchen bei den anderen Fehler, damit das Leben interessant bleibt.

Ich bin so froh, dass ich in den Gemeinden viel mehr echte Beispiele gelebten Glaubens kennen gelernt habe als gefühllose Paragraphenreiter. Leider habe ich aber auch schon erlebt, wie engagierte Christen von den gesetzestreuen Vertretern eingeschüchtert wurden.

Wenn Leistung Leidenschaft ersetzt

Wenn unser Motiv für den Gehorsam nicht die Liebe zu Gott und die Hingabe an ihn ist, dann stecken auch wir vermutlich bis über beide Ohren in der Gesetzlichkeit und damit in den größten Problemen. Gehorsam ohne Liebe ist nichts anderes als Gesetz. In Jesaja 29,13 schildert Gott diese Art von Gesetzlichkeit:

Weil dieses Volk mir naht mit seinem Munde und mit seinen Lippen mich ehrt, aber ihr Herz fern von mir ist und sie mich fürchten nur nach Menschengeboten, die man sie lehrt.

Lassen Sie uns einen Moment unsere Herzen prüfen. Gott misst unsere geistliche Temperatur nicht unter der Zunge und an den Worten, die wir sagen. Er misst sie auch nicht im Ohr an den beeindruckenden Predigten, die wir hören. Und auch nicht unter dem Arm und an den Dingen, die wir für ihn tun. Nein, unsere geistliche Temperatur wird direkt in unserem Herzen gemessen.

Es gibt drei wichtige Gründe, warum wir den riesigen Stein der Gesetzlichkeit aus dem Weg räumen müssen, bevor wir unser Thema weiterentfalten können.

1. Es geht um Beziehungen – nicht um Regeln

Ich wünsche mir, dass Sie sich wirklich an Gottes Nähe freuen können. Wenn wir tatsächlich frei werden wollen, dann wird Gott ganz persönlich. Manchmal müssen wir unsere Augen für Dinge öffnen, die wir lieber nicht sehen wollten. Woher ich das weiß? Weil ich es selbst erlebt habe! Wenn Sie das Buch zu Ende gelesen haben und jemand Sie fragt, ob es Ihnen gefallen hat, dann möchte ich, dass Sie ganz ehrlich sagen können: „Ich habe Gefallen an Gott gefunden!“

2. Es geht um Sie

Bei den Auslegungen, die ich früher geschrieben habe, ging es um Menschen wie Mose, David oder Paulus. Diesmal aber ist jeder von uns die Hauptperson.

3. Es geht um unser Herz

Ich bete dafür, dass Sie neue Erkenntnis gewinnen. Aber das ist nicht mein Hauptanliegen. Bei dieser Auslegung geht es um unser Herz – es geht darum, dass alle Fesseln, die unser Herz daran hindern, die überströmende Freiheit in Christus zu genießen, gelöst werden. Ich flehe Sie an, nichts vor Gott zurückzubehalten.

Sie haben in den vergangenen Kapiteln hart gearbeitet, um die fünf Hindernisse aus dem Weg zu schieben. Haben Sie bei einem oder zweien dieser Hindernisse immer noch Mühe? Dann denken Sie daran, dass Gott es gewohnt ist, Steine wegzurollen. Zeigen Sie ihm, welcher Ihnen besondere Schwierigkeiten bereitet, legen Sie Ihre Hände in die seinen und dann zählen Sie bis drei ...

Teil III
Alte Trümmer und gebrochene Herzen

Wir kommen nun zu dem etwas persönlicheren Teil unserer Betrachtungen. Unser Weg wird uns an einige Stellen führen, die besonders schmerzhaft sind. Wir werden aber feststellen, dass gerade dort auch reiche Frucht wächst.

Versuchen Sie weiterhin Jesaja 61,1-4, Jesaja 43,10 und die Vorrechte, die wir mit unserer Erlösung bekommen, auswendig zu lernen. Als weiterer Text zum Auswendiglernen ist nun Jesaja 43,6-7 an der Reihe, die Bibelstelle, die mit unserem zweiten Vorrecht zu tun hat.

Bring her meine Söhne von ferne
und meine Töchter vom Ende der Erde,
alle, die mit meinem Namen genannt sind,
die ich zu meiner Ehre geschaffen
und zubereitet und gemacht habe.

Kapitel 13

Ein Rundgang durch alte Trümmer

Sie werden die alten Trümmer wieder aufbauen, und was vor Zeiten zerstört worden ist, wieder aufrichten; sie werden die verwüsteten Städte erneuern, die von Geschlecht zu Geschlecht zerstört gelegen haben. (Jesaja 61,4)

Aus den Fehlern anderer zu lernen, das ist Weisheit. Die Gefangenschaft, die Jesaja den Israeliten angekündigt hatte, begann tatsächlich, als die Babylonier Juda eroberten. Die Grundzüge, die sich an dieser äußerlich erlebten Gefangenschaft erkennen lassen, wollen wir im Folgenden auf unsere inneren Gebundenheiten umdeuten.

Was soll nach Jesaja 61,4 aufgebaut und erneuert werden? Ist Ihnen auch aufgefallen, wie lange die alten Trümmer zerstört waren? Jesaja spricht hier davon, dass Städte wieder aufgebaut werden sollen, die seit Generationen verwüstet waren. Erlauben Sie dem Heiligen Geist, sich an diesem Punkt einzuschalten. Gibt es in Ihrem Leben alte Trümmer, die vielleicht schon seit Generationen in der Familie liegen?

In meinem Leben gibt es einige. Es kann sich dabei um Alkoholismus, Spielsucht, Pornographie, Rassismus, Familienstreit, lähmende Ängste oder den Selbstmord eines Verwandten handeln. Auf einige dieser Dinge werden wir später noch näher eingehen. Im Moment wollen wir uns jedoch damit befassen, was dieses Konzept für uns und unsere Familien bedeuten kann.

Ich bin Gott ungeheuer dankbar für sein perfektes Timing. Denn kurz bevor ich mit diesem Kapitel begonnen habe, bin ich von einer Reise in die Türkei, nach Griechenland und Rom zurückgekehrt. Auf dieser Reise durfte ich viele Wege gehen, auf denen auch der Apostel Paulus unterwegs gewesen ist, und ich habe dabei die Ruinen so alter Städte wie Ephesus, Korinth und Rom besichtigt.

Warum aber besichtigen Menschen alte Ruinen? Weil es für das Verständnis der heutigen Bewohner und ihrer Entwicklung wichtig ist, etwas über die Geschichte einer Gesellschaft zu wissen. Wenn wir in der richtigen Haltung in die Vergangenheit zurückblicken, um dort nach bestimmten Ursachen zu suchen, dann sind wir damit besser gerüstet, nach vorne zu sehen. Und genau darum soll es in diesem Abschnitt gehen – um den Blick zurück. Werden Sie jetzt bitte nicht unruhig. Wir müssen den Mut aufbringen, die alten Trümmer zu besuchen und uns zu fragen, was wir aus ihnen über uns selbst lernen können.

Wir müssen herausfinden, welche Verwüstungen oder Niederlagen es in unserer Familie gibt, die vielleicht schon über Generationen weitervererbt wurden. Anschließend können wir erkennen, welche Bindungen daraus entstanden sind, die nun gebrochen werden müssen. Kaputte Beziehungen können oft wie ein Joch auf uns lasten. Ein Leben wird durch einen Unglücksfall oder einen Verlust zerstört. Da sind alte Familienstreitigkeiten und Hass, der sich weitervererbt. Dies sind Trümmer, die über die Generationen hinweg verstreut sind, weil irgendwann einmal eine Bombe geplatzt ist und sich der Schaden nicht mehr beheben ließ.

Aber es gibt einen ganz entscheidenden Grund, warum wir solche Bastionen angehen sollten: Solange wir sie nicht bewusst aufspüren, bleiben sie vielleicht unbemerkt, aber sie sind nie harmlos. Sie bilden vielmehr die Keimzelle für alle möglichen Arten der Zerstörung. Wir sehen uns oft einfach als einen Teil der Familientradition, die wie ein Gepäckstück an uns weitergereicht wird, und erkennen nicht, wie tief wir selbst in manche Probleme verstrickt sind. Oft sind wir mit diesen Fesseln aufgewachsen und deshalb kommen sie uns völlig normal vor. Wir betrachten sie als Teil unserer Persönlichkeit statt als Joch, das langsam das Leben aus uns herauspresst. Sehen wir uns dazu einmal das folgende Beispiel an:

Claras Eltern starben in den ersten Jahren des zwanzigsten Jahrhunderts bei einer Epidemie. Sie musste von da an bei ihrem älteren Bruder leben. Das Geld war knapp, deshalb nahm der Bruder ohne Claras Wissen für sie den Heiratsantrag eines älteren wohlhabenden Mannes an. Dieser Mann war, wie sich herausstellte, brutal und gewalttätig, und nachdem er zwei Töchter gezeugt hatte, ließ er die Familie ohne einen Penny sitzen, weil Clara ihm keinen Sohn geschenkt hatte. Clara fand Zuflucht bei

Jesus, aber sie hat ihm nie die Möglichkeit gegeben, ihr Leben wieder aufzubauen. Sie starb lange bevor ihre Enkelinnen und Urenkelinnen zur Welt kamen. Diese wiederum waren weder Waisen noch wurden sie von ihren Partnern geschlagen, doch alle empfanden Männern gegenüber ein Misstrauen und eine Angst, die sie kaum erkannten, geschweige denn erklären konnten.

Sie sagen jetzt vielleicht: „Aber Beth, das ist doch eher ein angelerntes Verhalten als eine ererbte Tradition." Darauf entgegne ich, dass alles, was an uns weitergegeben wurde und was die volle Freiheit in Christus hindert, eine Bindung ist. Es geht hier nicht darum, ob Vererbung oder Umwelt stärker sind. Es geht vielmehr darum, dass wir von allem frei werden können, was unser Leben in Christus einschränkt.

Fallen Ihnen irgendwelche Beispiele aus anderen Familien ein, wo über Generationen hinweg eine Bindung weitergegeben wurde? Vorurteile, Süchte, Verbitterung – es gibt leider eine Unzahl bösartiger Dinge, die sich in einer Familie fortsetzen können!

Wir sind uns sicher einig, dass es sich dabei um traurige Beispiele handelt. Aber wissen Sie, was noch trauriger ist? Dass sie bei einem Menschen, der in Christus lebt, eigentlich unnötig sind. Das Kreuz von Golgatha reicht aus, um uns von jedem Joch zu befreien. Und Gottes Wort ist genug, um Freiheit gelebte Wirklichkeit werden zu lassen, egal, was unsere Vorfahren uns als „Erbe" hinterlassen haben. Einzige Bedingung ist, wir müssen Gottes Wort ganz konkret in unserem Leben anwenden.

Zwei Gedanken sollen uns dabei helfen, mit Hilfe von Gottes Wort den Weg durch unsere eigenen Trümmer zu finden. Den ersten finden wir in Matthäus 1,1-16, im Stammbaum Jesu. Dort begegnen uns so unvollkommene Personen wie Rahab, eine Prostituierte (Josua 2,1-7), und Manasse, ein unglaublich bösartiger König (2. Chronik 33,1-17).

1. Selbst bei den Vorfahren Jesu finden wir positive und negative Charaktereigenschaften und Verhaltensweisen

Jedem von uns wurde nun einmal eine Mischung aus Gutem und Schlechtem vererbt. Wir wollen zwar nicht irgendwelche alten Leichen aus dem Keller zerren oder einen Familienkrieg anfangen. Aber wir wollen darauf achten, dass wir auch keine Fesseln geerbt haben, die mit den Vorrechten, die wir durch unsere Beziehung zu Jesus erhalten haben, in Konflikt geraten können. Jesus hat alle Ketten zerbrochen, als er am Kreuz für uns sein Leben gab. Manche von ihnen tragen wir jedoch trotzdem noch mit uns herum oder haben sie um den Hals hängen – aus reiner Gewohnheit, weil wir sie nicht sehen oder weil uns die biblische Erkenntnis fehlt. Wir müssen deshalb alle Ketten, die uns vererbt wurden, ausfindig machen und Gott bitten, uns von ihnen zu befreien.

Wenn ich hier von Dingen spreche, die wir geerbt haben, dann meine ich damit alles, was wir aus unserer Umgebung gelernt, alles, wofür wir eine Veranlagung haben oder jeden Einfluss, dem wir aus anderen Gründen ausgesetzt sind. Ich betone es noch einmal, ich argumentiere hier nicht wissenschaftlich oder psychologisch, sondern aufgrund einer Aussage, die wir in Galater 5,1 finden: „Zur Freiheit hat uns Christus befreit."

Nun kann es sein, dass Sie so viele Bindungen geerbt haben, dass Sie den Blick in die Vergangenheit kaum ertragen können. Ich bete darum, dass Gott Ihnen hilft, auch manches Positive zu entdecken. Ich weiß noch, wie es mir ging, als ich zum ersten Mal über die Ereignisse in meiner Kindheit nachdachte. Mein erster Impuls war, Satans Lüge zu glauben, dass meine ganze Kindheit ein einziges Trümmerfeld war. Doch im Laufe der Zeit erkannte ich, dass das nicht stimmte. Ja, ich hatte tatsächlich ein paar sehr hässliche Dinge erlebt. Aber in vielen positiven Dingen konnte ich Gottes gnädige Hand erkennen.

Wenn Sie Matthäus 1 und Galater 3 einmal aufmerksam miteinander vergleichen, dann wird Ihnen im Stammbaum Jesu ebenfalls etwas Schönes auffallen. In Matthäus 1,1 heißt es: „Dies ist das Buch von der Geschichte Jesu Christi, des Sohnes Davids, des Sohnes Abrahams." Paulus schrieb über unsere Abstammung von Jesus: „Gehört ihr aber Christus an, so seid ihr ja Abrahams Kinder und nach der Verheißung Erben" (Galater 3,29). Wenn uns das klar wird, dass auch wir zum Stammbaum Jesu gehören, dann können wir uns ebenso an den Worten in Psalm 16,6 freuen: „Das Los ist mir gefallen auf liebliches Land; mir ist ein schönes Erbteil geworden."

2. Wir müssen unsere leibliche Abstammung nicht leugnen oder schlecht machen, um unser geistliches Erbe anzunehmen und ihm entsprechend zu leben

Gott möchte, dass wir beide „Linien" zu seiner Ehre gebrauchen. Unsere geistliche Familie kann alle negativen Auswirkungen der leiblichen Familie überwinden und kraftlos machen. In Christus haben wir alle ein „schönes Erbteil" (Psalm 16,6). Wer das Gefühl hat, er habe nur Negatives geerbt, dem kann der Schmerz über den Blick zurück genommen werden, wenn er diese Wahrheit freudig annimmt.

Ich bitte Sie nun, dass Sie einmal einen ersten Blick auf die positiven wie die negativen Dinge in Ihrem Leben werfen. Lassen Sie es nicht zu, dass der Feind Sie darüber schwermütig macht. Wir wollen auch die negativen Dinge positiv angehen, denn wenn wir sie vor Gott bringen, dann ist das ein erster Schritt in Richtung einer heilsamen Auseinandersetzung und schließlich in die Freiheit. Wenn Sie auf etwas Schmerzliches stoßen, dann danken Sie Gott umgehend dafür, dass er bereit ist, alles in Ihrer Geschichte wegzunehmen, was Sie binden will.

Zunächst aber halten Sie sich noch einmal die fünf Vorrechte vor Augen, die uns die Beziehung zu Jesus schenkt. Gott will, dass wir, Sie und ich, ihn kennen und ihm glauben, dass wir ihn verherrlichen, in ihm Zufriedenheit finden, seinen Frieden erleben und uns an seiner Gegenwart freuen.

Vergessen Sie es bitte nicht, es geht darum zu erkennen, welche guten oder schlechten Einflüsse auf uns eingewirkt haben – nicht darum, Schuld zuzuweisen. Wenn ich Sie bitte, Positives und Negatives anzusehen, dann messen Sie dies daran, inwieweit bestimmte Dinge die fünf Vorrechte in Ihrem Leben fördern oder behindern. Nehmen Sie sich Zeit und bitten Sie Gott darum, dass er Ihnen alles zeigt oder ins Gedächtnis ruft, was in diesem Zusammenhang für Sie wichtig ist.

Es würde mich allerdings freuen, wenn Sie die folgenden Vorschläge nicht nur lesen, sondern tatsächlich befolgen würden. Nehmen Sie sich genügend Zeit, um über jedes einzelne Element aus Ihrer Vergangenheit nachzudenken. Sie haben übrigens mehr davon, wenn Sie die Fragen und Antworten aufschreiben. Gehen Sie sowohl die positiven als auch die negativen Einflüsse von Seiten Ihrer Eltern und Großeltern durch. Wenn Sie Ihre Eltern oder Großeltern nicht gekannt haben, dann setzen Sie die Personen ein, die Sie großgezogen haben.

Denken Sie zuerst an Ihre Großeltern mütterlicherseits. Wie hat Ihr Großvater Ihr Leben in positiver Weise beeinflusst? Welchen negativen Einfluss hatte er? Was ist mit Ihrer Großmutter mütterlicherseits? Was hat sie Ihnen Gutes überliefert? Welche negativen Gedanken oder Verhaltensweisen haben Sie von ihr übernommen?

Wie haben sie Ihre Einstellung gegenüber Gott beeinflusst? Welchen Einfluss hatten sie auf Ihr Verständnis von Liebe und Ihr Verhältnis zum anderen Geschlecht? Haben sie Ihnen geholfen, sich in dieser Welt sicher und geborgen zu fühlen oder haben sie Ihnen die Sicherheit geraubt? Wenn Sie einen Abfalleimer und einen Trophäenschrank hätten, was würden Sie hineinstellen? Was würden Sie entsorgen?

Haben Sie irgendeine Ahnung, warum diese negativen Dinge im Leben Ihrer Großeltern waren? Wenn ja, hilft Ihnen das, Ihre Großeltern zu verstehen und Ihnen, wenn nötig, zu vergeben?

Nachdem Sie diese Schritte gegangen sind, sollten Sie über Ihre Großeltern mütterlicherseits und ihren Einfluss beten. Wenn sie noch leben, dann beten Sie auch *für* sie. Danken Sie Gott für alles, was sich im Trophäenschrank befindet, und bitten Sie ihn, Ihnen beim Entsorgen des Mülls zu helfen. Wichtig ist, dass Sie sich für diese Übung wirklich genügend Zeit nehmen.

Nun tun Sie dasselbe im Blick auf Ihre Großeltern väterlicherseits. Wenn Sie auch für sie und über den Einfluss, den sie auf Sie hatten, gebetet haben, sollten Sie diese Übung im Blick auf Ihre Eltern wiederholen. Oder im Blick auf die Menschen, die für Sie gesorgt haben, als Sie ein Kind waren.

Es kann sein, dass Ihnen diese Übung äußerst schwer fällt. Vielleicht müssen Sie sich für jedes einzelne Mitglied Ihrer Familie extra Zeit nehmen und zwischendurch Pausen machen. Machen Sie sich auf Ihren Reisen in die Vergangenheit aber auf jeden Fall Notizen und kommen Sie vielleicht später wieder auf sie zurück. Vor allen Dingen lassen Sie sich nicht niederdrücken und haken Sie die Dinge bitte nicht zu schnell ab.

Vielleicht haben Sie bei Ihren Vorfahren ein paar alte Trümmer entdeckt. Die Vergangenheit können Sie zwar nicht mehr ändern. Doch danken Sie Gott, dass er Ihnen dabei helfen kann, dass Ihr Umgang mit ihr anders wird. Und die Veränderungen, die er heute in Ihnen bewirkt, haben einen Einfluss auf Ihre Zukunft!

Kapitel 14

Alte Grenzsteine

Versetze niemals die Grenzsteine, die deine Vorfahren gesetzt haben. (Sprüche 22,28)

Es kann gut sein, dass wir auf unserem Weg ins Land der Freiheit tapfer werden müssen! Denn im nächsten Abschnitt unserer Reise durch die alten Trümmer stehen ein paar Geschichtslektionen auf dem Programm. Aber noch einmal – es geht uns nicht darum, unsere Vorfahren zu verdammen oder schlecht zu machen, sondern zu erkennen, wo uns heute Bindungen behindern, die ihren Ursprung in unserer Familiengeschichte haben. Im letzten Kapitel haben wir zwei Gedanken angeführt, die wir uns noch einmal kurz in Erinnerung rufen wollen:

1. *Selbst bei den Vorfahren Jesu finden wir positive und negative Charaktereigenschaften und Verhaltensweisen.*
2. *Wir müssen unsere leibliche Abstammung nicht leugnen oder schlecht machen, um unser geistliches Erbe anzunehmen und ihm entsprechend zu leben.*

Wenn wir an 2. Mose 20 denken, dann fallen uns automatisch die Zehn Gebote ein. Doch wir wollen uns dieses Kapitel einmal im Zusammenhang ansehen. Ehe Gott den Kindern Israel die Zehn Gebote gab, erklärte er, wer er selbst war. „Ich bin der Herr, dein Gott, der ich dich aus Ägyptenland, aus der Knechtschaft, geführt habe“ (Vers 2). Wir können in den Zehn Geboten darum durchaus auch eine Anleitung sehen, wie wir es schaffen können, nicht wieder in Knechtschaft zu geraten. Sie dienen als Grenzstein zu unserem Schutz und unserer Sicherheit.

In den Sprüchen heißt es: „Versetze niemals die Grenzsteine, die deine Vorfahren gesetzt haben“ (Sprüche 22,28). Ein Grenzstein hatte damals eine ähnliche Funktion wie ein Zaun. Er war ein sichtbares Zeichen dafür, was einem Menschen gehörte und was jenseits der gesetzlichen Grenzen lag. Solch ein Stein machte die Menschen darauf aufmerksam, dass sie eine bestimmte Linie überschritten. Die Zehn Gebote Gottes sind nun aber der ultimative Grenzstein. Es steht uns deshalb nicht frei, sie so herumzuschieben, dass sie unserem Lebensstil nicht im Wege sind.

Vielleicht fragen Sie sich jetzt, was alte Grenzsteine mit unseren Trümmern zu tun haben. Im Prinzip alles. Denn wer über seine Grenzen lebt, gerät erneut in Unfreiheit. Und nicht nur das, er bahnt einen Weg, auf dem ihm auch die nächsten Generationen folgen werden. Damit wir noch besser verstehen, was es mit dieser Art von Bindungen auf sich hat, wollen wir uns kurz ansehen, was das Ganze mit vererbten Sünden zu tun hat. Denn beides hängt aus zweierlei Gründen ganz eng zusammen.

1. Jede Gebundenheit beginnt mit einer Sünde

Im zweiten Buch Mose war ganz Israel wegen jener Sünden in Gefangenschaft, die seine grausamen Herrscher begingen. Im Buch Jesaja steuerte das Volk Juda wegen seiner eigenen Sünde auf die Gefangenschaft zu.

2. Jede Gebundenheit fördert die Sünde

Sie erfordert sie nicht, aber sie fördert sie. Ich will das an einem Beispiel erklären. In jeder Fernsehwerbung wird ein Produkt angepriesen. Ich muss es zwar nicht kaufen, doch ich muss sehr viel Willensstärke aufbringen, wenn ich mir die Werbung ansehen und keines der gezeigten Produkte kaufen will. Genauso wird durch jede Art von Gebundenheit der Drang zum Sündigen verstärkt. Ich glaube, dass ein Mensch, der mit familiären Gebundenheiten groß geworden ist, in der einen oder anderen Weise immer mit der Sünde zu kämpfen hat, die sich in diesen Bindungen fortsetzt.

Es ist die Verbindung zwischen Gebundenheit und Sünde, die diesen verhängnisvollen Kreislauf schafft. Da versetzt jemand den Grenzstein und beschließt, nach seinen eigenen Regeln zu leben. Ein Leben jenseits des Grenzsteins führt in die Gebundenheit. Gebundenheit führt in die Sünde. Sünde führt zu noch mehr Gebundenheit. Der Kreislauf ist nicht zu stoppen, bis einer den Mut aufbringt, den von Gott gesetzten Grenzstein wieder an seinen alten Platz zu rücken.

In 2. Mose 2,5 kommt etwas davon zum Ausdruck: „Bete sie nicht an und diene ihnen nicht! Denn ich, der Herr, dein Gott, bin ein eifernder Gott, der die Missetat der Väter heimsucht bis ins dritte und vierte Glied derer, die mich hassen."

Ich möchte gern den negativen Kreislauf in meiner Familie brechen und Sie wollen das sicher auch. Vielleicht haben wir ihn schon aus eigenem Antrieb und eigener Kraft ein wenig unterbrechen können, aber ohne Gott werden wir ihn nie ganz stoppen. Und er baut in der Regel nichts auf, was vorher nicht ganz zerbrochen war.

Gottes Gebote – sein Grenzstein – wurden uns nicht gegeben, um uns zu versklaven, sondern damit wir frei bleiben. Gott ist gut und weise und weiß, was für uns das Beste ist. Selbst in seinem Eifer ist er noch für und nicht gegen uns. Er eifert um uns mit göttlichem Eifer (2. Korinther 11,2). Dies bedeutet, dass er *für* uns Menschen eifert und nicht auf uns eifersüchtig ist.

Die Vorstellung, dass Gott tatsächlich eifersüchtig sein könnte, ist für manche Menschen ein Problem. Doch wenn Gott in 2. Mose 20,4-5 davon spricht, dass er ein eifernder Gott sei, dann bedeutet das sicher nicht, dass er eifersüchtig auf die anderen Götzen war. Vielmehr eifert er um seine Kinder und er weiß, dass alle anderen „Götter" dieser Welt nichts sind (Jesaja 41,21-24). Sie besitzen keine Herrlichkeit und können keine Erlösung bieten. Alles, was sie können, ist, unsere Aufmerksamkeit von dem einen, wahren Gott, dem Einzigen, der unseres Lobes würdig ist, dem einzig wahren Befreier, abzulenken.

Aufgrund seines ewigen Wesens ist Gott ein Geber. Er möchte uns segnen. Wenn wir uns nun anderen „Göttern" zuwenden, dann zwingen wir ihn quasi, seinen Segen zurückzuhalten und seine schenkende Hand zu zügeln.

Das zweite Problem, das viele mit 2. Mose 20,5 haben, ist das Wort „heimsuchen", das meist im Sinne von strafen verstanden wird. Im Urtext steht dort *paqad*, was ursprünglich „sich kümmern um" bedeutete und später auch „suchen, nachsehen, besuchen, besichtigen". Es wurde auch für die Musterung der Stämme und Familien des Volkes Israel verwendet.

Gott bestraft Kinder nicht für die Sünden ihrer Eltern. Das werden wir bei unserer Betrachtung von Hesekiel 18 in Kapitel 16 dieses Buches noch deutlicher sehen. In 2. Mose 20,5 will Gott uns sagen, dass er in der Lage ist, nachzusehen und sich einen Überblick darüber zu schaffen, wo, wann und wie sich die Sünden der Väter im Leben der folgenden Generationen auswirken. Er kann die Menschen nennen und zählen, die von den Sünden ihrer Eltern oder Großeltern negativ beeinflusst wurden. Wenn zum Beispiel bei einer Umfrage die Zahl der Alkoholiker in der Familie eines alkoholsüchtigen Großvaters über drei Generationen hinweg ermittelt werden soll, so können wir damit rechnen, dass bei einer solchen Erhebung ein sehr hoher Prozentsatz herauskommt. Warum? Weil der Alkoholismus in der Familie sozusagen deponiert wurde. Er hat irgendwann an die Tür geklopft und leider haben ihm viele der Kinder und Enkel aufgemacht.

Bevor wir Eltern uns nun vor Angst verkriechen, wollen wir uns daran erinnern, dass Gott der einzige vollkommene Vater ist. Er verflucht nicht gleich drei oder vier Generationen wegen irgendeiner kleinen familiären Unstimmigkeit. Im Gegenteil, ich glaube nicht, dass er überhaupt jemanden verfluchen will. Meiner Ansicht nach bezieht er sich hier vielmehr auf ein ganz natürliches Phänomen, das in Hosea 8,7 eindrücklich formuliert ist: „Denn sie säen Wind und werden Sturm ernten." Eltern und Großeltern sollten sehr genau darauf achten, was sie säen, denn es könnte sein, dass sie selbst Wind ernten und die, die nach ihnen kommen, einen heftigen Sturm.

Beachten wir auch den Zusammenhang, in dem die Warnung von 2. Mose 20,5 steht. Gottes Ausspruch über die Sünden einer Familie folgt unmittelbar auf das Gebot gegen die fremden Götzen. Was meinen Sie, warum Eltern und Großeltern so ernst davor gewarnt werden müssen, andere „Götter" zu suchen und Götzen anzubeten?

Ein Götze, so haben wir gesagt, ist alles, was wir verehren, was wir als Ersatz für Gott gebrauchen oder irgendwie als unseren Gott behandeln. Doch weil nur Jesus uns befreien kann, können alle anderen Götter oder Götzen uns nur versklaven. Daraus folgt, dass versklavte Eltern, auch wenn sie die besten Absichten haben, ihren Kindern gar nichts anderes beibringen können, als in Gebundenheit zu leben. Mir fällt diesbezüglich eine kleine Geschichte ein, die ich schon seit Jahren aufbewahre. Die letzten Sätze sind so eindrücklich, dass wohl alle Eltern etwas daraus lernen können.

Als ich klein war, hatte die Kusine meines Kindermädchens Dibby eine freche Hündin, die schwanger war. Eines Tages war sie draußen im Hof und kam dort dem Rasenmäher in den Weg, wobei ihr die beiden Hinterbeine abgeschnitten wurden.

Man brachte sie sofort zum Tierarzt, der sagte: „Ich kann die Beine wieder annähen oder ich kann das Tier einschläfern, wenn Sie das wollen. Die Jungen sind aber auf jeden Fall in Ordnung. Die kann sie zur Welt bringen."

„Lass sie leben", sagte Dibbys Kusine.

Also nähte der Tierarzt das Hinterteil wieder zusammen und im Laufe der nächsten Wochen lernte die Hündin wieder laufen. Sie machte sich dabei keine großen Gedanken. Vielmehr machte sie einfach zwei Schritte mit ihren Vorderpfoten und zog anschließend das Hinterteil nach. So bewegte sie sich von da an fort.

Nachdem die Hündin wieder genesen war, kamen sechs kleine Welpen zur Welt, die alle völlig gesund waren. Sie stillte und entwöhnte sie. Und als sie laufen lernten, da liefen sie alle wie ihre Mutter.[1]

Wir können über diese Geschichte herzlich lachen, aber wir sollten den Gedanken, der hier zum Ausdruck kommt, auch sehr ernst nehmen. Ich las die Geschichte zum ersten Mal am 13. Juli 1989. Ich weiß das deshalb noch so genau, weil ich mir fast die Augen aus dem Kopf heulte und dann beschloss, alles, aber auch wirklich alles, zu tun, was Gott von mir verlangte, egal wie schwierig es werden würde, damit meine eigenen beiden „Welpen" einmal nicht so laufen wie ihre Mutter, das Opfer. Und auch nicht wie deren Mutter, die auch ein Opfer gewesen ist. Ich sage das voller Liebe und mit tiefer Hochachtung. Ich hatte schon vor diesem Wendepunkt in meinem Leben versucht, mein Bestes zu geben. Da waren zwar noch bestimmte Gebiete, in denen ich gebunden war, aber ich hatte mir selbst eingeredet, auf meine Kinder würden sie keinen Einfluss haben. Nun wurde mir klar, dass ich wirklich alle Ketten brechen musste. Denn auch eine dünne Kette kann uns erwürgen.

Zur Ehre Gottes darf ich sagen, dass heute, wo ich dies schreibe,

Amanda im College ist und Melissa das letzte Schuljahr besucht. Bis jetzt sehe ich kein Anzeichen dafür, dass sie wie „Opfer“ leben, aber ich werde auch in Zukunft die Augen offen halten. Und ich bete darum, dass sie in der Freiheit Gottes wandeln können, auch wenn sie vielleicht jetzt noch so laufen wie ich. Ich habe bei Gott die Freiheit gefunden. Es war schwer, den Kreislauf zu durchbrechen, aber die herrliche Freiheit, die er mir geschenkt hat, war alle Mühe wert, weil er selbst es wert ist. Und er ist überzeugt, dass auch Sie es wert sind.

Das war keine einfache Lektion. Aber wir wollen ja die Bibel nicht nur intellektuell begreifen. Gott möchte vielmehr unsere ganze Person, mitsamt unserem Herzen und nicht allein einen voll gestopften Kopf. Wir befinden uns auf einer Reise und das bedeutet, dass wir unsere Sachen packen und an einen Ort gehen können, an dem wir die Beziehung zu Christus in aller Freiheit genießen dürfen, einen Ort, der durch Gottes Grenzstein markiert wird.

Fassen Sie Mut, wenn Ihnen das alles ziemlich kompliziert vorkommt. Der Feind hofft darauf, dass wir eher die Augen verschließen, als dass wir uns der Wahrheit stellen und Gottes Wort in unser Leben lassen, damit es uns frei macht. Wenn Sie den Eindruck haben, in Ihrem Leben gäbe es keine familiären Gebundenheiten oder Sünden, die sich über Generationen vererbt haben, dann bitten Sie Gott, Ihnen zu zeigen, wie er die Erkenntnisse, die Sie hier gewonnen haben, in Ihrem Leben anderweitig gebrauchen will. Vielleicht damit Sie einfühlsamer und verständnisvoller werden? Ich denke, es gibt nur selten Familiengeschichten, die nicht ein wenig „geglättet“ werden müssten. Darum lassen Sie uns Gott auch in unsere Privatangelegenheiten einladen. Er ist der beste Familientherapeut, den es gibt.

Kapitel 15

Die alte Schlange

Damit wir nicht übervorteilt werden vom Satan; denn uns ist wohl bewusst, was er im Sinn hat. (2. Korinther 2,11)

Ich habe mehrere Gründe, die Rolle, die Satan in Bezug auf unsere Gebundenheiten spielt, in der Art aufzuzeigen, wie ich es im Folgenden tun werde. Zum einen will ich nicht, dass er in irgendeiner Form verherrlicht wird. Es geht uns darum zu erkennen, wer wir in Christus sind und wie wir in der Freiheit, die Gott uns schenkt, leben können. Wir werden uns nur aus diesem Grund mit einigen von Satans Ränken befassen, weil er gerade in familiären Gebundenheiten und Sünden seine Hand im Spiel hat.

In Offenbarung 12,9 lesen wir über Satan: „Und es wurde hinausgeworfen der große Drache, die alte Schlange, die da heißt: Teufel und Satan, der die ganze Welt verführt." Satan ist beides, alt und ein Verführer. Die „alte Schlange" existiert schon lange. Und wir können sicher davon ausgehen, dass er und seine Mächte mehr über unser Erbe wissen, als jeder Ahnenforscher herausfinden könnte. Wenn Wissen Macht ist, dann ist unser Feind ganz schön mächtig. Und wenn er unser irdisches Erbe dazu gebrauchen kann, uns zu verführen, dann wird er es mit Sicherheit tun.

Doch auch wenn die alte Schlange schon über Tausende von Jahren hinweg existiert, hat sie nicht gerade viele neue Ideen. Satan probiert es bei uns meist mit denselben Tricks, die er auch schon bei unseren Vorfahren angewandt hat. Er beginnt ganz einfach und wartet dann ab, ob das, was bei den Eltern funktioniert hat, auch bei den Kindern wirkt. Das ist vielleicht nicht sehr einfallsreich, aber äußerst wirksam.

Mein Mann hatte zu einem seiner Großväter keinen sehr engen

Kontakt. Laut Keith war es diesem Großvater mit seinem Jähzorn gelungen, die Familie völlig kaputt zu machen. Ich weiß noch, wie Keith einmal zu mir sagte: „Am meisten Angst hatte ich, wenn ich bei meinen Eltern etwas von diesem Zorn feststellen konnte."

Als Keith selbst Vater wurde, griff der Feind ihn jedes Mal an, wenn er auch nur eine Spur ärgerlich wurde, und redete ihm ein: „Siehst du, du bist auch nicht anders!" Danach war er dann oft richtig deprimiert. Ich bewundere es, wie mein Mann damit immer wieder zu Gott gegangen ist, damit die Kette zerbrochen werden konnte. Denn jedes Mal, wenn Keith wegen etwas ärgerlich wurde, sah Satan darin eine doppelte Chance. Wenn er Keith so weit bringen konnte, dass er ausrastete und die Stimme erhob oder mehr sagte, als gut war, dann konnte er einen doppelten Erfolg verbuchen. Zum einen hatte er Keith dazu gebracht, in seinem Zorn zu sündigen, und zum anderen bewirkte es, dass er anschließend auch noch jede Hoffnung verlor, sich jemals ändern zu können.

Versuchen Sie das einmal auf sich persönlich umzumünzen. Welche Verhaltensweise erkennen Sie bei sich selbst, die Sie bei Ihren Eltern oder Großeltern nicht mochten?

2. Korinther 11,3 zeichnet uns noch ein anderes Bild von Satan. Paulus schrieb an die Menschen, die er zu Jesus geführt hatte: „Ich fürchte aber, dass wie die Schlange Eva verführte mit ihrer List, so auch eure Gedanken abgewendet werden von der Einfalt und Lauterkeit gegenüber Christus."

Dieser Vers zeigt, dass Satan uns täuschen und unsere Gedanken in die Irre führen will. Ich möchte hier vor allem auf die Tatsache eingehen, dass er listig ist. Je weniger sein Werk aufgedeckt wird, desto weniger werden wir ihm widerstehen können. Wie wir weiter vorne gesagt haben, besteht eine Gefahr des familiären Jochs darin, dass es sich unauffällig in unser Leben und unsere Familie einfügt. Gott hat mir das gerade ein paar Tage, bevor ich diesen Abschnitt schrieb, erschreckend deutlich gemacht. Keith und ich führten unseren Hund spazieren. Plötzlich hielt Keith mich fest und sagte: „Rühr dich nicht von der Stelle!" Die größte Mokassinschlange, die er je gesehen hatte, ringelte sich nur ein paar Meter vor uns auf dem Weg. Weil Keith ein Jäger ist, hat er sie gesehen. Er hat einen Blick für Tiere, die sich tarnen!

Satan tarnt sich auch mit seinen Listen. Das Joch, das wir in unserer Familie tragen, bleibt oft deshalb unbemerkt, weil es so gut zu unserem

Wesen passt. Manchmal entschuldigen wir es damit, wir seien nun mal so. Vielleicht sagen wir sogar: „Meine Mutter war auch schon so und ihre Mutter auch! Wir sind eben sehr offen und direkt und sagen, was wir denken!" Oder: „Mein Großvater hat meinem Vater beigebracht, sich von niemandem abhängig zu machen. Wir sind stolz darauf und ich werde auch von niemandem etwas annehmen."

Vielleicht erkennen Sie inzwischen auch eine gut getarnte Kette, die Sie von früheren Generationen geerbt haben. Aber Sie müssen nicht sagen: „Dagegen kann ich nun einmal nichts machen. Deshalb kann ich genauso gut stolz auf diesen Charakterzug sein!" Nein, mit Christus können wir immer etwas dagegen tun. Gelobt sei sein Name!

Vielleicht überrascht es Sie, wenn ich Ihnen jetzt sage, dass die Bibel ein Mittel kennt, mit dem selbst die stärksten Gebundenheiten gebrochen werden können. Dieses Mittel heißt Vergebung. Hören wir einmal, was Paulus in 2. Korinther 2,10-11 diesbezüglich sagt: „Ich habe, wenn ich etwas zu vergeben hatte, es vergeben um euretwillen vor Christi Angesicht, damit wir nicht übervorteilt werden vom Satan; denn uns ist wohl bewusst, was er im Sinn hat."

Der Feind ist darauf spezialisiert, es für sich zu nutzen, wenn wir uns weigern, einander zu vergeben. Ich will das an einem alltäglichen Beispiel deutlich machen. In einer Familie gibt es Streit. Die erwachsenen Kinder reden nicht mehr miteinander und verbieten auch ihren Kindern, untereinander Kontakt zu halten. Die negativen Gefühle werden so lange gepflegt, bis diejenigen, die anfänglich nicht vergeben wollten, gar nicht mehr vergeben können. Der Krebs der Uneinigkeit greift auf andere Beziehungen über und das so lange, dass die Enkel und Urenkel von dem ursprünglichen Problem schon gar nichts mehr wissen. Ja, es ist sogar so weit gekommen, dass sie kaum noch etwas voneinander wissen. Sie haben fast gar keine Gemeinsamkeiten außer der einen, dass sie alle dauernd auf irgendjemanden böse sind.

Wenn wir aus einer großen Familie kommen, in der es ständig Unstimmigkeiten gab, dann meinen wir vielleicht, weil wir uns daran gewöhnt haben, das mache uns nicht weiter zu schaffen. Aber das stimmt nicht. Das Gefühl, nicht zusammenzugehören, hat an sich schon negative Auswirkungen. Vielleicht ist es in unserer Familie bereits über so viele Generationen hinweg üblich, keinen Kontakt zueinander zu pflegen, dass uns das gar nicht mehr seltsam vorkommt! Aber seien wir doch einmal ehrlich und fragen wir Gott, ob wir daran mitwirken, Trennung und Unversöhnlichkeit in unserer Familie weiterzutragen.

1. Petrus 5,8 sagt von Satan: „Euer Widersacher, der Teufel, geht umher wie ein brüllender Löwe und sucht, wen er verschlinge." Er will also alles verschlingen, was nur irgendwie *verschlingbar*, was irgendwie angreifbar ist.

Die Sünden der Väter machen die Kinder bis in die dritte und vierte Generation hinein angreifbar und verletzlich (2. Mose 20,5). Meine Großmutter mütterlicherseits verlor beide Eltern, als sie noch ein Kind war. Jahre später verlor sie auch ihren Mann und musste meine Mutter in der Zeit der Weltwirtschaftskrise allein aufziehen. So ist es kein Wunder, dass meine Mutter ihr ganzes Leben lang gegen ein Gefühl der Unsicherheit zu kämpfen hatte. Als ich dann begann, nach der Fülle in Christus zu suchen, nahm ich all meinen Mut zusammen und bat Gott, mir zu zeigen, wo ich selbst verletzlich war. Er zeigte mir, dass ich vor allem davor Angst hatte, dass da einmal niemand sein könnte, der sich um mich kümmert, und wenn ich ihn diesen Punkt bei mir nicht heilen ließ, dann würde ich für ungesunde Beziehungen anfällig sein. Dieser Mechanismus leuchtet einem jedoch nur dann ein, wenn man sieht, wie Unsicherheit oder andere negative Empfindungen über mehrere Generationen hinweg weitergegeben werden können.

Gott hat an diesem Punkt hart mit mir gearbeitet und ich bin froh darüber. Auch wenn ich selbst wunderbare Eltern habe und mein Mann mich gut versorgt, so gilt doch: Meine einzige Sicherheit ist Gott. Er, der um alles weiß, was ich brauche, ist auch der Einzige, der es mir geben kann. Nur er kann mich voll und ganz versorgen. Aber eines muss uns bewusst sein, wir können keine Ketten loslassen, von denen wir nicht einmal etwas wissen! Denken wir an Johannes 8,32. Wenn wir einfach nur die Wahrheit über unsere Vergangenheit oder Gegenwart erkennen, hilft uns das noch nicht weiter. Erst wenn wir sie im Licht von Gottes Wahrheit sehen (seinem Wort und seinem Sohn), werden wir frei! Wenn der Feind versucht, Ihre Familiengeschichte gegen Sie zu verwenden, dann halten Sie ihm Ihre geistliche Abstammung entgegen! Als Kind Gottes und Miterbe Christi müssen wir ihm keine Handbreit Raum geben.

Kapitel 16

Bestandsaufnahme

Doch ihr sagt: „Warum soll denn ein Sohn nicht die Schuld seines Vaters tragen?" Weil der Sohn Recht und Gerechtigkeit geübt und alle meine Gesetze gehalten und danach getan hat, soll er am Leben bleiben.
(Hesekiel 18,19)

Wir haben nun ein paar alte Trümmerfelder untersucht und etwas über die Schlange erfahren, die auf diese Art von Trümmern spezialisiert ist. Jetzt sind wir bereit, uns auch die Pläne für einen Wiederaufbau anzusehen. Ich habe versprochen, anhand der Bibel zu beweisen, dass 2. Mose 20,5 nicht bedeutet, dass die Kinder für die Sünden ihrer Vorfahren bestraft werden. Ob wir die Auswirkungen jener Sünden spüren oder ob wir uns die Schuld daran selbst aufbürden, das sind zwei verschiedene Dinge. Das erste will Gott heilen, die Last des zweiten will er aber von uns nehmen.

In Hesekiel 18 geht es um die Sünden von Vätern und Söhnen (und natürlich auch von Müttern und Töchtern). Der Ort, wo wir eventuelle Trümmer am leichtesten entdecken können, ist die Generation unmittelbar vor uns, denn sie ist uns am nächsten.

Vielleicht kommen Sie aus einer außergewöhnlich gesunden Familie und haben deshalb mit diesem Thema nur wenig Erfahrung. Doch vielleicht kann Ihnen dieses Kapitel helfen, eine Freundin besser zu verstehen. Es kann aber auch sein, dass Sie genau das Gegenteil erlebt haben und in Ihrer Familie überhaupt nichts Positives sehen. Dann bete ich darum, dass Gott auch auf die Dinge in Ihrem Erbe, die von seiner Gnade und Güte zeugen, sein Licht wirft. Den meisten Leserinnen aber wird es wohl eher so gehen wie mir. Es mischt sich beides, Gutes und Böses. Deshalb bitte ich Gott, mir zu helfen, dass ich beides unterscheiden kann und ihn dann die negativen Bindungen brechen lasse. Ich möchte meinen Kindern nur das Beste weitergeben, ob im leiblichen oder im geistlichen Sinn. Wenn wir uns nach diesem Ideal ausstrecken, dann kommt es mit Sicherheit zu positiven Änderungen.

Die Israeliten hatten ein Sprichwort, mit dem sie ihre aktuellen Schwierigkeiten auf die früheren Generationen zurückführten. Es lautete: „Die Väter haben saure Trauben gegessen, aber den Kindern sind die Zähne davon stumpf geworden" (Hesekiel 18,2).

Haben Ihre Kinder Ihnen je vorgeworfen, Sie wären unfair? Meine tun das hin und wieder – und es tut mir weh! Und für den Fall, dass ich es nicht begriffen habe, halten sie es mir immer wieder vor, bis ich es nicht mehr hören kann. Dann möchte ich am liebsten sagen: „Ich habe das jetzt öfter gehört, als mir lieb ist! Was ihr mir da vorwerft, stimmt nicht! Nun hört endlich damit auf!" In Hesekiel 18 wird berichtet, dass Gott ähnlich reagierte:

So wahr ich lebe, spricht Gott der Herr: dies Sprichwort soll nicht mehr unter euch umgehen in Israel. Denn siehe, alle Menschen gehören mir so gut wie die Söhne; jeder, der sündigt, soll sterben. (Hesekiel 18,3-4)

Er führt das noch weiter aus, aber wir können dieses Prinzip für uns in zwei Worten zusammenfassen: *persönliche Verantwortung*. Gott spricht von einem gerechten Vater und einem ungerechten Sohn. Sein Schluss ist einfach. Der Vater wird wegen seiner Gerechtigkeit leben. Der Sohn aber muss wegen seiner Ungerechtigkeit sterben.

Wir, die wir Christus vertrauen, *sterben* nicht wegen unserer Sünde. Das hat Jesus zum Glück schon für uns getan. Wir können den Tod unserer Selbstachtung erleben oder den Tod einer irdischen Beziehung, aber unser leiblicher Tod ist nur der Übergang von diesem Leben zu unserem Wohnrecht im Himmel.

Die meisten von uns haben vermutlich ein paar alte Trümmer entdeckt. In diesem und dem nächsten Kapitel wollen wir überlegen, wie wir mit dem Wiederaufbau beginnen können. Dazu sind vier Voraussetzungen nötig.

1. Wir müssen bereit sein, einen ehrlichen Blick auf die Vergangenheit zu werfen

Viele wohlmeinende Christen reißen die Ermahnung aus Philipper 3,13, dass „ich vergesse, was dahinten ist“, aus dem Zusammenhang und betrachten sie als ein Gebot, nie zurückzuschauen. Paulus spricht hier aber von den Trophäen, die er zurücklassen musste, wenn er Christus nachfolgen wollte. Gottes Wort sagt uns ganz klar, was für ein guter und wirkungsvoller Lehrer die Vergangenheit sein kann. Sie ist es dann, wenn wir sie wie ein Schüler betrachten, der wissen will, was er daraus gewinnen und wie Gott die Vergangenheit zu seiner Ehre gebrauchen kann.

Hesekiel 18 zeigt uns ganz klar, wie die Ketten negativen Verhaltens gebrochen werden müssen.

Wenn der dann aber einen Sohn zeugt, der alle diese Sünden sieht, die sein Vater tut – wenn er sie sieht und doch nicht so handelt [...] *der soll nicht sterben um der Schuld seines Vaters willen, sondern soll am Leben bleiben.* (Hesekiel 18,14-17)

Werft von euch alle eure Übertretungen, die ihr begangen habt, und macht euch ein neues Herz und einen neuen Geist. Denn warum wollt ihr sterben, ihr vom Haus Israel? (Hesekiel 18,31)

Ich erkenne vier wichtige Schritte, die der Sohn tut, um den Kreis zu durchbrechen, den sein Vater begonnen oder fortgesetzt hat:

1. Er sieht die Sünde, die sein Vater begangen hat.
2. Er nimmt sich vor, nicht dasselbe zu tun wie sein Vater.
3. Er wirft alle Übertretungen von sich.
4. Er strebt nach einem neuen Herzen und einem neuen Geist.

Vielleicht denken Sie, das ist leichter gesagt als getan. Da haben Sie Recht. Ich habe noch keinen Bauarbeiter gesehen, der nicht manchmal schwitzen musste. Aber wenn er seine Arbeit gewissenhaft tut, dann wird das Ergebnis gut. Beim Wiederaufbau ist es nicht anders. Wir werden uns jeden dieser Punkte noch im Einzelnen vornehmen. Jetzt wollen wir erst einmal den ersten ansehen. Das hebräische Wort für

„sieht“ in Hesekiel 18,14 lautet *ra'ah* und bedeutet „sehen, gewahr werden, merken, innewerden“. Fällt Ihnen auf, dass „merken“ oder „innewerden“ nichts damit zu tun, dass man die Eltern nicht ehren will?

In Sprüche 30,11 ist von denen die Rede, die „ihrem Vater fluchen und ihre Mutter nicht segnen“. Das ist für einen Christen absolut undenkbar. Gott hat uns in 2. Mose 20,12, nur sieben Verse nachdem von der Familiensünde die Rede war, gesagt, wir sollen unsere Eltern ehren. Wir können also nicht sagen, unser Thema sei die Ausnahme von der Regel. Wenn wir die Sünden unserer Eltern betrachten, die wir nicht nachmachen oder weitergeben wollen, dann sollten wir uns hüten, dass wir unseren Eltern nicht fluchen, indem wir sie schlecht machen oder herabsetzen. Wir können durchaus ehrlich sein, auch ohne unsere Eltern zu schmähen. Wollen Sie Gott bitten, dass er Ihnen hilft, die Sünden Ihrer Eltern zu erkennen, damit Sie sie nicht in Ihrem eigenen Leben oder im Leben Ihrer Kinder fortsetzen müssen? Sind Sie bereit, noch etwas tiefer zu blicken, als wir es bis jetzt getan haben, damit Sie „merken und innewerden“?

Wo hat Ihnen der Heilige Geist noch gezeigt, welche Ketten Sie brechen müssen, ohne dass Sie damit irgendjemanden schlecht machen müssen? Welche Verhaltensmuster erkennen Sie im Leben Ihrer Eltern, die Sie bei sich selbst nicht fortsetzen wollen? Wir müssen einen ehrlichen Blick in unsere Vergangenheit werfen, aber wir müssen noch mehr tun.

2. Wir müssen die Wahrheit über die Lügen des Feindes erkennen

Wir können von den Folgen und Zwängen der Sünden in unserer Familie frei werden. Ich möchte es ganz vorsichtig und mit tiefstem Mitgefühl sagen: Sie sind keine Ausnahme und Ihre Situation ist es auch nicht. Wir können in allen Dingen überwinden, allerdings nur durch den Einen, der uns liebt (Römer 8,37).

Weiter vorn haben wir bereits vom Gegensatz zwischen Glaube und Unglaube gesprochen. Wenn wir die alten Gewohnheiten und Verhaltensweisen ansehen, die uns und unseren Eltern zum Fallstrick geworden sind, denken wir dann in unserem Herzen: „Es nützt ja doch nichts"? Bitte wenden Sie sich von allem Unglauben ab, sonst kann die Freiheit für Sie nie Wirklichkeit werden.

Damit wir den Kreislauf der Sünde in unserer Familie brechen können, müssen wir zurückschauen und wir müssen Gottes Wahrheit glauben.

3. Wir müssen erkennen, dass es ein Unterschied ist, ob wir die Trümmer wieder aufbauen oder ob wir sie erhalten wollen

Vielleicht sagen Sie: „Beth, Sie können mir glauben. Ich habe schon oft zurückgeschaut und ich bin dabei nur noch wütender oder nur noch deprimierter geworden." Das kann ich verstehen. Mir ging es genauso. Doch dann habe ich gelernt, dass es ein Unterschied ist, ob man etwas wieder aufbauen oder ob man es erhalten will. Daran wurde ich erinnert, als ich auf der Akropolis in Athen stand. Unser Reiseführer erklärte uns, wie viel Geld jedes Jahr dafür aufgebracht wird, die „Ruinen zu erhalten". Gott hat uns aber nie dazu berufen, Ruinen zu erhalten. Statt dass wir die Trümmer begutachten und uns dann gemeinsam mit Gott daran machen, sie aufzubauen, beschränken wir uns oft darauf, sie einfach immer wieder zu besuchen und zu erhalten und kommen so nie darüber hinweg. Ohne Gott, den Einzigen, der uns beim Wiederaufbau helfen kann, können wir auch nicht viel mehr tun. Wenn Sie „alte Trümmer" herumliegen haben, versuchen Sie sie zu erhalten oder bemühen Sie sich, sie wieder aufzubauen?

4. Wir müssen Gottes Berufung als Bauarbeiter annehmen

Ich hoffe, Sie sind weiter dabei, Jesaja 61,1-4 auswendig zu lernen. In Vers 4 heißt es: „Sie werden die alten Trümmer wieder aufbauen und, was vorzeiten zerstört worden ist, wieder aufrichten." „Sie" bezieht sich auf die Gefangenen, die wieder freigelassen werden.

Auch hier können wir eine Aussage, die sich konkret auf Israel bezog, im übertragenen Sinne deuten. Genauso wie Gott die Israeliten damit beauftragte, die Mauern um Jerusalem wieder aufzubauen, so beruft er uns, unsere alten Trümmer wegzuräumen und Neues zu bauen.

Ich glaube, einer der Gründe, warum Gott unsere Mitarbeit möchte, ist, weil er gern mit uns zu tun hat. Dazu hat er uns erschaffen. Ohne Gott ist es für uns unmöglich, die alten Trümmer erneut aufzubauen. Wir sind der Aufgabe nicht gewachsen. Doch wenn wir zu ihm kommen, dann baut er unser Leben und unser Wesen neu auf. Denn wenn er uns von unseren Verletzungen heilt, dann deshalb, weil er will, dass unsere Beziehung zu ihm eine ganz neue Dimension bekommt.

Auch wenn wir uns hier auf den Wiederaufbau der alten Trümmer konzentriert haben, bete ich darum, dass jeder einzelne Teil dieser Bibelstudie Ihnen für diese wichtige und manchmal langwierige Aufgabe Werkzeuge in die Hand gibt. Vielleicht fragen Sie sich immer noch, wie der Aufbau denn vor sich gehen soll. Wir können die Vergangenheit schließlich nicht ungeschehen machen, nicht wahr? Das stimmt, aber wir können vielleicht ein paar noch wichtigere Dinge ändern:

- Wir können etwas daran ändern, wie wir die Vergangenheit sehen.
- Und wir können überlegen, wie wir darauf aufbauen wollen.

Wir wollen uns fest vornehmen, dass wir die alten Trümmer nicht mehr erhalten, sondern mit dem Wiederaufbau beginnen wollen. Die Werkzeuge dafür sind uns in die Hand gegeben.

Kapitel 17

In alter Zeit

Ich habs verkündigt und habe auch geholfen und habs euch sagen lassen; und es war kein fremder Gott unter euch. Ihr seid meine Zeugen, spricht der Herr, und ich bin Gott. Ich bin, ehe denn ein Tag war.
(Jesaja 43,12-13)

So wie Gottes wichtigstes Ziel die Erlösung ist, so ist es Satans oberstes Anliegen, die Menschen für den Erlöser blind zu machen. Wenn wir dann aber erlöst sind, ist es Gottes oberstes Ziel, uns vollkommen zu machen. Als Gott mir eindringlich aufs Herz legte, diese Bibelarbeit zu schreiben, schenkte er mir zwei Aussagen, auf denen ich aufbauen sollte:

1. Christus kam, um die Gebundenen frei zu machen.
2. Satan kam, um die Befreiten zu binden.

Wir sind frei, das ist eine Tatsache. Doch nach Galater 5,1 können wir wieder unter das Joch der Knechtschaft geraten. Eines der Hauptziele dieser Bibelbetrachtung ist es, dass wir lernen, die Zusammenarbeit mit dem Feind zu beenden, und beginnen, tatsächlich in der Freiheit zu leben.

In Daniel 7,9 wird von Gott gesprochen als einem, der „uralt" war. Der Feind, die alte Schlange, ist schon lange da und kennt unsere Neigungen und unsere Schwachpunkte. Viel interessanter aber ist dieser „Uralte"!

Als meine Tochter Amanda in der zweiten Klasse war, machte sie mir einmal ganz klar, dass wirklich Gott der Mittelpunkt ist. Sie erzählte mir, wofür sie an diesem Tag in der Schule gebetet hatte.

„Amanda", sagte ich, „weißt du, wie sehr ich mich darüber freue, dass du Gott in deinen Tag einbeziehst?" Ihre Antwort werde ich nie vergessen. „Bist du aber dumm, Mama. Du weißt doch genau, dass Gott den Tag gemacht hat. Ich bin froh, dass er mich in seinen Tag einbezieht." Ich war sprachlos. Sie hatte etwas davon begriffen, was Gottes Name, der „Uralte", bedeutet.

Jeden Tag geht die Sonne auf, weil Gott es so will. Er selbst schläft nie und nichts entgeht seinen Augen. An jedem Tag unserer Geschichte war er Gott. Wenn Sie mit alten Trümmern zu tun haben – er war bereits da, als sie zusammenstürzten. Er kennt jedes Detail. Er weiß genau um die Auswirkungen auf Ihr Leben und er rät zum Wiederaufbau. Jesus war schließlich Zimmermann. Im Leben oder der Familiengeschichte eines Christen ist nie etwas zu Bruch gegangen, das Gott nicht wieder aufbauen und gebrauchen kann. Wir wollen ein paar Dinge ansehen, die uns den Anstoß geben können, unsere Familiengeschichte vom Fluch zum Segen zu wenden.

In Psalm 78 ist von verschiedenen Generationen die Rede. Er zeigt, dass jede Generation neu die Gelegenheit erhält, einen positiven Einfluss auszuüben.

[Dass sie] nicht würden wie ihre Väter, ein abtrünniges und ungehorsames Geschlecht, dessen Herz nicht fest war und dessen Geist sich nicht treu an Gott hielt. (Psalm 78,8)

Ganz egal, was in Ihrer Familie Schreckliches passiert ist, Gott kann eine neue Generation erwecken, die ihm folgt. Ihr Großvater kann wegen Mordes zu lebenslänglichem Zuchthaus verurteilt worden sein und Ihr Enkel kann sein Leben lang evangelisieren, sodass Tausende zu Jesus finden.

Zwischen jeder untreuen und jeder treuen Generation steht ein Mensch, der bereit ist, sich zu ändern. Dieser Mensch könnten Sie sein! Oder ich. Vielleicht hat in Ihrer Familie niemand offensichtlich gesündigt, sondern man hat sich einfach nicht für Jesus interessiert. Vielleicht möchten Sie das Verbindungsglied sein, das Ihre Familie aus einem unerfüllten, vielleicht sogar „religiösen" Leben in eine lebendige Beziehung zu Jesus Christus führt. Vielleicht beten Sie darum, dass Ihre Enkel und Urenkel eine Liebe zur Mission entwickeln. Egal was, Sie können das Verbindungsglied sein.

Wenn Ihr Traum oder Wunsch für Ihre Enkel und Urenkel mit dem Willen Gottes, wie Sie ihn erkannt haben, übereinstimmt, dann haben Sie von Jesus auch die Genehmigung und Rückendeckung, ihn in die Tat umzusetzen. Tun Sie sich mit Gott zusammen und beten Sie für die Erfüllung Ihres Traumes.

Sie können ganz gewiss sein, Gott will, dass Sie in Ihrer Generation göttlichen Samen streuen. Und ich bete ganz intensiv dafür, dass auch meine Kinder göttlichen Samen streuen. Ich liebe meine Eltern und Großeltern und möchte vieles von dem, was sie mir an wunderbaren Dingen geschenkt haben, weitergeben. Wir sind immer treu in die Kirche gegangen. Aber meine Eltern haben nie gelernt, jeden Tag mit Gott zu leben, im Gebet und mit seinem Wort. Sie hatten keine persönliche Beziehung zu Gott, die ihnen die Kraft gegeben hätte, ein paar riesige Hindernisse zu überwinden. Keith und ich hoffen, dass wir unseren Kindern ein paar neue Geschenke machen können. Ich bete regelmäßig für meine Kinder und später auch ihre, dass sie Gott leidenschaftlich lieben und mit Eifer dienen. Ich hoffe, dass sie von mir das Interesse an der Weltmission erben und die Liebe zu allen Völkern.

Andererseits bin ich nicht so naiv zu meinen, wir würden nicht auch ein paar unerwünschte „Geschenke" weitergeben. Doch ich bete darum, dass auch meine Kinder es lernen, alle negativen Kreisläufe zu erkennen und zu brechen, die sie bei Keith und mir entdecken.

Gott segnet unsere Gebete und unsere Hoffnungen. Doch damit ein Teufelskreis gebrochen und bleibende Veränderung eintreten kann, müssen wir bereit sein, mit ihm zusammenzuarbeiten. Eines der kostbarsten Geschenke, das wir in diesem Zusammenhang weitergeben können, ist Echtheit. Wir bewirken wenig, wenn wir zwar von den großen Taten Gottes reden, aber nicht nach seinem Willen leben.

Darum eine kühne und herausfordernde Frage: Wo kann die nächste Generation in Ihrem Leben sehen, dass Sie *echt* sind, dass Sie es ernst meinen? Wir werden gleich sehen, warum das so wichtig ist! Lesen Sie noch einmal 2. Mose 20,5-6. Viele Menschen lassen sich von Vers 5 so irritieren, dass sie Vers 6 gar nicht mehr wahrnehmen. Gott sucht die Sünden der Väter bis in die dritte oder vierte Generation heim, aber er erweist Barmherzigkeit „an vielen Tausenden, die mich lieben und meine Gebote halten" (2.Mose 20,6).

Kein Vergleich zwischen drei oder vier und vielen Tausenden! Gott ist mit seinem Segen viel gnädiger, als er mit seiner Strafe streng ist. Ist

Ihnen klar, dass Ihr Leben mit Gott viele Generationen nach Ihnen beeinflussen kann? Wie viele Ihrer Nachkommen könnten gesegnet werden, wenn Sie bereit sind, einen neuen Kreislauf der Treue zu Gott zu beginnen?

Wir wissen aus Johannes 3,16, dass Gott die ganze Welt liebt. Doch zeigt er seine Liebe vor allem jenen, die ihn lieben und ihm gehorchen. Gott liebt jeden Menschen, aber das Recht, sein liebendes Erbarmen zu zeigen, behält er sich für die vor, die gehorsam sind. In Johannes 14,21 kommt dasselbe zum Ausdruck. Dort sagt Jesus: „Wer meine Gebote hat und hält sie, der ists, der mich liebt. Wer mich aber liebt, der wird von meinem Vater geliebt werden, und ich werde ihn lieben und mich ihm offenbaren."

Wir werden später noch ausführlicher auf den liebenden Gott und den Gehorsam ihm gegenüber zu sprechen kommen. Im Moment wollen wir einfach den kostbaren Schatz ausgraben, den wir hier in 2. Mose 20,6 finden. Das hebräische Wort für „erweisen" lautet in diesem Vers *'asah*. Was meinen Sie, was das bedeutet? Es heißt „tun, aus Nichts etwas schaffen". Mitten in den Erklärungen über den Einfluss der verschiedenen Generationen verspricht Gott, aus dem Leben derer, die ihn lieben und ihm gehorchen, etwas zu schaffen, ja Segen zu wirken.

Der „uralte" Gott wartet sehnsüchtig darauf, dass er ein solides Fundament legen kann, auf dem unsere Nachkommen noch Jahre später aufbauen können, wenn sie es wollen. Er verlangt nicht, dass wir die alten Trümmer aus eigener Kraft wieder aufbauen. Er verlangt nur, dass wir uns als eines seiner Werkzeuge gebrauchen lassen. Gott weiß genau, was schief gelaufen ist, er weiß, wo unser Fundament Risse hat. Er war dabei. Er war vollkommen Gott, als es geschah, und er ist auch heute ganz Gott.

Viele Menschen sehnen sich danach, irgendwie bedeutend zu sein. Wir wollen in unserer Gesellschaft einen sinnvollen Beitrag leisten. Wir blicken auf die, die es unserer Meinung nach tun, und beneiden sie. Aber ist uns eigentlich klar, was für einen Beitrag wir in unserer eigenen Familie leisten können? Ich kann mir keinen vorstellen, für den ich mein Leben mehr zum Segen lassen werden möchte, als die Kinder meiner Kinder und dann deren Kinder. Zehn Generationen später ist unser Name vielleicht vergessen, aber eines Tages werden sie im Himmel dem Verbindungsglied begegnen, das die Kette gebrochen und die Richtung geändert hat.

Manchmal kritisieren wir gern, was vor uns geschah. Aber sind wir bereit, auf die, die nach uns kommen, einen positiven Einfluss auszuüben? Die kleine Spanne Zeit, die Gott jeder Generation schenkt, ist ein Vertrauensbonus. Die Generationen vor uns, die damit nicht treu umgegangen sind, werden einmal dafür zur Verantwortung gezogen. Aber wir leben jetzt und haben immer noch die Wahl. Erinnern Sie sich an Hiskia? Sein Verhalten führte dazu, dass seine eigenen Kinder in die Gefangenschaft geführt wurden. Viele Eltern tun dasselbe, weil sie meinen, die eigenen paar Jahre seien alles, worauf es ankommt. Der Virus des Egoismus ist ansteckend, aber jede Generation hat die Wahl, sich nicht anstecken zu lassen. Ich bete darum, dass Sie und ich nicht sind wie Hiskia.

Wenn Sie für Ihre Generation Ihr Teil tun, dann wird Gott sich um die vielen Tausend kümmern, die nach Ihnen kommen. Das ist doch ein gutes Geschäft oder nicht? Ich weiß nicht, wie lange Christus noch zögert, aber ich glaube nicht, dass er noch mehrere tausend Generationen warten wird. Das bedeutet, dass Ihr Leben jede Generation bis zu seinem Kommen beeinflussen kann. Ziemlich beeindruckend, nicht wahr? Sein Blut ist bereits vergossen. Ist es die Sache da nicht wert, auch selbst ein wenig Schweiß und einige Tränen fließen zu lassen?

Kapitel 18

Mitten ins Herz

Er hat mich gesandt, die zerbrochenen Herzen zu verbinden. (Jesaja 61,1)

Wissen Sie noch, wann Sie den ersten Zahn verloren haben, das erste Mal Roller gefahren sind und wann Ihr erster Schultag war? Das waren epochale Ereignisse und trotzdem kann es sein, dass Sie sich nicht mehr daran erinnern. Wenn ich Sie aber nun fragen würde, wann Ihnen das erste Mal das Herz brach, dann fällt Ihnen das vermutlich sofort wieder ein – bis ins letzte Detail. Wenn uns das Herz bricht, dann ist das irgendwie anders als alles, was uns sonst passiert.

Wenn ich an ein paar meiner eigenen Herzschmerzen zurückdenke, dann ist mir, als würde ich den Schmerz heute noch spüren. Doch dass uns von Zeit zu Zeit das Herz bricht, ist nicht nur unvermeidlich, es ist auch ein wichtiger immer wiederkehrender Part in unserem seelischen Reifeprozess. Leider setzt er bei manchen Menschen viel zu früh ein.

Einer der Hauptgründe, warum Gott seinen Sohn auf diese Erde schickte, war der, Menschen mit zerbrochenem Herzen Trost und Heil zu bringen. Ich glaube, nur Gott allein kann ein zerbrochenes Herz wirklich und völlig heilen. Er hat dafür verschiedene Methoden. Eine davon ist, laut Jesaja 61,1, dass er zerbrochene Herzen verbindet.

Wir wollen uns diesen Teil seines Dienstes einmal etwas genauer ansehen. Ich bete darum, dass Sie durch das, was ich in Jesaja 61,1 entdecken durfte, genauso gesegnet werden wie ich. Nehmen Sie sich ruhig Zeit, die folgenden Aussagen ganz langsam in sich aufzunehmen. Denken Sie darüber nach und spüren Sie, wie sehr Sie geliebt werden.

Beachten Sie zunächst einmal das zweite aktive Verb in diesem Vers: „Er hat mich *gesandt*." Das hebräische Wort für „senden" lautet *schalach* und bedeutet „ausstrecken, schicken", aber auch „loslassen".

In Psalm 127,3-4 heißt es: „Kinder sind eine Gabe des Herrn ... wie Pfeile in der Hand eines Starken, so sind die Söhne ...“ Aus Johannes 3,16 wissen wir, dass Jesus Gottes einziger Sohn war. Und in Johannes 3,17 lesen wir, dass Gott ihn in die Welt schickte, damit die Welt durch ihn gerettet wird.

Gott hatte nur einen Pfeil in seinem Köcher. Der vollkommenste Pfeil, den es je gab, ein Meisterstück, das für ihn ungeheuer wertvoll war. Wichtiger als alle himmlischen Heerscharen. Mit ihm war nichts zu vergleichen. Der einzige Erbe. Sein einziger Sohn. Aber als Gott die verlorene Welt sah – verzweifelt und bedrängt und in den Klauen des Feindes –, da brach es ihm fast das Herz. Auch wenn die Menschen ganz erbärmlich gegen ihn gesündigt hatten und nur wenige ihn suchten, hatte er sie doch aus Liebe geschaffen und konnte sie nicht weniger lieben.

Die Liebe langte in den Köcher und holte den einzigen Pfeil hervor. Der Köcher war jetzt leer und dieser kostbare Pfeil geriet in die Hände hasserfüllter Menschen. Ja, so sehr hat Gott die Welt geliebt. Aber er liebte auch seinen einzigen Sohn mit unaussprechlicher, göttlicher Liebe. Das ist das göttliche Dilemma – zwei Lieben –, und die eine verlangt, dass die andere geopfert wird. Er rückte die Waffe zurecht, zog den Bogen, suchte Halt und zielte genau aufs Herz: „Und sie gebar ihren ersten Sohn und wickelte ihn in Windeln und legte ihn in eine Krippe“ (Lukas 2,7).

Was für eine unvorstellbare Liebe, was für ein Opfer! Alle, die ihren Schild des Unglaubens ablegen und den heilenden Pfeil eindringen lassen, werden gerettet. Ich weiß nicht, ob Sie genauso empfinden wie ich. Aber ich musste hier innehalten, mir die Szene ausmalen, darüber nachdenken und Gott antworten.

Das nächste hebräische Wort, das wir uns ansehen wollen, ist das Adjektiv, das wir in diesem Abschnitt in Zusammenhang mit dem Herzen ständig gebrauchen. „Er hat mich gesandt, die *zerbrochenen* Herzen zu verbinden.“ Das hebräische Wort für „zerbrochen“ in Jesaja 61,1 lautet *schavar* und bedeutet „zerspringen, zersplittern, zertrümmern; zerreißen, in Stücke reißen“.

Haben Sie je so empfunden? Hatten Sie je das Gefühl, wilde Tiere würden um Ihr Herz kämpfen und es in Stücke reißen? Ich schon und es tut heute noch weh, wenn ich daran denke. In der Definition heißt es auch noch: „Das Verb kann mit einer Vielzahl gewalttätiger Bedeutungen auftreten." Verstehen Sie mich bitte nicht falsch. Das bedeutet nicht, dass ein Herz nur dann brechen kann, wenn irgendeine Gewalttat geschieht. Wir wissen beide ganz genau, dass ein Herz viel eher durch Worte als durch Taten gebrochen wird. Gemeint ist vielmehr, dass meist ein einzelner Akt in einem ganz konkreten Augenblick der Auslöser ist. Ich will das an einem Beispiel deutlich machen.

In der Ehe von David und Teresa gab es von Anfang an Probleme. David befürchtete, Teresa hätte ihn eher wegen der Sicherheit als aus Liebe geheiratet, aber er liebte sie viel zu sehr, als dass er diesen Punkt angesprochen hätte. Er hoffte, sie würde ihn mit der Zeit lieben lernen, aber leider geschah das nicht. Sie wurde immer distanzierter. Sechs Jahre kämpfte er um seine Ehe und trug die meiste Last für die Beziehung. Eines Tages, als er von der Arbeit nach Hause kam, waren Teresas Kleider fort und auf dem Tisch lag ein Zettel: „Es tut mir Leid, David. Ich kann nichts gegen meine Gefühle tun. Ich liebe dich nicht und habe dich nie geliebt. Ich habe es immer versucht, aber so ist es bestimmt für uns beide das Beste."

Was meinen Sie, in welchem Moment Davids Herz in Stücke brach, wenn wir an die Definition von „zerbrochen" aus Jesaja 61,1 denken?

Wenn Sie antworten, „als Teresa ihn verließ", dann haben Sie wohl Recht. Das heißt nicht, dass er nicht schon vorher verletzt wurde, und auch nicht, dass er nicht schon lange unter der Situation litt. *Schavar* bedeutet, dass wir den Punkt, an dem unser Herz brach, meist genau definieren können.

Ob Sie dem zustimmen können? Denken Sie einmal an eine Zeit zurück, in der Sie an gebrochenem Herzen litten. Können Sie sich an einen präzisen Augenblick erinnern, in dem Sie spürten, wie Ihnen, bildlich gesprochen, das Herz brach? Wussten Sie damals, dass Gott Sie so sehr liebt, dass er seinen Sohn gesandt hat, um Ihr Herz zu heilen?

Ich möchte Ihnen auch gern noch das letzte Wort in unserem Vers erklären. „Er hat mich gesandt, die zerborchenen Herzen zu verbinden." Das Wort für „verbinden" lautet *chabasch* und bedeutet auch „flicken, ausbessern, zusammennähen". Wie können wir im biblischen Sinne den Unterschied zwischen einem schmerzenden und einem zerbrochenen Herzen definieren? In unserem Zusammenhang ist ein zerbrochenes Herz eines, das blutet und zusammengenäht werden muss.

Wenn etwas blutet, dann muss ein Druckverband angelegt werden. Was für ein wunderbares Bild für Christus! Wir sind tief verwundet und dann kommt Jesus und drückt mit seiner liebenden, durchbohrten Hand unsere Wunde zu. Einen Augenblick lang kommt es uns vor, als würde der Schmerz noch schlimmer. Aber dann hört das Bluten auf. Sehen Sie, was Jesus tut, wenn es uns schlecht geht? Wie können wir da nur meinen, er würde sich nicht um uns kümmern, wenn unser Herz bricht, und ihm das womöglich noch vorhalten!

Noch ein letzter Gedanke. Wir haben gesagt, dass Jesus unser zerbrochenes Herz verbindet, es also gewissermaßen umhüllt. Im normalen Leben lässt unser Körper das Fleisch über einer Wunde wieder zusammenwachsen und wir schwören uns, dass wir eine solche Verletzung nie mehr zulassen werden. So ist es bei Gott nicht. Denn wenn wir uns selbst mit einer Mauer umgeben, dann kann unsere Liebe nicht nur nicht mehr nach außen dringen, es kommt auch keine Liebe mehr herein. Wir werden zu Gefangenen unserer eigenen Festung. Nur Gott kann unser zerbrochenes Herz wieder so zusammensetzen, die Wunden schließen und mit einem Verband verbinden, dass wir zwar vor Infektionen geschützt sind ... unser Herz aber frei bleibt, Liebe ein- und auszuatmen.

Werden Sie von einem zerbrochenen Herzen gefangen gehalten, das Christus nie verbinden und heilen durfte? Sie könnten dieses Kapitel mit einem Verband statt mit einer Bindung beenden. Wagen Sie es. Zeigen Sie noch einmal ein Stück Ihres Herzens ... nur Jesus. Denn dazu hat ihn der Vater gesandt. Der Bogen ist gespannt, der Pfeil aufs Ziel gerichtet. Es ist nun an Ihnen, den Schild zu senken.

Kapitel 19

Zerbrochene Kinderherzen

Zu derselben Stunde traten die Jünger zu Jesus und fragten: Wer ist doch der Größte im Himmelreich? Jesus rief ein Kind zu sich und stellte es mitten unter sie. (Matthäus 18,1-2)

In den nächsten beiden Kapiteln wollen wir uns mit den Herzen befassen, die in der Kindheit durch Missbrauch oder Gewalt gebrochen wurden. Gott achtet die Dinge nicht gering, die unser Herz brechen. Er sieht nicht auf uns herab und denkt, wie unbedeutend wir doch sind, weil uns solche Kleinigkeiten wehtun. Wenn wir so „geistlich" sind, dass wir keinen Bezug mehr zur Wirklichkeit haben, dann haben wir etwas falsch verstanden. Gott lässt unsere bloßen Füße auf dem heißen Pflaster dieser Erde, damit wir durch unsere Verletzungen wachsen, nicht damit wir sie ignorieren oder uns weigern, sie zu verarbeiten.

In Matthäus 18 überlegten die Jünger, wer im Himmel einmal der Größte sein würde. Jesus rief ein kleines Kind und sagte, wer ein großer Jünger sein wolle, müsse werden wie solch ein Kind. Dann sagte er noch etwas, das für unser Thema wichtig ist, nämlich: „Wer aber einen dieser Kleinen, die an mich glauben, zum Abfall verführt, für den wäre es besser, dass ein Mühlstein an seinen Hals gehängt und er ersäuft würde im Meer, wo es am tiefsten ist" (Vers 6).

Was meinen Sie, was Jesus mit dem Ausdruck „zum Abfall" meint? Man könnte auch sagen zur Sünde „verführt". Ich glaube, er bezieht sich hier ganz speziell auf Gewalt gegen Kinder und auf Kindesmissbrauch. Und ich meine, dass alles, was ein Kind direkt dazu verleitet, zur Sünde zu tendieren, als Misshandlung oder Missbrauch bezeichnet werden kann.

Es gibt zwei Gründe, warum ich selbst nie über die Einzelheiten der

Misshandlungen spreche, die ich als Kind erlebt habe. Erstens möchte ich, dass der Arzt verherrlicht wird und nicht die Wunde. Und zweitens fühlen sich mehr Menschen angesprochen, wenn ich in eher allgemeinen Begriffen davon rede.

Leider gibt es viele, die Ähnliches erlebt haben wie ich. Wenn man uns fragen würde, ob uns damals das Herz brach, dann würden wir alle mit einem lauten Ja antworten!

Gott hat die Verse in Matthäus 18 gebraucht, um intensiv zu mir zu reden. Ich will Ihnen erklären, wie ich mit den Warumfragen umgehe, auf die ich keine Antwort finde: Ich suche so viele Antworten, wie ich in Gottes Wort finden kann, und vertraue darauf, dass er auch auf die übrigen Fragen eine Antwort weiß. Das klingt einfach, ist es aber nicht. Ich muss es jeden Tag meines Lebens im Glauben üben, aber ich finde in dieser Methode großen Trost und Frieden. Gehen Sie mit mir Matthäus 18,1-9 durch. Wir wollen einmal sehen, ob wir genug Antworten finden können, um Gott auch im Blick auf den Rest zu vertrauen.

Kinder sind Gottes Augapfel

Der Evangelist Lukas berichtet in Kapitel 9, Vers 46 über dasselbe Ereignis. Die Jünger stritten darüber, wer im Himmel einmal der Größte sein würde. Anstatt auf einen von ihnen zu zeigen, rief Jesus „ein Kind zu sich und stellte es mitten unter sie" (Matthäus 18,2). Damit sagte er im Wesentlichen: „Ihr wollt wissen, was für mich Größe bedeutet? Seht euch dieses Kind an."

Auch an einer anderen Stelle spüren wir etwas von der Liebe, die Jesus zu den Kindern hatte. Er hätte einfach einen Segen über ihnen aussprechen können, aber er nahm sie in die Arme, legte ihnen die Hände auf und segnete sie dann (Markus 10,16). Ich glaube, dass nicht nur Jesus die Kinder liebte, sondern die Kinder auch ihn. Wie viele Kinder würden sofort mit dem Spielen aufhören und sich vor dreizehn erwachsenen Männern als Beispiel gebrauchen lassen? Nicht viele, es sei denn sie lieben den, der sie herbeiruft, von ganzem Herzen und vertrauen ihm.

Ich denke, Jesus war einer jener Menschen, um den sich sofort alle Kinder aus der Nachbarschaft scharten. Wahrscheinlich war er kaum einmal unterwegs, ohne dass er ein paar Kinder durch die Luft wirbelte. Ja, vielleicht war es diese Anziehungskraft, die er auf die Kinder ausübte, wegen der die Jünger, wie Markus 10,13 berichtet, so ungehalten wurden. Womöglich waren sie es einfach leid, dass ständig eine Horde Kinder hinter ihnen herlief.

Vielleicht irre ich mich, aber aufgrund der Fragen, die wir beantworten können, denke ich, dass auch die unbeantworteten Fragen für die Kinder sprechen. Ich denke, es spricht für Jesu Sinn von Humor, wenn er ein echtes Kind herbeiruft, um seine Vorstellung von Größe zu erklären, während seine auserwählten Zwölf sich gerade aufführen wie eine Schar Kinder. Aber ich habe noch anderes über Jesus und die Kinder festgestellt.

Jesus geht mit den Kindern

Was denken Sie, was Jesus in Matthäus 18,5 meinte, wenn er sagte: „Wer ein solches Kind aufnimmt in meinem Namen, der nimmt mich auf"? Heißt das etwas anderes als: „Was ihr für die Kinder tut, das tut ihr für mich"?

Wer ein Kind misshandelt, misshandelt letztlich Jesus selbst

Aufgrund des Kontextes glaube ich, dass er nicht nur sagte: „Was ihr für die Kinder tut, das tut ihr für mich", sondern auch: „Was ihr einem Kind antut, das tut ihr mir an." Er nimmt es offensichtlich sehr persönlich, wenn einem Kind etwas angetan wird.

Wenn Sie als Kind misshandelt wurden, haben Sie je darüber nachgedacht, wie Jesus dabei zumute war? Wie konnte der Feind Sie dazu verleiten, etwas Falsches über Jesu Einstellung zur Kindsmisshandlung zu denken? Aus allem, was wir gesehen haben, geht hervor, dass Jesus sehr viel an den Kindern liegt und dass er durchaus mitbekommt, was ihnen angetan wird. Sacharja sagt, wie Gott darauf reagiert: „Wer euch antastet, der tastet meinen Augapfel an" (Sacharja 2,12).

Jesus ist nie der Auslöser von Misshandlungen

Die Bibel sagt, dass manche Nöte uns von Gott extra auferlegt werden, damit wir wachsen und geläutert werden. Kindsmisshandlung gehört aber nicht dazu. Wenn Sie erkennen wollen, ob Gott oder Satan der Urheber eines Problems ist, dann tun Sie das am besten, indem Sie prüfen, ob dabei Sünde im Spiel ist. Gott will uns nie zur Sünde verleiten und er verwendet auch keine Sünde oder Perversion, um uns in Christi Ebenbild umzuformen. Das ist unmöglich!

Lassen Sie mich aus meiner eigenen Erfahrung berichten. Zwei Dinge, die meine Kindheit am meisten beeinflusst haben, waren die Misshandlungen und ein Sturz, bei dem ich mir die Zähne einschlug. Ich weiß mit hundertprozentiger Sicherheit, dass Satan der Urheber des Missbrauchs war, weil dabei schreckliche Sünde im Spiel und ich mit Scham erfüllt war. Scham ist der *Stempel*, den Satan uns aufdrücken will.

Der Sturz hingegen stellte mich zwar vor große Herausforderungen und ich litt über Jahre hinweg an einem Gefühl der Unsicherheit. Aber es war dabei keine Sünde im Spiel. Gott ließ es zu, dass ich mich minderwertig fühlte, doch dadurch schenkte er mir auch ein tiefes Mitgefühl für Menschen, die verspottet und verlacht werden. Irgendwie ließ er mich in meinem jungen Herzen erkennen, dass ich in seinen Augen schön war. So habe ich aus diesem Unglück eine Menge gelernt.

Denken Sie einmal an Ihre eigene Kindheit. Gibt es ein Ereignis, wo Sie sagen müssen, dass da Gott am Werk war? Oder erkennen Sie eher ein Werk Satans?

Ich möchte noch etwas herausarbeiten, was zwar schwierig, für unsere Befreiung aber nötig ist. Ich will es anhand meiner eigenen Erfahrung erklären: Gott hat beide Dinge in meiner Kindheit zugelassen, ob er sie veranlasst hat oder nicht. Die Misshandlung kann er nicht veranlasst haben, denn sie stand völlig im Kontrast zu seinem Wesen. Aber er hat sie zugelassen. Warum? Er mag Gründe gehabt haben, die ich jetzt noch nicht kenne. Doch bis mir diese Fragen beantwortet werden, weiß ich das Folgende:

- Er wusste, dass ich ihn suchen musste, um heil zu werden, und dass ich durch die Heilung auch den Heiland kennen lernen würde.

- Er wusste, dass durch das Wunder der Heilung und die anschließende Arbeit sein Name gepriesen werden würde.
- Er wusste, dass ich mit Menschen, die in der Kindheit misshandelt wurden, mitfühlen kann.
- Er wusste, dass das Verbrechen, das in meiner Kindheit an mir geschah, in dieser Generation ans Licht kommen würde, und er wollte, dass Christen dieses Thema im Licht seines Wortes ansprechen.
- Er wollte, dass ich anderen aus persönlicher Erfahrung sagen kann, dass es in Christus tatsächlich Befreiung gibt.

Besser kann ich es nicht sagen. Solange die anderen Fragen nicht beantwortet sind, reichen mir diese Antworten aus. Dass Gott aus dem Schlechten des Lebens Gutes schafft, ist eines der befreiendsten Konzepte im gesamten Wort Gottes.

Ich möchte Ihnen von Herzen Mut machen, ihm Ihren Schmerz anzuvertrauen. Halten Sie nichts zurück und laden Sie ihn ein, aus Ihrem Elend Wunder zu schaffen. Aber haben Sie Geduld und lernen Sie ihn durch den Prozess der Heilung immer besser kennen. Sie werden Frucht sehen. Das verspreche ich Ihnen. Ja, mehr noch, *Christus* verspricht es Ihnen.

Wir haben nun vier Antworten gefunden. Im nächsten Kapitel wollen wir zwei weitere Antworten ansehen. Auch wenn Sie in Ihrer Kindheit nicht direkt misshandelt wurden, so hat letztlich jeder Mensch als Kind gelitten. Haben Sie jedes Stück Ihres Leids an Christus abgegeben? Wenn nicht, wollen Sie es jetzt tun? Nehmen Sie sich Zeit zum Beten und bringen Sie dem, der die Kinder liebt, die Dinge, die Ihnen in Ihrer Kindheit Schmerzen bereitet haben. Sie sind sein Kind, egal wie alt Sie sind.

Kapitel 20

Geheilte Herzen

Weh der Welt der Verführungen wegen! Es müssen ja Verführungen kommen; doch weh dem Menschen, der zum Abfall verführt! (Matthäus 18,7)

Jesus hat auf verschiedene Weise geheilt. Manchmal durch eine Berührung. Manchmal durch ein Wort. In Matthäus 18 heilt er durch die Wahrheit. Durch die Beschäftigung mit diesem Text habe ich beträchtliche Heilung erlebt. Ich erkannte, wie wichtig ich Jesus als Kind war, als mir aufging, wie sehr er das verabscheute, was mir angetan worden ist. Die Bibel ist der stärkste Verband, den Gott um zerbrochene Kinderherzen legt.

Ich glaube, dass Menschen, die als Kind missbraucht wurden, nur selten sofort geheilt werden. Eher geschieht die Heilung allmählich, indem sie die Bibel lesen und ihre Wahrheiten umsetzen. Ein erneuerter Geist und positive Gewohnheiten sind unabdingbar, wenn man auf den Sieg zuleben will. Im vorigen Kapitel haben wir vier Erkenntnisse formuliert. Matthäus 18 lehrt noch eine andere heilsame Wahrheit über Jesus und die Kinder.

Jesus rächt den Missbrauch oder die Misshandlung von Kindern

Ich glaube aus mindestens zwei Gründen, dass Jesus in Matthäus 18,6-10 von Kindesmisshandlung spricht:

- Weil er ausdrücklich betont, was ein Mensch einem anderen antun kann. Und dieser „andere" ist hier ein Kind.

▷ Weil er von einer Tat spricht, die „einen dieser Kleinen ... zum Abfall verführt".

Jeder, der in der Kindheit misshandelt wurde, kann bezeugen, dass die Neigung zur Sünde dadurch drastisch zunimmt. Es war ein Teil meiner Heilung, dass ich lernen musste, Verantwortung für meine eigene Sünde zu übernehmen, ganz egal, ob ich durch das Handeln eines anderen Menschen dazu gebracht worden war oder nicht.

Vielleicht geht es Ihnen so wie mir. Sie wollen die Verantwortung für Ihre eigene Sünde nicht übernehmen, weil Sie meinen, es sei ja nicht Ihr Fehler gewesen. Sie fragen vielleicht: „Wie hätte ich denn sonst reagieren sollen, nachdem mein Bezugspunkt zerstört war?" Aber sehen Sie, beim Bekennen der Sünde geht es meiner Meinung nach nicht unbedingt um unsere Fehler. Es geht vielmehr um die Freiheit!

Ja, meine Sünde war mein eigener Fehler. Für Gott war aber, denke ich, noch wichtiger, dass ich bekannte, wie sehr ich diese Sünde hasste und wie sehr ich von der Macht frei werden wollte, die der Missbrauch über mich hatte. Das Bekenntnis machte es mir möglich, sündige Verhaltensweisen offen auf den Tisch zu legen und mit Gott zu besprechen. Er vergab mir sofort und hat mich völlig gereinigt. Und dann fing er an mir zu zeigen, wie ich mein Verhalten ändern konnte.

Sie denken nun vielleicht: „Aber die Probleme und die Nachwirkungen der Misshandlung sind so gewaltig. Wie soll ich denn damit fertig werden?" Sie haben Recht. Und das ist einer der Gründe, weshalb es für einen Täter besser wäre, „dass ein Mühlstein an seinen Hals gehängt und er ersäuft würde im Meer, wo es am tiefsten ist". Kindesmisshandlung ist ein Riese, der bekämpft werden muss, vor allem wenn der Mensch, der sie beging, einer war, der Sie eigentlich hätte beschützen sollen. Doch so wie Gott dem jungen David die Kraft gab, Goliath zu schlagen, so wird er auch Ihnen Kraft geben, wenn Sie ihn lassen. Denken Sie nur an Davids Worte in 1. Samuel 17,47: „Der Krieg ist des Herrn." Auch in den Klageliedern finden wir starke Worte über Gottes Haltung gegenüber dem Missbrauch: „Du siehst, Herr, wie mir Unrecht geschieht; hilf mir zu meinem Recht!" (Klagelieder 3,59).

Dem Menschen, der sich an mir vergangen hat, vergeben, heißt nicht, dass ich einfach mit den Schultern zucke und murmele: „Okay, ich vergebe dir" und dann so tue, als sei gar nichts passiert. Es ist etwas passiert. Und ich habe mit meinem Leben teuer dafür bezahlt. Vergebung hat damit zu tun, dass ich die Sache Gott übergebe, damit er für Gerechtigkeit sorgt. Vergebung bedeutet, dass ich die Sache bei Christus abgebe und beschließe, von Verbitterung und Schuld, die mich ständig bedrücken, frei zu werden.

Wissen Sie, warum ich dem Menschen, der mir so großes Unrecht getan hat, letztlich wirklich vergab? Es fällt Ihnen vielleicht schwer, das zu schlucken, aber es ist die Wahrheit: Ich kam schließlich an den Punkt, wo ich mehr Mitleid mit ihm hatte als mit mir selbst. Und ich kann Ihnen sagen, wenn ich in der Szene von Matthäus 18,6 mitspielen müsste, dann wollte ich lieber das geliebte und umhegte Opfer sein als der Missetäter. Wie sagte doch mein Neffe, als er noch klein war: „Der Typ hat droße Sorgen."

Und noch eine sechste Erkenntnis über Kindesmisshandlung können wir aus der Bibel ziehen:

Wir müssen leider davon ausgehen, dass es in dieser Welt auch weiter Kindesmisshandlungen geben wird

Lesen wir noch einmal Matthäus 18,7: „Weh der Welt der Verführungen wegen! Es müssen ja Verführungen kommen; doch weh dem Menschen, der zum Abfall verführt!"

Ein gewisses Maß an Kindesmisshandlung wird es wohl immer in dieser Welt geben, weil der Fürst dieser Welt (Johannes 12,31) und seine finsteren Gehilfen am Werk sind. Bis Gottes Reich kommt, können und müssen wir uns um die Opfer kümmern und Gesetze fordern, die das Böse zurückdrängen und die „Werke der Finsternis aufdecken". Aber wir werden sie nie ganz stoppen können. Der nächste Vers kann uns helfen zu verstehen, warum der Feind aus dieser Art von Verletzungen so viel Profit zieht.

In Matthäus 18,7 heißt es in einer anderen Bibelübersetzung: „Wehe der Welt der Ärgernisse wegen!" Was bedeutet das Wort Ärgernisse? Es kommt von dem Wort *skandalon* und bedeutet ursprünglich das „Stellholz in einer Tierfalle". In der Bibel wird das Wort hauptsächlich in der Bedeutung „Anlass zum Verderben oder zur Sünde, Hindernis, über das man stolpert" oder übertragen „Anlass zum Unglück oder zu Gewissensskrupeln" gebraucht. Wir müssen keinen Doktortitel in Theologie haben, um in Kindesmisshandlungen das Werk des Feindes zu erkennen. Haben Sie je darüber nachgedacht, wie Missbrauch in der Kindheit für einen Menschen zur Falle werden kann, weil er ihn zur Sünde verführt?

Wir wissen aus der Forschung, dass eine große Zahl der Männer wie auch der Frauen, die sich *skandalös* verhalten, zum Beispiel als Prostituierte, Ehebrecher oder Homosexuelle, in ihrer Kindheit selbst missbraucht wurden. Ich will das nicht entschuldigen, aber manchmal kann uns eine Erklärung für ihren offensichtlichen Mangel an Selbstachtung helfen, ihr negatives Verhalten zu verstehen und richtig einzuordnen.

Satan möchte die Menschen davon abhalten, Jesus als ihren Erlöser anzunehmen, und Kindsmissbrauch ist da mit Sicherheit ein wirksames Mittel. Da der Feind nicht jeden, der glauben möchte, davon abhalten kann, die Erlösung zu empfangen, versucht er dafür zu sorgen, dass die Menschen entweder seelisch zu angeschlagen sind, um ein wirksames Zeugnis zu sein, oder zu kaputt, um sich gegen die Sünde zu wehren. Er hofft, dass wir Christen entweder so wirkungslos sind, dass wir gar nichts zu sagen haben, oder unser Zeugnis durch unser Verhalten ruinieren.

Ist nicht dieser Nutzen, den der Feind sich von uns erhofft, ein weiterer Grund, warum wir ihm nicht eine Handbreit Boden aus unserer Vergangenheit überlassen sollten? Es ist an der Zeit, unsere Empörung gegen Satan, gegen den Urheber des Missbrauchs selbst zu richten. Ich möchte hier etwas behaupten, wovon ich im Blick auf Kindesmisshandlung zutiefst überzeugt bin: Letztlich ist unser Ankläger (Satan) selbst der größte Verbrecher.

Ich wurde öfter misshandelt, als ich zählen kann, aber Satan verklagte mich jeden Tag meines Lebens, bis ich schließlich sagte: „Jetzt reichts!“ und es zuließ, dass Gott mich heilte und zur Vergebung bereitmachte. Liebe Leserin, lesen Sie diese Worte ganz aufmerksam und nehmen Sie sie mit ganzem Herzen an: Sie definieren sich nicht durch das, was Ihnen geschehen ist oder was Sie getan haben. Sie sind, was Sie in Christus sind. Sie sind Gottes geliebtes Kind. Er hat alles Böse, das Ihnen angetan wurde, gesehen und er wird Ihren Fall stützen. Und was ist mit dem Verbrecher? „Der Typ hat droße Probleme.“

Wir haben uns mit einem schwierigen Thema beschäftigt, doch so lange das, was wir von unserer Vergangenheit denken, nicht mit dem Wort Gottes übereinstimmt, können wir nicht heil werden. Als Jesus sagte: „Ihr werdet die Wahrheit erkennen und die Wahrheit wird euch frei machen", da bezog er sich auf seine Wahrheit, auf Gottes Wort. Wenn ich an Jesus glaube, dann weiß ich nicht, was über mich selbst wahr ist, solange ich Gottes Wahrheit nicht kenne. Bitte versprechen Sie mir eines: Lassen Sie es nicht zu, dass Satan nach diesem Kapitel noch eine Handbreit Boden bei Ihnen besitzt. Dass Sie frei werden, ist das Letzte, was er sich wünscht. Doch Christus kam, um die Gebundenen frei zu machen. Satan dagegen will die Freien binden. Er könnte versuchen, das, was wir bis jetzt erarbeitet haben, zu verfälschen, indem er Sie im Blick auf Ihre Kinder mit Furcht erfüllt oder Ihnen ständig Ihre schwere Vergangenheit vorhält. Doch verbieten Sie es ihm, auch nur eines der Samenkörner, die Gott ausgestreut hat, wieder auszugraben. Lassen Sie stattdessen die Erkenntnisse, die Sie hier gewonnen haben, in Ihrem Herzen Wurzeln schlagen und gießen und pflegen Sie sie mit Ihrem Glauben.

Nun denken Sie vielleicht: *Aber meine Fragen sind immer noch nicht alle beantwortet.* Meine auch nicht, aber Gott hat mir so viel erklärt, dass ich ihm im Blick auf die anderen Fragen völlig vertraue. Lesen Sie bitte noch den folgenden Abschnitt und setzen Sie an den leeren Stellen jedes Mal Ihren eigenen Vornamen ein.

Liebe ____________,
du bist mein Kind und ich habe dich schon geliebt, als du noch nicht geboren warst. Ich wusste, was deine ersten und was deine letzten Worte sein würden. Ich kenne jedes Problem, das du durchmachen musst. Ich habe jedes mit dir durchlitten, auch die, die du nicht mit mir gelitten hast. Ich hatte einen Plan für dein Leben, schon bevor du geboren wurdest. Mein Plan hat sich nicht verändert, liebe ____________, egal was dir passiert ist oder was du getan hast. Denn weißt du, ich wusste schon alles über dich, als du noch gar nicht gebildet warst. Und ich würde es nie zulassen, dass dir in deinem Leben etwas widerfährt, das ich nicht für die Ewigkeit brauchen könnte. Liebe ____________, willst du mich machen lassen? Deine Erkenntnis ist nicht vollkommen, solange du sie nicht im Licht meiner Wahrheit siehst. Deine Geschichte wird etwas Halbes bleiben, solange du mich nicht meine Hälfte tun lässt. Ich will aus dem, was dich bewegt, etwas Vollkommenes machen. Lass mich das doch bitte tun.
In Liebe,
dein Vater

Kapitel 21

Verrat

Wenn mein Feind mich schmähte, wollte ich es ertragen; wenn einer, der mich hasst, groß tut wider mich, wollte ich mich vor ihm verbergen. (Psalm 55,13)

Wir wollen uns nun einem weiteren schmerzlichen Umstand zuwenden, der einem Menschen das Herz brechen kann. Als David den obigen Vers schrieb, war er in großer Not. Er fühlte sich von Feinden umringt. Etwas weiter vorn schon hat er verzweifelt geschrien:

O hätte ich Flügel wie Tauben, dass ich wegflöge und Ruhe fände! Siehe, so wollte ich in die Ferne fliegen und in der Wüste bleiben. (Psalm 55,7-8)

Nach Vers 13 fand David seine Lage beinahe unerträglich. Der Grund dafür mag Sie überraschen.

Aber nun bist du es, mein Gefährte, mein Freund und mein Vertrauter, die wir freundlich miteinander waren, die wir in Gottes Haus gingen inmitten der Menge! (Psalm 55,14-15)

Nur ein Mensch, der unserem Herzen besonders nahe steht, kann uns so verraten, wie David es hier schildert. Wenn Sie je von Geschwistern, Eltern, Ehepartner, Kindern oder einem guten Freund betrogen wurden, dann wissen Sie wahrscheinlich, wovon wir sprechen.

Aber bitte weichen Sie dem Thema nicht aus. Ich möchte Sie vielmehr auffordern, mit Hilfe des Heiligen Geistes zu prüfen, ob Sie sich davon wirklich erholt haben. Wenn nicht, kann Ihnen dieses Kapitel vielleicht helfen, heil zu werden.

Denken Sie noch einmal an das hebräische Wort für „zerbrechen" – *schavar*. Es bedeutet, dass wir den Augenblick, in dem uns das Herz gebrochen wurde, meist ziemlich genau datieren können. Können Sie sich an einen konkreten Augenblick erinnern, in dem Ihr Herz brach, weil es verraten wurde? Ich weiß nicht, ob Sie der Versuchung nachgegeben haben, aber meist ist man in den Tagen, Wochen oder sogar Monaten, die einem solchen Ereignis folgen, versucht, negativ zu reagieren.

In Hebräer 4,15 lesen wir, dass wir in Jesus einen Hohenpriester haben, „der versucht worden ist in allem wie wir, doch ohne Sünde". Ich erkenne mindestens vier Gründe, warum Jesus die erste Wahl ist, an die wir uns wenden können, wenn wir verraten wurden und darauf nicht negativ reagieren wollen.

1. Er hat Mitleid und Verständnis

Wenn wir am Boden zerstört sind, können wir nicht immer mit dem Verständnis anderer Menschen rechnen. Unser zerbrochenes Herz geht im Grunde niemanden etwas an. Es gehört Christus. Denn er kam, um die zerbrochenen Herzen zu verbinden. Ein anderer kann letztlich nur neben uns sitzen und mit ansehen, wie unser Herz blutet! Andere können uns nur für kurze Zeit wirklich nahe sein!

2. Er weiß, dass ich schwach bin

Anders als die Menschen lässt Jesus sich von der Größe unserer Not und den Anzeichen unserer Schwäche nie einschüchtern. Ich bin so froh, dass ich mich nicht zusammenreißen und anderen ein Beispiel sein muss, wenn ich mit Gott alleine bin und es mir schlecht geht.

3. Er ist genauso versucht worden wie ich

Was haben Sie getan, was wollten Sie tun? Wenn ich Hebräer 4,15 richtig verstehe, dann wurde Jesus genauso versucht, diese Dinge zu tun, wie Sie und ich. Ich empfinde es als großen Trost, dass er nicht vor

Entsetzen die Hände über dem Kopf zusammenschlägt, wenn ich mich in einer bestimmten Weise verhalten möchte.

4. Er hat die Versuchung bestanden, ohne zu sündigen

Egal wie ich in der Vergangenheit reagiert habe, wenn ich verraten wurde oder mir sonst etwas das Herz gebrochen hat, ich bin froh zu wissen, dass man daraus auch siegreich hervorgehen kann. Jesus hat es gezeigt. Wenn ich ihm in meiner ganz konkreten Lage folge, dann kann ich es auch. Wenn ich falsch reagiere oder es nicht schaffe, dann kann ich mir dennoch vornehmen, ihm trotzdem zu folgen. Und in seiner Gnade wird er mich dafür segnen. Es ist nie zu spät, ihm zu folgen, damit er mich aus der Krise hinausführt.

Jesus ist also denselben Weg gegangen wie die Menschen, die im Sand des Verrats zu versinken drohen. Wir wollen uns das noch etwas näher ansehen. Sie kennen wahrscheinlich die Geschichte, aber lassen Sie sich nicht davon abhalten, ein paar neue Aspekte zu entdecken.

Während des letzten Abendmahls (Matthäus 26) sagte Jesus über Judas: „Einer unter euch wird mich verraten" (Vers 21). Später sagte er zu den anderen Jüngern: „In dieser Nacht werdet ihr alle Ärgernis nehmen an mir" (Vers 31). Er sagte also, dass einer ihn verraten und die anderen sich alle an ihm ärgern würden. Was meinen Sie, warum bezeichnete Jesus nur Judas als Verräter, obwohl ihn alle Jünger verlassen und fliehen würden (Vers 56)?

Ich kenne die korrekte Antwort nicht. Aber Judas hatte sein Handeln auf jeden Fall bewusst geplant, während die anderen Jünger aus Furcht und spontan reagierten. Judas hat vorher überlegt. Bei einem Verrat, so denke ich, kalkuliert der Verräter die Auswirkungen auf den anderen von vornherein mit ein, aber letztlich sind sie ihm egal.

Wenn Sie je verraten oder betrogen wurden, war dann nicht das Wissen darum, dass dem anderen klar sein musste, wie sehr er Sie verletzt, ein Teil des Schmerzes? Judas war ein Verräter in jeder Hinsicht. Ein echter Verräter handelt aus Egoismus. Judas wusste, was sein Verrat Jesus kosten würde, aber er meinte, das sei es wert.

Ein zweiter Grund, warum Jesus nur das Verhalten des Judas als Verrat empfunden haben mag, findet sich in Matthäus 9,4: „Als aber Jesus ihre Gedanken sah, sprach er: Warum denkt ihr so Böses in euren Herzen?" Im Herz von Judas konnte Jesus Böses sehen. Ich glaube nicht, dass er in den Herzen der Jünger auch Böses sah, sondern wohl eher Angst. Ein großer Unterschied.

Verrat wird vom Egoismus motiviert, nicht unbedingt immer vom Bösen. Ich glaube nicht, dass jeder Ehepartner, der eine außereheliche Affäre hat, dem betrogenen Partner schaden will. Nein, es kann sein, dass er den Schmerz, den er durch sein selbstsüchtiges Verhalten verursacht, zutiefst bedauert. Verrat ist oft auch eine Sache der Wahrnehmung.

Im Fall von Jesus nahm der Verrat jedoch seine schlimmste Form an. Und ich denke, auch wenn Jesus wusste, dass Judas ihn verraten würde, so tat ihm das dennoch weh. Jesus kam nicht nur deshalb als Mensch auf diese Erde, weil er für uns sterben wollte, sondern auch um selbst zu erfahren, wo uns der Schuh drückt. Verrat ist etwas vom Schlimmsten, das uns passieren kann. Um herauszufinden, wie einem durch Verrat gebrochenen Herzen am besten geholfen werden kann, beschloss Jesus, es selbst auszuprobieren. Darum geht es in Hebräer 4,14-16. Jesus will denen, die verraten wurden, durch sein Beispiel helfen.

In Philipper 2,5 heißt es: „Ein jeder sei gesinnt, wie es Jesus Christus auch war." Wir wollen einmal sehen, wie Jesus angesichts des Verrats gesinnt war – „doch ohne Sünde".

Jesus sagte: „Oder meinst du, ich könnte meinen Vater nicht bitten, dass er mir sogleich mehr als zwölf Legionen Engel schickte?" (Matthäus 26,53). Er hätte also durchaus die Macht gehabt, die Erde aufzutun, damit sie seine Feinde verschlang, aber er tat es nicht. Ich denke, er hielt sich zurück, weil er auf die Allmacht seines Vaters vertraute. Und auch wir sollen in schwierigen Zeiten auf Gottes Allmacht trauen. Das heißt, wenn er es zulässt, dass einem seiner Kinder etwas Schweres oder Erschreckendes passiert, dann will er das gebrauchen, aber nur sofern sein Kind ihn lässt. Gott hat nicht veranlasst, dass Judas ein Dieb und Verräter wurde. Aber er hat den treulosen Jünger gebraucht, um im Leben Jesu ein wichtiges Werk zu vollenden.

Die Bibel sagt uns ziemlich klar, dass Satan Judas benutzte. Aber Gott nahm die Sache in die Hand, um daraus etwas Gutes zu wirken. Wenn Ihr Partner untreu war, dann fühle ich mit Ihnen. Ich weiß, dass das, was ich hier schreibe, für Sie vielleicht schwierig ist. Aber ich glaube, dass Gott diesen Verrat gebrauchen kann, um auch in Ihrem Leben etwas Gutes zu wirken. Wie? Das müssen Sie selbst herausfinden. Ich habe schon mehrfach erlebt, wie aus Untreue letztlich etwas Gutes entstand. Und ich höre nie auf, darüber zu staunen, wie Gott auch das Schlechte zum Guten wenden kann.

Gott erklärt uns nicht oft, warum er zulässt, dass wir verwundet werden. Aber er hat mir einmal einen Bibelvers gezeigt, um mir klar zu machen, warum ich das, was ich damals als besonders schmerzlich erlebte, durchmachen musste. „Ihn [Christus] möchte ich erkennen und die Kraft seiner Auferstehung und die Gemeinschaft seiner Leiden und so seinem Tode gleichgestaltet werden" (Philipper 3,10). Ich bete immer darum, Jesus ähnlicher zu werden, aber wenn er es zulässt, dass ich auch ein wenig an seinen Leiden „Gemeinschaft" habe, dann jammere ich und will nichts davon wissen.

Es gibt nur wenige, die nicht in der einen oder anderen Weise verraten werden. Aber sind wir bereit, trotzdem die Gemeinschaft mit Christus zu suchen? Sind wir bereit, auf die Allmacht unseres himmlischen Vaters zu vertrauen, der zuließ, dass uns so etwas geschah? Betrug und Verrat können entweder schmerzen und wehtun oder schmerzen und heilen. Die Entscheidung liegt bei uns.

Kapitel 22

Verlust

Jesus spricht zu ihr: Ich bin die Auferstehung und das Leben. Wer an mich glaubt, der wird leben, auch wenn er stirbt. (Johannes 11,25)

In jüngster Zeit hat Gott mich innerhalb von zwei Jahren so viele Verluste erleben lassen, dass ich wohl ohne Übertreibung von der schwersten Phase in meinem Erwachsenenleben sprechen kann. Sie begann mit dem schmerzhaften Verlust unseres Sohnes Michael – einem Verlust, von dem ich mich noch immer nicht völlig erholt habe. Kurz darauf bekamen wir die Nachricht, dass der Krebs bei meiner Mutter nun auch die Knochen befallen habe und nicht mehr heilbar sei. In den Monaten, die folgten, mussten wir hilflos mit ansehen, wie unsere zarte Omi unsäglich litt.

Dann ließ Gott es zu, dass eine meiner beiden besten Freundinnen fortzog und ihr Lachen und ihren Frohsinn mitnahm und damit eine ungeheure Leere hinterließ. An meiner Mutter zehrte die Krankheit immer mehr, bis Gott sie in seiner Gnade zu sich nach Hause holte. Eine Woche später zog meine andere Freundin nach Mississippi. Und noch eine Woche später brachte ich meine älteste Tochter ins College und verabschiedete mich nicht nur von ihr, sondern auch von einer unsagbar reichen und erfüllten Zeit meines Lebens. Ich habe diese Dinge bis jetzt noch nie so in einem Atemzug aufgezählt wie hier und muss nun fast mit den Tränen kämpfen. Aber ich spreche ja zu Menschen, die noch viel mehr durchgemacht haben, als ich mir überhaupt vorstellen kann.

Ich habe in dieser Zeit des Loslassens von Gott sehr viel gelernt. Ich weiß, dass sein Zeitplan genau auf das Schreiben dieses Buches abgestimmt war. In den vergangenen zwei Jahren habe ich die unterschiedlichsten Gefühle kennen gelernt. Aber wenn Sie mich fragen, welches bei allem das vorherrschende war, dann würde ich sagen, die Trauer. Ja, ich war wirklich verblüfft, welche Trauer ich beim Wegzug der einen Freundin empfand. Im Verhältnis zu den anderen Verlusten schien sie völlig unangemessen, aber sie war wohl trotzdem irgendwie unausweichlich.

Gott öffnete mir schließlich die Augen dafür, dass die Trauer nicht unangebracht war. Bei allem, was ich erlebt hatte, ging es um eine Art Sterben. Der Verlust von Michael bedeutete, dass ich nun nicht mehr Mutter von drei, sondern nur noch von zwei Kindern war. Mit meinem Sohn war ein Traum, eine Beziehung gestorben, die mich praktisch sieben Jahre lang in Anspruch genommen hatte. Mit dem Wegzug meiner beiden besten Freundinnen erlebte ich den Tod spontaner Kameradschaft, gemeinsam geplanter Unternehmungen, Beziehungen, die schon seit Jahren bestanden, und der puren Freude am Zusammensein. Gute, langjährige Freundschaften lassen sich nicht so ohne weiteres ersetzen. Mit dem Tod meiner Mutter starb meine größte Mutmacherin, die Großmutter und beste Freundin meiner Kinder, ein täglicher Ansprechpartner, jemand, der mich von ganzem Herzen lieb hatte. Mit ihr starb jemand, der nun wirklich durch nichts zu ersetzen ist. Und als ich zwei Wochen später vom College heimfuhr, wo ich meine Erstgeborene zurückgelassen hatte, da wusste ich, dass damit auch unser Familienleben in seiner bisherigen Form gestorben war. Sicher lagen noch viele schöne Zeiten vor uns und Amanda und ich werden uns immer nahe stehen, aber mir war klar, dass sich meine Rolle nun verändern musste. Meine Tochter ist zwar nur eineinhalb Stunden entfernt, aber das ist doch weiter als einfach nur die Treppe hinauf, wo ich sie bis dahin immer finden konnte!

Veränderungen gehören zum Leben. Zu Veränderungen gehören Verluste. Zum Verlust gehört in irgendeiner Form das Sterben. Ich denke, dass wir, bevor wir diesen Teil abschließen, auf ganz neue Weise begreifen werden, was die Worte des Paulus aus 2. Korinther 4,11 für uns bedeuten: „Denn wir, die wir leben, werden immerdar in den Tod gegeben um Jesu willen, damit auch das Leben Jesu offenbar werde an unserem sterblichen Fleisch."

Jedes Mal, wenn wir einen Verlust erleiden, bekommen wir Gelegenheit, um Jesu willen auch etwas zu gewinnen, dann nämlich, wenn wir es zulassen, dass sein Leben an uns offenbar wird. Ich möchte diese

Hypothese gern mit einem neuen Blick auf eine alte Geschichte untermauern – die Geschichte von Lazarus in Johannes 11.

Es gab viele Menschen, die Jesus folgten. Ein paar waren seine Jünger. Aber wir wissen nicht von vielen, die auch seine Freunde waren. Echte Freundschaft gibt es selten, wenn man im Dienst steht. Maria, Marta und Lazarus galten als Jesu Freunde.

Als Lazarus krank wurde, schickten sie Jesus eine Nachricht: „Herr, siehe, der, den du lieb hast, ist krank" (Johannes 11,3). In Vers 5 erfahren wir: „Jesus aber hatte Marta lieb und ihre Schwester und Lazarus." Als Jesus dann später an Lazarus' Grab stand und weinte, sagten die Juden: „Siehe, wie hat er ihn lieb gehabt!" (Vers 36).

Doch in Johannes 11 geschieht etwas Seltsames. Als Jesus erfuhr, dass sein Freund krank war, wartete er zwei lange Tage. Was mochte ihn zurückgehalten haben? Wir müssen nicht lange fragen. Er erklärte seinen Jüngern: „Diese Krankheit ist nicht zum Tode, sondern zur Verherrlichung Gottes, damit der Sohn Gottes dadurch verherrlicht werde" (Vers 4).

Als die begriffsstutzigen Jünger das nicht verstanden, sagte Jesus: „Ich bin froh um euretwillen, dass ich nicht da gewesen bin, damit ihr glaubt" (Vers 15). Und wir gehen sicher recht in der Annahme, dass nicht nur die Jünger glauben sollten. Johannes berichtet, dass sich viele Juden versammelt hatten, um Maria und Marta zu trösten.

Dass Jesus zwei Tage wartete, erscheint uns gefühllos, so lange wir nicht sehen, welche Wirkung die Auferstehung des Lazarus auf die Anwesenden hatte. Nachdem Jesus Lazarus wieder zum Leben erweckt hatte, lesen wir: „Viele nun von den Juden, die zu Maria gekommen waren und sahen, was Jesus tat, glaubten an ihn" (Vers 45).

Ich möchte daraus gern drei Einsichten ableiten, die uns neu beleben können, wenn wir selbst den Tod eines lieben Menschen, einer lieb gewordenen Sache erleben.

1. Wenn Jesus zulässt, dass einem seiner Geliebten das Herz bricht, dann hat er dafür immer einen guten Grund und einen ewigen Plan

Jesus hatte Maria und Marta lieb und doch ließ er sie ganz bewusst einen Verlust erleiden. Wenn unser himmlischer Vater es duldet, dass uns das Herz bricht, dann sind die Gründe nie banal. Anders als Maria und Marta erfahren wir vielleicht nie warum. Aber können wir nicht im Glauben bleiben und nur das Beste von Jesus denken? Denn sehen Sie, der größte Verlust ist für einen Christen nicht der Verlust eines geliebten Menschen, sondern der Verlust des Glaubens. Und erkennen Sie, wie der Verlust des Glaubens dann wieder in eine Art von Gebundenheit führen kann?

2. Jesus lässt es nie zu, dass für den Christen eine Krankheit im Tode endet

Jeder, der an Jesus glaubt, wird von den Toten auferstehen. Das Besondere bei Lazarus war, dass er in das irdische Leben zurückkehrte. Halten Sie mich bitte nicht für gestört, aber ich bin mir gar nicht so sicher, ob Lazarus damit wirklich einen guten Tausch gemacht hat. Wenn ich einmal sterbe, dann möchte ich nicht unbedingt wieder aufwachen und noch mal von vorn anfangen müssen. Doch egal. In Christus ist der Tod für niemanden das Ende des Lebens. Mitten in dieser traurigen Begebenheit offenbart Jesus sich Marta auf eine ganz neue, vollmächtige Weise und sagt: „Ich bin die Auferstehung und das Leben!“ (Vers 25)

3. Jeder „Tod“ ist für den Gläubigen eine Einladung zu einem Leben in der Auferstehung

Gott sei Dank muss der Verlust eines Menschen oder auch einer Sache für den Christen nie das Ende eines reichen, nützlichen oder sogar frohen Lebens bedeuten. Freude und Arbeitslust machen zwar vielleicht vorübergehend eine Pause, solange die Trauer andauert. Aber wer es zulässt, dass Jesus sein zerbrochenes Herz verbindet, wird beides wieder erleben. Unser Gott ist der Herr der Auferstehung, ganz egal was für ein Tod in das Leben seiner Gläubigen eingebrochen ist!

Nichts ist natürlicher, als dass wir nach einem schweren Verlust Trauer empfinden. Aber wer in Christus ist, kann auch wieder ein beglückendes Leben erfahren. Wenn unser Herz geknickt ist, dann dürfen wir von übernatürlichen Kräften zehren. Von der Kraft, auf dieser

Erde weiterzuleben, auch wenn wir selbst am liebsten sterben würden. Es ist vielleicht eines der größten Wunder überhaupt, dass wir Dinge überstehen, von denen wir meinten, sie würden uns umbringen. Und nicht nur überstehen, sondern dass wir auch wieder ein reiches, nützliches Leben führen dürfen – dass wir vom lebendigen Sterben zu einem neuen Leben gelangen. Einem Leben, in dem zwar etwas Liebes fehlt, das aber erfüllt ist von der Auferstehung und dem Leben.

Nein, auch mein Leben ist nicht mehr dasselbe. Ich habe keinen Sohn mehr. Meine Mutter ist im Himmel. Meine beiden besten Freundinnen sind fortgezogen. Meine Älteste ist im College. Aber im Leben eines Christen geht es nicht darum, dass immer alles so bleibt, wie es war. Es geht um Veränderung. Deshalb müssen wir lernen, weiterzuleben und uns weiterzuentwickeln, auch wenn diese Veränderung schmerzliche Verluste mit sich bringt. Wir werden in Gottes Bild umgestaltet. Wenn unsere Herzen bluten über Trauer und Verlust, dann wollen wir nie vergessen, dass Jesus sie mit seinen durchbohrten Händen verbindet und heilt. Das Leben ist zwar nicht mehr dasselbe, aber Jesus fordert mich auf, zu einem neuen Leben aufzuerstehen – einem Leben, das mehr Anteil nimmt, das weiser, das produktiver ist. Und sogar besser. Unmöglich? Ja, ohne Christus.

Ich kann fast hören, wie Jesus einen Namen ruft. Ist es Ihrer? Gehören Sie womöglich zu den Menschen, die schon lebendig tot sind? Der Stein ist weggerollt. Ein Leben der Auferstehung wartet auf Sie. Wollen Sie weiter im finsteren Grab sitzen oder wollen Sie ins Licht des neuen Lebens hinaustreten? Lazarus, komm heraus!

Teil IV
Mehr als ein Traum – mehr als Gehorsam

Sie sind mit mir durch kaltes, stürmisches Wasser gewatet. Jetzt ist es Zeit, dass wir uns einmal ansehen, welche Belohnung unser Herr für Menschen bereithält, die auf dem Weg zur Freiheit unterwegs sind.

Viele von uns haben mehr oder weniger, so fürchte ich, die Hoffnung auf zweierlei aufgegeben – zum einen darauf, dass unsere Kinderträume in Erfüllung gehen, und zum anderen, dass wir mit der Bosheit aus unserem eigenen Herzen irgendwie fertig werden könnten. In den folgenden Kapiteln wollen wir uns ansehen, welche Erfüllung uns Gott ins Herz schenken will. Er will uns in ein Land führen, in dem Träume erfüllt und unsere sündige Natur besiegt werden. Finden Sie, das klingt zu schön, um wahr zu sein? Im Gegenteil, es ist zu schön, um nicht zu stimmen.

Nehmen Sie sich am Schluss von jedem der folgenden kurzen Kapitel etwas Zeit, um weiter Gottes Wort in Ihr Herz zu pflanzen. Wiederholen Sie die Verse, die Sie bereits auswendig gelernt haben, und setzen Sie neu Vorrecht Nummer 3 auf Ihre Liste: In Gott Zufriedenheit finden.

Warum zählt ihr Geld dar für das, was kein Brot ist, und sauren Verdienst für das, was nicht satt macht? Hört doch auf mich, so werdet ihr Gutes essen und euch am Köstlichen laben. (Jesaja 55,2)

Kapitel 23

Asche statt Ehre

[Da] warf Tamar Asche auf ihr Haupt und zerriss das Ärmelkleid, das sie anhatte, und legte ihre Hand auf das Haupt und ging laut schreiend davon. (2. Samuel 13,19)

Im Alten Testament warfen sich die Menschen zum Zeichen ihrer Trauer Asche aufs Haupt. Die Asche diente zur Erinnerung an die eigene Sterblichkeit. Wer sich Asche aufs Haupt streute, der brachte damit symbolisch zum Ausdruck, dass er ohne Gott nichts anderes war als Staub. Vielleicht liegt es daran, dass ich ein Gefühlsmensch bin. Auf jeden Fall finde ich die alten Bräuche nicht alle schlecht und denke manchmal, ein etwas unbefangenerer Umgang mit gewissen Symbolen könnte auch uns nicht schaden.

Ich sage das deshalb, weil unsere Gesellschaft in erschreckendem Maße dazu neigt, Gefühle zu unterdrücken. Doch wer Gefühle unterdrückt, der muss damit rechnen, dass es irgendwann zur Explosion kommt. Gottes Wort übersieht nie, dass wir auch eine Gefühlsseite haben.

Wir wollen uns einmal ansehen, auf welch herzzerreißende Weise in der Bibel die Trauer zum Ausdruck gebracht wurde. Vielleicht entdecken wir dabei ein paar Dinge, die uns leider nur allzu vertraut sind. Wir können wohl davon ausgehen, dass auch die Frauen der damaligen Zeit sich in Sacktuch kleideten und Asche aufs Haupt streuten, wenn sie trauerten. Die Bibel berichtet aber nur an einer einzigen Stelle von einer Frau, die so ihre Trauer zeigte.

In 2. Samuel 13,1-22 lesen wir die tragische Geschichte von Tamar und ihrem Bruder Amnon. Tamar war die schöne Tochter von König David. David hatte viele Frauen und seine Kinder stammten von verschiedenen Müttern. Tamar hatte einen Halbbruder, Amnon, der unsterblich in sie verliebt war.

Amnon hörte auf den bösen Rat seines Vetters Janadab und stellte sich krank, um so einen Grund zu haben, seinen Vater David zu bitten, ihm Tamar zur Pflege zu schicken. Die nichts ahnende Schwester kam, um ihm etwas zu essen zu bringen, doch Amnon griff sofort nach ihr.

Sie aber sprach zu ihm: Nicht doch, mein Bruder, schände mich nicht; denn so tut man nicht in Israel. Tu nicht solch eine Schandtat! Wo soll ich mit meiner Schande hin? Und du wirst in Israel sein wie ein Ruchloser. Rede aber mit dem König, der wird mich dir nicht versagen. Aber er wollte nicht auf sie hören und ergriff sie und überwältigte sie und wohnte ihr bei. (2. Samuel 13,12-14)

Wir alle kennen den Ausdruck „vom Regen in die Traufe“ kommen. So erging es Tamar. Nachdem Amnon sie vergewaltigt hatte, wurde er „ihrer überdrüssig, sodass sein Widerwille größer war als vorher seine Liebe. Und Amnon sprach zu ihr: Auf, geh deiner Wege!“ (Vers 15). Und um dem Ganzen noch die Krone aufzusetzen, rief er „seinen Diener, der ihm aufwartete, und sprach: Treibe diese von mir hinaus und schließ die Tür hinter ihr zu!“ (Vers 17).

Wenn wir die Situation analysieren, erkennen wir, dass Amnon wegen dem, was er getan hatte, wahrscheinlich Schuldgefühle empfand. Doch wie es häufig geschieht, richtete er sie nicht gegen sich selbst, sondern gegen die unschuldige Tamar. Vor allem wegen seiner letzten Tat tut mir Tamar ganz besonders Leid. Amnon wusste genau, dass Diener tratschen. Aber er wollte Tamar größtmögliche Schmerzen zufügen und deshalb ruinierte er nun auch noch ihren Ruf.

Die Jungfrauen unter den Königstöchtern trugen entsprechende Gewänder. Tamar zeigte ihre Trauer, indem sie ihr reich verziertes Gewand zerriss und sich Asche aufs Haupt streute. Als ihr Bruder Absalom sie weinen sah, wusste er darum sofort, was passiert war. Er „sprach zu ihr: Ist dein Bruder Amnon bei dir gewesen? Nun, meine Schwester, schweig still; es ist dein Bruder, nimm dir die Sache nicht so zu Herzen“ (Vers 20).

Auch David erfuhr von dem Vorfall. Wir wollen nicht vergessen, dass er, wenn auch unbeabsichtigt, zum Mittäter geworden war, denn er hatte Tamar ja zum Haus ihres Bruders geschickt. Er war zornig auf

Amnon, aber er tat nichts. Tamar tut mir Leid. Der eine Bruder verrät sie. Der andere rät ihr, den Mund zu halten. Und der Vater ignoriert sie. Über den Rest ihres Lebens heißt es nur noch: „So blieb Tamar einsam" (Vers 20).

Tamars Vater, der König, war in hohem Maße verantwortlich für diese Einsamkeit. Er war zornig, aber er tat mit seinem Zorn nichts, was positive Erwähnung verdient hätte. Ich kann Ihnen versichern, auch Gott ist zornig, wenn Frauen missbraucht und misshandelt werden. Der Unterschied bei ihm ist aber, dass er etwas tut – auf seine Art und zu seiner Zeit. Wie mag es um Tamar bestellt gewesen sein, als sie vierzig war, angenommen, ihre Würde wurde nicht wiederhergestellt?

Ich möchte Sie bitten, einmal zu überlegen, wie weit wir in unserer Generation Tamar gleichen. Wer Jesus aufgenommen hat, der ist im wahrsten Sinne des Wortes ein Königskind. Jede Frau, die durch Glauben und Buße in Christus neu geworden ist, ist im geistlichen Sinne eine Jungfrau. Das biblische Bild der Frau beinhaltet Würde und Reinheit.

Egal ob Sie je selbst Opfer von Missbrauch oder Misshandlung waren, wir leben generell in einer Zeit, wo den Frauen Gewalt angetan wird. Satan ist aktiv und zunehmend dabei, die Entwürdigung der Frauen voranzutreiben.

Wer je selbst körperlich oder seelisch misshandelt wurde, der weiß, was Tamar durchmachte. Vielen von uns hat der Feind vorgemacht, dass wir keine Ehre und keine Würde mehr verdient haben. Als ich begriff, was eine Jungfrau eigentlich ist, war ich schockiert, weil ich wohl keine mehr war. Aber mir war letztlich nie eine Wahl geblieben. Doch ganz gleich, ob es Ihnen bewusst ist oder nicht, auch Sie sind auf irgendeine Weise von den schrecklichen Erfahrungen, die Frauen heute machen, betroffen und dadurch verletzt worden.

Vor ein paar Jahren erschien in unserer hiesigen Zeitung ein Artikel über den Mädchenhandel im Vorderen Orient. Ich war entsetzt über das, was mit meinem Geschlecht angestellt wird. Und nicht nur ich, sondern alle Frauen, die den Artikel lasen, selbst die, die nie Ähnliches erlebt hatten. Warum? Weil wir irgendwann alle unschuldige kleine Mädchen waren und das, was diese Mädchen durchmachen müssen, einfach unvorstellbar ist. Von solchen Verbrechen sind wir alle betroffen. Natürlich waren auch Männer, die den Artikel lasen, empört. Ich weiß, dass sehr wohl auch viele Männer sehen, was Frauen und Kindern heute angetan wird.

Satan möchte uns Frauen in einem Netz von Ausbeutung, auch sexueller Art, von Entwürdigung und Einsamkeit gefangen halten. Er weiß, wie einflussreich und erfolgreich Frauen sein können. Deshalb versucht er uns mit Hilfe der Gesellschaft davon zu überzeugen, wie unbedeutend wir sind.

Wenn Satan Ihnen einreden konnte, dass Sie weniger sind als ein vom König der Könige eigens ausgewähltes Kind, wenn Sie meinen, irgendetwas könnte Ihnen Ihr königliches Erbe rauben, wenn Sie meinen, Sie hätten Misshandlung oder Missachtung verdient, dann haben Sie etwas mit Tamar gemeinsam. Ich bete darum, dass der Heilige Geist die zerrissenen Kleider der Königskinder flicken darf. Und dass er auch unsere verlorene Würde wiederherstellt, dass er uns zeigt, wer wir wirklich sind, und uns zu einem Leben der Reinheit befreit.

Lesen Sie zum Abschluss Psalm 45, 14-16 laut vor:

Die Königstochter ist mit Perlen geschmückt; sie ist mit goldenen Gewändern bekleidet. Man führt sie in gestickten Kleidern zum König; Jungfrauen folgen ihr, ihre Gespielinnen führt man zu dir. Man führt sie hin mit Freude und Jubel; sie ziehen ein in des Königs Palast.

Das, meine liebe Schwester im Herrn, ist deine Bestimmung. Und für Sie, lieber Bruder, gilt, was in Vers 16 steht:

An deiner Väter statt werden deine Söhne sein; die wirst du zu Fürsten setzen in aller Welt.

Kapitel 24

Braut sein

Ich freue mich im Herrn, und meine Seele ist fröhlich in meinem Gott; denn er hat mir die Kleider des Heils angezogen und mich mit dem Mantel der Gerechtigkeit gekleidet, wie einen Bräutigam mit priesterlichem Kopfschmuck geziert und wie eine Braut, die in ihrem Geschmeide prangt. (Jesaja 61,10)

Wir wollen uns im Folgenden ein paar unserer Kinderträume ansehen. Da ich eine Frau bin, kenne ich mich besser mit Mädchenträumen aus. Ich denke aber, dass auch ein Mann keine Probleme haben wird, in dem, was nun folgen wird, seine eigenen Träume zu erkennen.

Wir beschäftigen uns mit dem liebevollen – und, wenn ich so sagen darf, zärtlichen – Dienst Jesu, „dass ihnen Schmuck statt Asche gegeben" werde. Die Trauernden streuten sich damals Asche auf den Kopf, wie Tamar es tat. Aber wir wollen uns einmal vorstellen, wie es anders gewesen sein könnte:

Da ist Tamar – voller Gram, weinend, mit Asche auf dem Kopf. Zusammengekrümmt liegt sie auf dem kalten Boden. Ihr hübsches Gesicht ist verschmiert, ihr prunkvolles, zerrissenes Gewand beschmutzt. Ihr Äußeres ist ein Abbild der Finsternis in ihrer Seele. Hoffnungslosigkeit und Gedanken an den Tod erfüllen sie. Sie kommt sich vor wie lebendig begraben.

Eine Tür knarrt in den Angeln. Langsam öffnet sie sich. Auf den Strahlen der hereinfallenden Sonne tanzen Staubkörner. Die Gestalt eines Mannes wird sichtbar. Es ist nicht Absalom. Nein, Absalom würde sie überall sofort erkennen. Die Angst greift nach ihrem Herzen. Dann kommt die Gestalt herein und ihr Gesicht wird deutlicher. Tamar hat den Mann noch nie gesehen. Dennoch kommt er ihr bekannt vor. Nicht Furcht einflößend. Dabei sollte sie Angst haben. Kein Mann sollte ihre Kammer betreten. Sie müsste davonrennen, aber sie kann sich nicht bewegen.

Sie blickt auf ihre Hände herab, die wie gelähmt in ihrem Schoß liegen. Ihr wird plötzlich bewusst, wie schmutzig sie ist, und sie schämt sich. Verzweiflung steigt in ihr auf. Man muss es ihr doch ansehen, dass sie vergewaltigt wurde. Sie verachtet sich selbst.

„Tamar", sagt der Mann freundlich und auch die Stimme klingt irgendwie vertraut.

Ein Schluchzer entringt sich ihr. „Tamar ist tot! An ihrer Stelle liegt hier eine Sklavin der Schande."

Der Mann kommt näher und nimmt ihr Gesicht in seine Hände. Das hat noch niemand getan. Die Berührung hat etwas so Intimes, dass sie rot wird, nicht vor Scham, sondern vor Angst. Sie ist so verletzlich. Er streicht mit den Daumen über ihre Wangen und wischt ihr die Tränen aus dem Gesicht. Als er die Hände von ihrem Gesicht nimmt und auf ihren Kopf legt, möchte sie beim Anblick seiner schmutzigen Hände am liebsten schreien. Ihr Schmutz. Er nimmt die Hände fort und sie spürt etwas auf ihrem Kopf. Vielleicht hat er ihre Schande barmherzig verhüllt.

Der Mann reicht ihr seine noch immer schmutzbedeckten Hände und sie greift danach. Plötzlich steht sie. Zitternd. Er führt sie zum Messingspiegel an der Wand. Sie wendet sich ab. Er hebt ihr Kinn. Sie wirft einen kurzen Blick in den Spiegel – und erschrickt. Sie starrt hinein. Ihr Gesicht ist hell, die Wangen rosig. Die Augen leuchten und strahlen. Auf ihrem Kopf sitzt eine Krone, von den Edelsteinen herab fließt ein Schleier auf ihre Schultern. Das zerrissene Kleid ist verschwunden. Ein Gewand aus feinem weißen Leinen fällt vom Hals herab und betont ihre Gestalt. Die Tochter des Königs, rein und unverdorben. Schönheit aus der Asche.

Nein, ich glaube nicht an Märchen. Aber ich glaube an Gott. Genau deshalb hat er seinen Sohn gesandt. Egal warum wir trauern, Christus kann uns den Kopf heben. Er kann uns Schönheit statt Asche schenken. Dies ist nicht Tamars Geschichte, aber es könnte sie sein. Es kann Ihre Geschichte sein.

Ich glaube, dass praktisch jedes kleine Mädchen von vier Dingen träumt, um die es dann auch in den nächsten Kapiteln gehen soll:

1. Es möchte eine Braut sein.
2. Es möchte schön sein.
3. Es möchte fruchtbar sein (was wir normalerweise mit dem Kinderkriegen gleichsetzen).
4. Es möchte glücklich und in Freuden leben.

Die Träume der Jungen sehen im Grunde nicht viel anders aus. Auch sie möchten eine erfüllende Beziehung und gut aussehen. Sie wünschen sich einen Erben und auch sie möchten glücklich und in Freuden leben. Satan will diese Träume zunichte machen. Doch Gott möchte sie übertreffen. Er lässt uns träumen, damit wir uns nach seiner Wirklichkeit sehnen. Wir wollen uns alle vier Träume näher ansehen. Wir beginnen mit dem ersten: eine Braut sein.

Ich kann es förmlich hören, wie mich ein paar zufriedene Singles auspfeifen. Aber müssen Sie nicht zugeben, dass Sie als kleines Mädchen auch manchmal davon geträumt haben, eine Braut zu sein? Gott hat die Ehe eingesetzt, damit wir eine Vorstellung von einer anderen, größeren Beziehung bekommen (Epheser 5,25-33). Eine Ehe kann nur zwischen zwei einzelnen Personen geschlossen werden. Dass wir mit Christus eins sind, haben wir mit allen Gläubigen gemein, aber wie eng diese Beziehung ist, das kommt nur im Verhältnis zwischen Christus und dem Einzelnen zum Ausdruck. Ob wir ein Mann sind oder eine Frau, wir sind die Braut Christi.

Ich mag den Begriff *Braut*. Interessanterweise nennt die Bibel uns nicht die Frau Christi, sondern seine Braut. Wir wollen uns noch einmal Jesaja 61 ansehen. Mit dem „Schmuck“, von dem hier die Rede ist, ist ursprünglich eine verzierte Kopfbedeckung wie zum Beispiel eine Krone, ein Hochzeitsschleier oder auch ein Turban gemeint. Das ursprüngliche Wort ist vom hebräischen *pa'ar* abgeleitet und bedeutet: „leuchten, sich erklären, sich schön machen“. Der Kopfschmuck, den eine Frau trug, erklärte, wer sie war. In Jesaja 61 wird Gott als derjenige gezeigt, der die Asche der Trauer wegbläst und durch eine Krone ersetzt. Aber nicht durch irgendeine Krone. Wir sind die Braut des Friedefürsten!

Das Wort *Braut* beinhaltet für mich vieles, was im Wort *Frau* nicht zum Ausdruck kommt. Der Begriff Braut steht für etwas Neues, Frisches. Ein schönes Kleid, Parfüm, rote Lippen, leuchtende Augen, meist auch Jugend und vielleicht Unschuld. Und ich glaube, all dies charakterisiert auch unsere Beziehung zu Jesus und die Vereinigung mit ihm. Unsere Beziehung zu Jesus, so meint es die Bibel, wird immer neu und frisch bleiben, auch wenn sie bis in alle Ewigkeit dauert. Ja, irgendwie werden wir immer Braut bleiben – etwa so wie meine Schwiegermutter. Keiths Eltern sind seit 45 Jahren verheiratet, aber wenn mein Schwiegervater von seiner Frau spricht, dann nennt er sie immer: „Meine Braut." Für mich kommt darin zum Ausdruck, dass er noch immer in sie verliebt ist. Er macht ihr gern Geschenke. Er nimmt sie in den Arm, sie küssen sich und suchen die Nähe des andern!

Wir wollen uns noch zwei weitere Stellen ansehen, in denen von Gottes Volk als seiner Braut die Rede ist. In Jeremia 2,2 spricht Gott zu Israel. Er sagt: „Ich gedenke der Treue deiner Jugend und der Liebe deiner Brautzeit, wie du mir folgtest in der Wüste." Ein Kennzeichen einer verliebten Braut ist, dass sie ihrem Bräutigam an Orte folgt, die manchmal wie die Wüste sind. Und auch unser Bräutigam führt uns manchmal an beschwerliche Orte. Aber wir dürfen gewiss sein, dass er immer weiß, warum er das tut, und dass er uns nie im Stich lässt.

In diesem Jahr folgte ich meinem Bräutigam an einen Ort des Alleinseins. Ich bin ihm dadurch näher gekommen als je zuvor und das bringt mich auf wundersame Weise auch meinem irdischen Partner näher. Ich denke nicht, dass ich immer hier bleiben muss. Aber es kommt mir auch gar nicht mehr so sehr wie eine Wüste vor.

Wenn unser irdischer Bräutigam will, dass wir an einen anderen Ort ziehen, dann meist, um die Lebensqualität zu steigern. Ich denke, dasselbe gilt für Christus. Alle Veränderungen, zu denen er uns drängt, sollen uns eine bessere Lebensqualität bringen.

Natürlich können wir dieses Thema nicht behandeln, ohne auch an Offenbarung 19,4-8 zu denken. Hier wird geschildert, wie sich sämtliche Gläubige und Jesus bei der Hochzeit des Lammes versammeln. Vers 7 nennt hier eine besonders wichtige Aufgabe der Braut. Es heißt dort: „Die Hochzeit des Lammes ist gekommen und seine Braut hat sich bereitet." Achten wir einmal auf die Formulierung. *Sie hat* sich bereitet. Vergangenheit. Wir können uns nicht erst in dem Augenblick bereiten, in dem Christus kommt, genauso wenig wie eine Frau sich erst drei Minuten vorher darauf vorbereiten kann, mit ihrem Mann zum Altar zu schreiten. Ich möchte gern bereit sein. Und Sie? Ich jedenfalls möchte nicht, dass mir gewissermaßen noch die geistlichen Lockenwickler im Haar stecken!

Als ich mich auf meine Hochzeit vorbereitete, habe ich oft darüber nachgedacht, wie es sein würde, Ehefrau zu sein. Nicht irgendeine. Keiths Frau. Denn ich wollte nicht nur einfach heiraten. Ich wollte einen bestimmten Mann! Bei der Hochzeit geht es nicht um eine schöne Zeremonie. Es geht um eine dauerhafte Beziehung. Ich konnte nicht ans Heiraten denken, ohne dass mir Keith in den Sinn kam.

Manchmal dachte ich daran, wie verschieden wir doch waren. Keith ist gern an der frischen Luft. Mein Haar liegt in klimatisierten Räumen besser. Natürlich gab es auch Ähnlichkeiten. Wir haben beide gern den Überblick. Wir behalten beide gern Recht. Hm-m-m. So viel zu den Gemeinsamkeiten. Aber Keith war der süßeste Mann, der mir je begegnet war, und als er lächelte, schmolz mein Herz. Und wir beide trinken gern eine Tasse heißen Kaffee. In der Hoffnung, dass er auch mich für hübsch hielt, bemühte ich mich nach Kräften, nett zu sein und einen guten Kaffee zu kochen. Sie können darüber lachen, aber es funktioniert auch heute noch, zwanzig Jahre später! Ich schicke ihn am Morgen immer noch mit einem frischen Kaffee aus dem Haus und abends, wenn ich ihn heimkommen höre, mache ich mich ein wenig hübsch.

Doch im Ernst, genauso ist es, wenn wir uns darauf vorbereiten, Jesu Braut zu sein. Wir nehmen nicht nur an einer netten Feier teil. Wir sind die Braut Christi. In der Bibel heißt es außerdem nicht, wir sollten uns für die Hochzeit vorbereiten, sondern für den Bräutigam. Deshalb können wir uns nicht zurechtmachen, ohne an ihn zu denken – an die Ähnlichkeiten (die hoffentlich zunehmen), an die Unterschiede und wie wir uns anpassen können – am besten indem wir einfach daran denken, wie wunderbar er ist.

Im vorigen Kapitel haben wir Psalm 45,13-15 gelesen. Der Psalm ist ein Hochzeitslied. Ich habe die Verse davor absichtlich nicht erwähnt, damit wir jetzt mit ihnen schließen können. Denken Sie daran, ein wichtiges Element der Vorbereitung ist, dass wir an unseren Bräutigam denken und ihn kennen lernen. Die Verse 2-13 enthalten eine genaue Beschreibung des Bräutigams. Die folgenden Wesenszüge wollen wir besonders beachten:

- Wir können gar nicht anders, als ihn lieben, denn er liebt uns: „Den König verlangt nach deiner Schönheit; denn er ist dein Herr und du sollst ihm huldigen“ (Vers 12).

- ▷ Wir können gar nicht anders, als ihn verehren: „Du bist der Schönste unter den Menschenkindern, voller Huld sind deine Lippen“ (Vers 3).
- ▷ Wir sind völlig hingerissen von ihm: „Es möge dir gelingen in deiner Herrlichkeit. Zieh einher für die Wahrheit in Sanftmut und Gerechtigkeit, so wird deine rechte Hand Wunder vollbringen“ (Vers 5).
- ▷ In Ihm erleben wir völlige Freude: „Du liebst Gerechtigkeit und hassest gottloses Treiben; darum hat dich der Herr, dein Gott, gesalbt mit Freudenöl wie keinen deinesgleichen“ (Vers 8).

Der Bräutigam kommt. Er ist es, für den wir uns vorbereiten. Machen wir uns doch bereit!

Kapitel 25

Schön sein

Siehe, meine Freundin, du bist schön! Schön bist du! (Hoheslied 4,1)

Die meisten befreiten Menschen, die ich kenne, hatten früher mit irgendwelchen ernsten Bindungen oder Hindernissen zu kämpfen. In der Regel wissen sie den Sieg mehr zu schätzen und erringen ihn leichter, weil sie auch Niederlagen aus erster Hand kennen. Nur selten begegnen mir Menschen, die Gott ganz vertrauen, die nicht auch schmerzlich erfahren mussten, dass sie sich selbst nicht trauen können.

Der Feind ist ein hervorragender Schütze. Wenn er uns Frauen im Visier hat, dann rückt er oft die Träume unserer Kindheit in den Mittelpunkt. Wir haben davon geträumt, wir wären Aschenputtel, aber dann entpuppt sich der Palast als schlichtes Reihenhaus. Der Prinz ist ein Frosch und die böse Stiefmutter ist in Wirklichkeit unsere Schwiegermutter. Die gute Fee hat offensichtlich unsere Anschrift verloren. Aber was wir mit ihr anstellen würden, wenn wir ihren Zauberstab in die Finger bekämen, wäre sicher auch nicht allzu nett.

Ich möchte Ihnen hier beweisen, dass die Träume unserer Kindheit in Jesus nicht nur wahr, sondern weit übertroffen werden sollen. Sicher, Gott lässt es manchmal zu, dass wir enttäuscht werden, aber nur, damit wir unsere Hoffnung noch viel mehr auf ihn setzen. Selbst die meiner Freundinnen, die lieber Baseball als mit Puppen spielten, träumten davon, eine Braut zu sein, schön zu sein, ein fruchtbares Leben zu führen und glücklich und in Freuden zu leben. Wir wollen uns nun den zweiten Traum ansehen. Fast jedes Mädchen träumt davon, schön zu sein. Jungen möchten gern stark sein und gut aussehen. Wenn uns keiner für schön hält, dann bekümmert uns das noch bis lange ins Erwachsenenalter hinein.

Als meine Töchter in die Oberschule kamen, musste ich oft daran denken, wie mir damals zumute war. Damit ich das Gefühl hatte, ich sähe einigermaßen aus, musste alles stimmen. Kein Achselschweiß, das Haar musste sitzen, jede Menge Make-up, keine Klumpen im Mascara. Ich mühte mich sehr, gut auszusehen. Zu sehr. Von Natur aus, so meinte ich, sei überhaupt nichts Schönes an mir.

Wie dankbar bin ich für die Freiheit, die Gott mir in Christus in zunehmendem Maße geschenkt hat. Inzwischen zähle ich zum Mittelalter. Eine Freundin von mir sagt: „Die Zeit ist ein guter Arzt, aber eine jämmerliche Kosmetikerin." Dennoch bin ich glücklicher und zufriedener als je zuvor. Das Geheimnis? Ich lerne zu begreifen, dass ich in Christus schön bin. Bitte verschonen Sie mich mit Sätzen wie: „Natürlich findest du dich schön. Du bist schlank und mit deinen Haaren kannst du alles machen!" Nein, ich lief früher dermaßen über den großen Zeh und hatte so vorstehende Zähne, wie man es sich schlimmer gar nicht vorstellen kann. Meine Beine sahen aus wie ein paar dürre, pelzige Stecken. Ohne Jesus ist jede Frau zutiefst unsicher. Solange wir nicht in Christus unsere wahre Bestimmung gefunden haben, sind gläubige Frauen genauso anfällig für Unsicherheiten, was ihr Äußeres angeht, wie ungläubige Frauen. Wir versuchen zwar so zu tun, als würde es uns nichts ausmachen. Aber das ist nicht wahr.

Doch nun ist es an der Zeit, dass wir uns an das wohl provozierendste Buch der Bibel heranmachen. Das Hohelied ist ein Liebeslied voller Koseworte. Schlagen Sie einmal Ihre Bibel auf und lesen Sie die Kapitel 2 und 4. In Kapitel 2 sagt Salomo von seiner Braut: „Wie eine Lilie unter den Dornen, so ist meine Freundin unter den Mädchen" (Vers 2). Das klingt noch ziemlich modern. Wie aber wärs mit diesem Leckerbissen aus Kapitel 4:

Siehe, meine Freundin, schön bist du! Siehe, schön bist du! Deine Augen sind wie Taubenaugen hinter deinem Schleier. Dein Haar ist wie eine Herde Ziegen, die herabsteigen vom Gebirge Gilead. (Hoheslied 4,1)

Wenn Keith mir je verliebt in die Augen schauen und sagen würde: „Deine Zähne sind wie eine Herde geschorener Schafe" (4,2), würde ich wahrscheinlich sofort nach der Zahnseide greifen.

Oder sehen wir uns diesen bildhaften Vergleich an: „Ich vergleiche dich, meine Freundin, einer Stute an den Wagen des Pharao" (1,9).

Männer hatten damals wohl schon genauso eine Schwäche für alles, was Räder hat, wie heute. Keith zum Beispiel ist völlig hingerissen von dem 1969er-Oldtimer, den er für Melissa zum Geburtstag besorgt hat. Als ich vor kurzem einmal jammerte, ich sei alt geworden, meinte er: „Melissas Auto ist auch alt. Aber du siehst mindestens genauso gut aus!" Ich wusste nicht, ob ich ihn hauen oder küssen sollte. Der Mann, der zu Salomos Zeiten etwas auf sich hielt, hatte einen Wagen und ein paar feine Pferde. Salomo sagt seiner Geliebten hier, sie sehe genauso gut aus wie die schönsten Pferde des Pharao!

Das Hohelied ist ein herrliches Buch, nicht wahr? Es bringt mich zum Lachen, zum Erröten, es weckt in mir die Sehnsucht nach Zärtlichkeit. Wir empfinden es fast als schockierend, dass Gott sich selbst in diesen Dingen auskennt und dann sogar noch darüber schreibt! Aber schließlich hat Gott selbst die Liebe zwischen Mann und Frau geschaffen. Dass sie in der Sexualität ihre Erfüllung finden sollte, war seine Idee – sein Geschenk an den ersten Mann und die erste Frau und er bietet es noch heute jedem Paar an, das sich in der Ehe vereinigt. Doch Moment, die irdische Ehe bedeutet noch viel mehr.

In Epheser 5 wiederholt Paulus die Worte aus 2. Mose 2,24, dass Mann und Frau ein Fleisch werden. Dann aber gibt er den Worten aus dem Alten Testament ein ganz neues Gewicht: „Dies Geheimnis ist groß; ich deute es aber auf Christus und die Gemeinde" (Epheser 5,32). Was gibt es Größeres, als dass Mann und Frau sich in der Ehe vereinigen? Christus und seine Braut – die Gemeinde.

Gott lehrt uns oft Neues anhand von etwas Bekanntem. Ich glaube, das Hohelied wurde deshalb geschrieben, damit wir besser verstehen, was es mit unserem Einswerden mit Christus auf sich hat. Wir können in diesen Versen auch Christus und seine geliebte Braut erkennen – nämlich uns. Jeder soll erfahren, was wahre Liebe ist. Ob wir Single sind oder verheiratet, wir alle dürfen uns darüber freuen, dass unsere Träume wahr werden. Einer dieser Träume wird hier im Hohenlied angesprochen. Jesus ist völlig hingerissen von uns. Er sieht uns als seine Geliebte, seine Braut. Hier noch ein paar Verse, die auf wunderbare Art zum Ausdruck bringen, was Christus für uns empfindet:

„Ich bin eine Blume in Scharon und eine Lilie im Tal" (2,1). Das sagt die Frau selbst und es ist kein Ausdruck von Egoismus. Sie sieht sich einfach so, wie ihr Geliebter sie sieht. Ihr Spiegel ist das Gesicht ihres Freundes. Wie könnte Ihr Leben aussehen, wenn Christus Ihr Spiegel wäre?

„Die Liebe ist sein Zeichen über mir" (2,4). Das Wort, das hier für *Zeichen* gebraucht wird, lautet eigentlich „Feldzeichen" oder auch „Banner, Fahne". Sind Sie sich jemals der Liebe eines anderen sicher gewesen, hätten sich aber gewünscht, dass er diese Liebe noch mehr zeigen würde? Das Hohelied spricht von einer Beziehung, bei der Jesus seine Liebe zu uns ganz deutlich zeigen wird. Er wird sie wie eine Fahne schwingen. Er winkt uns zu und zeigt damit allen, dass er uns liebt. Halleluja!

Und so wird Christus in den Augen seiner Liebsten, nämlich in Ihren, aussehen:

Mein Freund ist weiß und rot, auserkoren unter vielen Tausenden. Sein Haupt ist das feinste Gold. Seine Locken sind kraus, schwarz wie ein Rabe. Seine Augen sind wie Tauben an den Wasserbächen, sie baden in Milch und sitzen an reichen Wassern. Seine Wangen sind wie Balsambeete, in denen Gewürzkräuter wachsen. Seine Lippen sind wie Lilien, die von fließender Myrrhe triefen. Seine Finger sind wie goldene Stäbe, voller Türkise. Sein Leib ist wie reines Elfenbein, mit Saphiren geschmückt. Seine Beine sind wie Marmorsäulen, gegründet auf goldenen Füßen. Seine Gestalt ist wie der Libanon, auserwählt wie Zedern. Sein Mund ist süß und alles an ihm ist lieblich. – So ist mein Freund; ja mein Freund ist so, ihr Töchter Jerusalems. (Hoheslied 5,10-16)

Jesaja 53,2 schildert Jesu Aussehen bei seinem ersten Kommen mit diesen Worten: „Da war keine Gestalt, die uns gefallen hätte." Doch wie herrlich, dass Christus die Fülle von Glanz und Schönheit ist, wenn wir ihn sehen. Stellen Sie sich vor, wie er kommt, um seine Braut zu holen. Es verlangt ihn danach, ihr Gesicht zu sehen und ihre Stimme zu hören.

Im alten Orient war das Gesicht der Braut immer verschleiert. Wenn der Schleier gelüftet wurde, dann war das einer der intimsten Augenblicke der Hochzeitsnacht. Ist das nicht romantisch? Das Hohelied sagt, dass Jesus sich danach sehnt, das liebliche Gesicht seiner Braut zu sehen, seiner Geliebten. Und er wird nicht enttäuscht werden. Wir werden eine schöne Braut sein. Die intime Nähe, die wir zu Jesus haben werden, übersteigt unser Vorstellungsvermögen. Wir wissen auch nicht, welche Form sie haben wird. Aber wir wissen, dass wir in völliger Heiligkeit und Reinheit mit ihm vereint werden. Ein Einswerden im Geist vielleicht. Doch bis dahin sonnen Sie sich in der Gewissheit, dass Sie in Jesu Augen schön und begehrenswert sind – in einer reinen, heiligen Art, wie wir sie uns nicht vorstellen können.

Und wenn Sie Single sind, dann wartet auch auf Sie, wenn Sie Jesus haben, die beste Beziehung, die es gibt. Wenn Gott Sie zu einem Leben als Single berufen hat, dann freuen Sie sich daran! Seien Sie ganz für ihn da! Der König ist hingerissen von Ihrer Schönheit.

Und Sie als Eheleute, die sich vielleicht aneinander reiben: Geben Sie einander Raum, Mensch zu sein. Verzeihen Sie Ihrem Mann, dass er nicht Gott ist. Vergeben Sie Ihrer Frau, dass Sie nicht immer das sagt, was Sie hören wollen. Dennoch gilt: Der König ist hingerissen von Ihrer Schönheit.

Bis wir diese vollkommene Beziehung erleben, machen Sie das Gesicht Jesu zu Ihrem Spiegel. Der schönste Mensch auf dieser Erde ist für ihn der, der sich darauf vorbereitet, ihn als Bräutigam zu empfangen. Ihr Brautporträt wird Tag für Tag weiter gezeichnet. Es wird einmal ein Meisterwerk sein.

Kapitel 26

Fruchtbar sein

Rühme, du Unfruchtbare, die du nicht geboren hast! Freue dich mit Rühmen und jauchze, die du nicht schwanger warst! Denn die Einsame hat mehr Kinder, als die den Mann hat, spricht der Herr. (Jesaja 54,1)

Der Kindheitstraum, den wir als Nächstes besprechen wollen, wird von Satan oft gebraucht, um Schamgefühle zu nähren – der Traum, fruchtbar zu sein. Einige der unglücklichsten Menschen, die ich kenne, Männer und Frauen, sind jene, die gern Kinder gehabt hätten und keine bekommen konnten. Viele stellen sich dann Fragen wie: „Wieso ich?", „Wieso mein Mann?", „Womit habe ich das verdient?", „Ist das die Strafe, weil ich nicht bis zur Ehe gewartet habe?", „Ist das die Strafe für die Abtreibung?", „Wäre ich denn so eine schlechte Mutter geworden?", „Warum haben manche gewalttätigen Eltern Kinder? Ich hätte mein Kind nie schlecht behandelt." Und so weiter und so fort.

Ich habe miterlebt, wie Ehen kaputtgingen, weil keine Kinder kamen. Ich habe auch Frauen erlebt, die sich schämten, weil sie eigentlich keine Kinder wollten. Ich möchte hier im Blick auf Fruchtbarkeit und Unfruchtbarkeit mehrere Dinge herausarbeiten.

Erstens: Unfruchtbarkeit hat nichts mit Sünde zu tun. Lukas 1,5-7 liefert den biblischen Beweis. Elisabeth war nicht deshalb unfruchtbar, weil sie gesündigt hatte, sondern weil Gott etwas Besonderes mit ihr vorhatte.

Einem Menschen, der sich Gott ganz und gar hingegeben hat, kann man in der Regel auch vertrauen. Wenn das Herz eines Menschen, ob Mann oder Frau, vollkommen Gott gehört und er sich nicht danach sehnt, zu heiraten oder Kinder zu haben, dann ist er vermutlich deshalb zu Ehe- oder Kinderlosigkeit berufen, weil Gott andere Pläne mit ihm hat. Psalm 37,4 kann entsprechend gedeutet werden. Der Psalm verheißt, dass Gott uns das geben wird, was unser Herz sich wünscht, wenn wir nur unsere Lust an ihm haben.

Menschen andererseits, die sich Gott nicht völlig hingegeben haben, kann man nur selten vertrauen. Solange wir unsere Hoffnungen und Träume nicht an Christus ausliefern, haben wir wirklich kaum eine Möglichkeit zu erfahren, was uns erfüllen würde. Wir alle kennen Menschen, die behaupten, sie würden ja „glücklich" sein, wenn ... sie verheiratet wären, sie Kinder hätten, ein größeres Haus, die richtige Stelle. Die meisten Menschen, die ihre Hoffnung auf äußere Umstände setzen, müssen früher oder später scheitern. Wer unglücklich ist, wird durch eine Ehe oder Kinder nicht glücklich. Eine unglückliche Person braucht eher ein verändertes Herz als veränderte Umstände. Ich spreche aus Erfahrung.

Gott hat jedes Leben so geschaffen, dass es fruchtbar ist und sich vermehrt, aber damit ist mehr gemeint als nur der leibliche Nachwuchs. Wir wollen dem Gedanken einmal nachgehen. Warum wünschen sich fast alle Leute Kinder?

Ich denke, der Kinderwunsch steht für den Wunsch nach einem erfüllten Leben, dafür, dass wir uns für etwas einsetzen wollen, das wichtig ist, das Spuren hinterlässt. Ich glaube aber nicht, dass Gott es zulässt, dass ein Herz, das ihm gehört, sich nach Dingen sehnt, die er nicht auf die eine oder andere Weise auch geben kann. Wenn wir von Gott enttäuscht sind, dann hängt das oft damit zusammen, dass wir zu bescheiden denken. Wir wollen uns dafür die biblische Begründung ansehen.

Jesaja 54,1 rät der unfruchtbaren Frau zu singen, „denn die Einsame hat mehr Kinder, als die den Mann hat". Ich will Ihnen ein paar Beispiele erzählen. Meine gute Freundin Johnnie Haines hat zwei feine Söhne, die ihr ganzer Stolz und ihre Wonne sind. Sie hat sich immer auch eine Tochter gewünscht, aber nie eine bekommen. Eines Tages sagte sie zu mir: „Die Jungen sind jetzt mehr oder weniger erwachsen und ich habe sie sehr gern. Aber ich frage mich heute noch manchmal, warum mir Gott nicht die heiß ersehnte Tochter geschenkt hat." Aber eigentlich hat er es getan, denn Johnnie hat zehn Jahre lang die Frauenarbeit in einer großen Gemeinde in Houston geleitet und dabei ist sie unzähligen jungen Frauen zur Mutter geworden! Die Frauen, die sie betreut hat, sind heute erwachsen und dienen Gott in ihren Häusern, an der Arbeit, in den Gemeinden.

Rhonda ist eine andere Freundin. Sie hat nie Kinder bekommen, aber Gott hat ihr mehr geistliche Kinder geschenkt als allen Eltern, die ich kenne! Rhondas Mann leitet eine Bibelschule, wo auch sie Unterricht gibt und die Studenten betreut. Erst im Himmel wird sich zeigen, wie viele Kinder Chuck und Rhonda tatsächlich haben. Was für sie wie ein Verlust erschien, war für das Himmelreich ein Gewinn. Ich glaube, beide würden bezeugen, dass Gott sie nicht eingeschränkt hat. Stattdessen hat er ihre Grenzen erweitert und den Raum ihres Zeltes weit gemacht!

Die Möglichkeiten, geistliche Kinder zu haben, sind für Menschen, die im leiblichen Sinne unfruchtbar sind, schier grenzenlos. Wenn Gott Ihnen keine leiblichen Kinder schenkt, dann möchte er Ihnen wahrscheinlich geistliche Kinder geben. Gott hat Sie geschaffen, damit Sie viel Frucht bringen.

Materielle Wahrheiten des Alten Testaments werden von Gott im Neuen Testament oft als geistliche Wahrheiten angewandt. Im Alten Testament verheißt Gott viele Nachkommen. „Darum gehet hin und machet zu Jüngern alle Völker" (Matthäus 28,19) ist unser Gegenstück zum „Seid fruchtbar und mehret euch" (1. Mose 1,28) des Alten Testaments. In Jesaja heißt es, dass die Unfruchtbare mehr Kinder haben kann als die, die schwanger wird.

Jede Frau wird unfruchtbar, wenn sie nur lange genug lebt. Sollen wir annehmen, dass wir dann keine Frucht mehr bringen können? Müssen wir bis zu unserem Tod nur noch von den Erinnerungen und Hormontabletten zehren? Warum werden dann aber alle Frauen etwa mit 50 unfruchtbar? Sollen wir die nächsten 30 oder 40 Jahre herumsitzen und unsere arthritischen Däumchen drehen? Dafür ist Gott viel zu praktisch veranlagt!

Ältere Frauen können „die jungen Frauen anhalten, dass sie ihre Männer lieben, ihre Kinder lieben" (Titus 2,4). Wenn ältere Frauen etwas von ihren Erfahrungen an jüngere Frauen und deren Kinder weitergeben, dann bekommen sie geistliche Nachkommen! Ältere Frauen sind nötig für den Leib Christi! Ältere Männer haben einen ähnlichen Auftrag (2. Timotheus 2,2). Ich sehe nirgends einen Hinweis darauf, dass ältere Leute sich aus dem Dienst für Gott oder dem Zeugnis für die Verlorenen zurückziehen sollten. Im Gegenteil, sie haben Möglichkeiten, die jene der jüngeren Männer und Frauen weit übertreffen. Gott hat uns dazu berufen, fruchtbar zu sein und uns zu mehren, bis er wiederkommt.

Als ich noch klein war, da wünschte ich mir nichts sehnlicher, als einmal Mutter zu werden. Jetzt sind meine Kinder fast erwachsen. Vor kurzem unterhielt ich mich mit meiner älteren Tochter, als sie plötzlich eine Pause machte und dann fragte: „Mama, wenn Melissa und ich groß sind und vielleicht weit von euch wegziehen, meinst du, ihr kommt damit klar?"

Mir saß auf einmal ein Klumpen in der Kehle. Trotzdem erwiderte ich bestimmt: „Aber ja, Schatz. Die meisten Menschen müssen einfach das Gefühl haben, dass sie gebraucht werden. Solange ich Jesus habe, werde ich immer gebraucht – auch wenn ich mir vielleicht manchmal etwas einsam vorkomme."

Ich habe alles daran gesetzt, damit meine Kinder nicht erwachsen werden, aber es hat alles nichts genutzt. Manchmal denke ich: „Was soll ich nur machen? Ich bin doch zur Mutter berufen!" Aber dann denke ich daran, dass Gott mich vor allem in die Frauenarbeit berufen hat und ich immer Gelegenheit haben werde, geistliche Töchter zu bemuttern, solange ich nur selbst dazu bereit bin.

Eine dieser geistlichen Töchter hat einen besonders köstlichen und recht trockenen Humor. Sie ist erst 27, aber eine begabte Bibellehrerin und versäumt kaum eine Gelegenheit, mir mein Alter unter die Nase zu reiben. Einmal habe ich sie als meine geistliche Tochter vorgestellt und später sagte sie: „Da du die Person zum Herrn geführt hast, die dann mich zu Jesus brachte, wärst du da nicht eigentlich meine geistliche Großmutter?" Nachdem ich sie einen kleinen Klugscheißer genannt hatte, mussten wir beide herzlich lachen und seitdem unterschreibe ich jede Karte, die ich ihr schicke, mit: „In Liebe, deine Oma."

Wenn Gott Ihnen Kinder geschenkt hat, dann machen Sie sich auf eines gefasst: Sie werden groß! Dann ist es Zeit, den Raum Ihres Zeltes weit zu machen und die geistlichen Kinder einzuladen! Wenn Gott es so bestimmt hat, dass Sie keine eigenen Kinder haben, dann ruft er Sie in eine viel größere Familie! Gott hat den Wunsch nach einem fruchtbaren Leben mit Absicht in unser Herz gelegt. Ach, ich mag es, wie paradox unser himmlischer Vater oft zu Werke geht. Er allein kann aus Verlusten Gewinn machen. Er allein kann uns durch Unfruchtbarkeit noch fruchtbarer machen!

Ein letzter Gedanke. Einer der Gründe, warum ich so gerne Kinder haben wollte, war, dass ich Nachkommen wollte, die meinem Mann ähnlich sehen. Ich wollte lauter kleine Keiths oder „Keithinnen". Sie sollten nicht so aussehen wie ich. Ich war immer der Meinung, Keith sei viel hübscher als ich. Dasselbe gilt, denke ich, auch für unsere geistlichen Kinder. Wenn wir uns erst einmal in Jesus verliebt haben, dann sind wir von seiner Schönheit so hingerissen, dass wir Kinder wollen, die genauso aussehen wie er. Das ist das Prinzip der geistlichen Elternschaft: Dass wir Söhne und Töchter im Geist heranziehen, die genauso aussehen wie ihr Vater. Was könnte wichtiger sein?

Kapitel 27

Glücklich und in Freuden

Geh hinein zu deines Herrn Freude! (Matthäus 25,21)

Jeder Mensch hat Träume und wenn wir Jesus von ganzem Herzen vertrauen, dann kann Gott nichts davon abhalten, unsere Kinderträume durch seine göttliche Wirklichkeit noch zu übertreffen. So konnte der Selbstmord ihres Mannes Gott nicht davon abhalten, die Träume der Schriftstellerin Kay Arthur zu übertreffen. Dass sie auf einmal gelähmt war, konnte Gott nicht davon abhalten, Joni Eareckson Tadas Träume zu übertreffen. Auch dass Corrie ten Boom ins Konzentrationslager kam, konnte Gott nicht davon abhalten, ihre Träume zu übertreffen. Und eine Welt voll Armut und Leid konnte Gott nicht davon abhalten, die Träume von Mutter Teresa zu übertreffen.

Gott übertrifft unsere Träume, wenn wir von unseren eigenen Plänen aufsehen, die Hand Jesu ergreifen und den Weg gehen, den er für uns bestimmt hat. Er muss uns praktisch unzufrieden bleiben lassen, bis wir zu ihm kommen und in seinem Plan Erfüllung finden. Wir wollen uns nun mit dem vierten Traum befassen, dem Traum, aus dem die Märchen sind – dass wir stets glücklich und in Freuden leben.

Das glückliche Leben beginnt bei Gott, nicht bei Cinderella. Es gibt keine Märchenfeen, doch mit den Engeln ist es eine andere Geschichte. Es gibt auch keine gelb gepflasterte Straße wie beim Zauberer von Oz – nur Straßen aus Gold. Keine Hütten im Wald – nur Wohnungen im Himmel. Keine Kronen auf unseren Häuptern – nur Kronen zu seinen Füßen. Vielleicht meinen Sie, ich denke mir das alles nur aus, aber im Grunde können Sie und ich uns das alles überhaupt nicht vorstellen. Wenn Gott im Leben eines Menschen 1. Korinther 2,9 erfüllt, dann ist das nur ein schwacher Abglanz von einer viel größeren Wirklichkeit.

Wir haben unsere Schatzsuche mit dem Text aus Jesaja 61,1-3 begonnen. „Der Geist des Herrn ist auf mir ... Er hat mich gesandt ... zu trösten alle Trauernden, zu schaffen den Trauernden zu Zion, dass ihnen Schmuck statt Asche, Freudenöl statt Trauerkleid, Lobgesang statt eines betrübten Geistes gegeben werde." Mir gefallen all diese „statt". Ihnen auch? Es heißt hier nicht, dass wir nie trauern oder nie betrübt sein werden. Aber Jesus wird uns wieder und wieder von seiner Freude geben. Er wird unser Herz mit Lob erfüllen, wenn wir ihn lassen. Und dann wird eines Tages alle Trauer und alle Verzweiflung hinter uns liegen.

Denken Sie einmal einen Augenblick über das Wort *Freude* nach. Wenn irgendjemand auf der Welt sich freuen sollte, dann doch sicher die Christen! Aber wie wäre es, wenn wir die Sache noch ein bisschen weiter trieben? Ich stelle mir vor, dass Gott uns gerne auch – darf ich es sagen? – glücklich sehen möchte. Denn ob Sie es glauben oder nicht, auch *glücklich sein* ist ein biblischer Begriff, aber es ist gut, wenn wir ihn nicht mit zwei anderen Worten aus der Bibel verwechseln – nämlich *Segen* und *Freude*.

Beides erfahren wir, wenn wir gehorsam sind, oft auch in Zeiten von Verfolgung und Not. Der Unterschied besteht darin, dass Segen und Freude nicht von unseren Umständen abhängen, Glück aber durchaus. Bitte verstehen Sie mich nicht falsch. Das macht das Glück nicht weniger wichtig, nur seltener. Ja, ich möchte behaupten, dass das Wort *Glück* fast einen negativen Beigeschmack hat. Deshalb wollen wir uns die Freude machen, etwas Aufklärungsarbeit zu leisten!

Ich fürchte, wir sind in manchen christlichen Kreisen so gesetzlich geworden, dass wir das Wort *Glück* ganz aus unserem „frommen" Wortschatz gestrichen haben, selbst da, wo es angemessen wäre. Lassen Sie mich darum das Eine sagen: Manchmal macht Gott mich richtig *glücklich*! Da haben Sie es. Sie mögen das kindisch nennen, aber darüber kann ich nur lächeln.

Gott macht mich oft glücklich. Zum Beispiel wenn ich sehe, wie Melissa, wenn sie an der Freiwurflinie steht, den Kopf zu einem kurzen Gebet neigt und dann der Basketball aus ihrer Hand gleitet und wie Butter durch den Korb flutscht. Das passiert nicht immer so, aber wenn es das tut, dann bin ich glücklich! Natürlich weiß ich, dass irgendwo auf der Welt Menschen hungern. Natürlich sorge auch ich mich um Menschen, denen es nicht so gut geht, und bete jeden Tag für viele Länder. Aber ich freue mich auch in Christus über jeden glücklichen Augenblick, den er mir schenkt. Das Glück suchen ist falsch, aber wenn Gott es schenkt, dürfen wir es annehmen. Wir dürfen es öffnen, uns daran freuen. Und uns daran erinnern, wenn wieder schlechtere Zeiten kommen.

Wie realistisch ist es, von einem Leben voll Glück und Freude zu träumen? Hören Sie selbst: „Da sprach der Herr zu ihm: Recht so, du tüchtiger und treuer Knecht, du bist über wenigem treu gewesen, ich will dich über viel setzen; geh hinein zu deines Herrn Freude!" (Matthäus 25,21).

Da haben Sie es schon wieder. Jesus freut sich. Er möchte, dass Sie seine Freude mit ihm teilen. Bis dahin schenkt er uns hier und da einen Hauch von Glück, damit wir schon einmal einen Vorgeschmack auf das bekommen, was uns in der Ewigkeit erwartet!

Der schönste Bibeltext, der sich im Zusammenhang mit diesen Kapiteln in meinem Herzen eingeprägt hat, sind die Verse 10 bis 12 aus dem 2. Kapitel des Hohenliedes. Lassen Sie mich ein paar Gedanken anfügen, die Gott mir geschenkt hat, als ich mir diese Verse bildlich vorzustellen versuchte. Die Betrachtungen innerhalb der letzten Kapitel waren sehr persönlich. Aber die Wahrheit will uns freimachen!

Es war ihr 90. Geburtstag. Sie hatte nicht vorgehabt, so lange zu leben. Aber sie konnte es auch nicht ändern. Sie wachte einfach jeden Morgen wieder auf. Im Haus ihres jüngsten Sohnes hatte sich die ganze erweiterte Familie versammelt. Sie versuchte so überrascht zu wirken, wie man es mit 90 Jahren noch kann. Innerlich musste sie kichern. Anscheinend dachten sie, weil sie nicht mehr so viel redete, funktioniere auch ihr Verstand nicht mehr so. Wieso sollte sie überrascht sein? Seit fünf Jahren hatten sie jedes Jahr zu ihrem Geburtstag ein Überraschungsfest geplant. Wahrscheinlich meinten sie, sie hätte das vergessen. In Wirklichkeit waren sie wohl alle überrascht, dass sie noch lebte. Oh, sie hatte sie trotzdem gern. Jeden Einzelnen. Auf dem Tisch lagen Päckchen mit hübschen Schleifen. Was sollte sie bloß mit so vielen Geschenken? Und wie viele Paar Socken brauchte eine alte Frau? Aber der Kuchen sah wirklich lecker aus. Die Urenkel hatten darauf bestanden, dass 90 Kerzen auf die Torte kamen.

Der Jüngste fasste sie jetzt an der Hand. „Komm, Uroma! Du musst die Kerzen ausblasen." Sie grinste und bat Gott, dafür zu sorgen, dass ihr Gebiss nicht herausfiel. Plötzlich schien die Zeit stillzustehen. Sie sah sich um und betrachtete die Gesichter. Das Leben war gut gewesen – manchmal schwer, aber Gott war treu gewesen. Seit 23 Jahren war sie Witwe. Die letzten Jahre waren schön gewesen. Dafür hatte die Familie gesorgt. Aber sie konnte nicht mehr an allem teilnehmen. Meistens sah sie dem Leben nur zu.

Der Fünfjährige wurde ungeduldig. „Komm, Uroma!" Ehe sie noch Luft holen konnte, hatten die Kleinen gemeinsam alle Kerzen ausgepustet. Wer jetzt noch von der leicht bespuckten Torte aß, musste schon ein Blutsverwandter sein. Später saß sie vor ihrer Frisierkommode und die Schwiegertochter zog die Nadeln aus ihrem dünnen, weißen Haar. Sie blickte in den fast blinden Spiegel. Wann war sie bloß so alt geworden? Wo waren die Jahre hin? Die Schwiegertochter bürstete sacht die dünnen Strähnen und plapperte ununterbrochen über den Abend. Als sie ihr ins Nachthemd und ins Bett geholfen hatte, war die alte Frau nur noch müde. Schon beim Hinlegen tat ihr jeder Knochen weh.

In der weichen Matratze schien sie fast zu versinken. Sie lehnte sich zurück und blickte hinaus zu den Sternen. Der Zehn-Uhr-Zug ratterte über die Brücke und sie fror bei der Erinnerung daran, wie sie im kalten Wasser darunter getauft worden war. Sie lächelte und flüsterte dem Heiland, den sie seit ihrer Kindheit liebte, ein Gute-Nacht-Gebet zu. Sie sagte nicht viel. „Danke, Herr Jesus, danke." Sie hatte kaum die Augen geschlossen, da war sie auch schon eingeschlafen. Plötzlich wurde sie von der schönsten Stimme, die sie je gehört hatte, aus dem Schlummer gerissen. Da stand ein Mann. „Steh auf, meine Freundin, meine Schöne, und komm her! Denn siehe, der Winter ist vergangen, der Regen ist vorbei und dahin ... jetzt ist die Zeit des Singens gekommen."

Schönheit statt Asche.

Kapitel 28

Verkehrte Welt

Wie kehrt ihr alles um! Als ob der Ton dem Töpfer gleich wäre, dass das Werk spräche vom Meister: Er hat mich nicht gemacht! und ein Bildwerk spräche von seinem Bildner: Er versteht nichts! (Jesaja 29,16)

Warnung! Ich glaube nicht, dass dies Ihr Lieblingskapitel werden wird. Denn wie kann die Freiheit in Christus im Leben Wirklichkeit werden? Durch den Gehorsam! Gehorsam gegenüber Gottes Wort.

Jakobus beschreibt den Zusammenhang zwischen Gottes Wort und der Freiheit:

Seid aber Täter des Wortes und nicht Hörer allein; sonst betrügt ihr euch selbst. Denn wenn jemand ein Hörer des Wortes ist und nicht ein Täter, der gleicht einem Mann, der sein leibliches Angesicht im Spiegel beschaut; denn nachdem er sich beschaut hat, geht er davon und vergisst von Stund an, wie er aussah. Wer aber durchschaut in das vollkommene Gesetz der Freiheit und dabei beharrt und ist nicht ein vergesslicher Hörer, sondern ein Täter, der wird selig sein in seiner Tat. (Jakobus 1,22-25)

Die richtige Reaktion auf Gottes Wort ist unser Freifahrtschein für den Weg in die Freiheit. Gottes Wort ist das vollkommene Gesetz, das Freiheit schenkt. Ich habe zunächst verschiedene andere Themen behandelt, weil wir manchmal viel zu sehr von anderen Dingen gefangen sind, als dass wir uns vorstellen können, im Gehorsam zu leben. Wenn ich zu diesem entscheidenden Punkt komme, sehe ich oft enttäuschte Gesichter. Denn unsere Natur wünscht sich etwas anderes. Wir hätten gern, dass Gott irgendwie seinen Zauberstab schwenkt und jedes Hindernis aus dem Weg räumt, ohne dass wir etwas dazutun müssen.

Doch wenn Gott einfach seinen Stab über uns halten und ohne unser Zutun jedes Joch zerbrechen würde, dann würden wir uns schon bald ein anderes aufhalsen. Gott möchte uns von innen heraus verändern. Er möchte unseren Geist erneuern, unsere selbstzerstörerischen Neigungen abtöten und uns beibringen, wie man neue Gewohnheiten gewinnt.

Das an Weisheit so reiche Buch Jesaja wird uns ein paar wichtige Motive für unseren Gehorsam liefern. In Jesaja 29,16 schildert Gott am Beispiel eines missratenen Tongefäßes das Problem seines Volkes:

Wie kehrt ihr alles um! Als ob der Ton dem Töpfer gleich wäre, dass das Werk spräche vom Meister: Er hat mich nicht gemacht! und ein Bildwerk spräche von seinem Bildner: Er versteht nichts! (Jesaja 29,26)

Bitte lassen Sie sich diese Wahrheit von Gott ganz tief in Ihr Herz einprägen: Freiheit und Autorität im Sinne von einer übergeordneten Macht gehören immer zusammen. In der Zeit des Propheten Jesaja stand die Gefangennahme des Volkes Israel unmittelbar bevor, weil das Volk ein Problem mit der Obrigkeit hatte.

Was Gott sagt, ist im Prinzip Folgendes: „Ihr habt die Dinge verdreht. Aber wir wollen das jetzt klären: Ich bin Gott. Ihr seid Menschen. Ich bin der Schöpfer, ihr die Geschöpfe. Ich bin der Töpfer, ihr der Ton. Ihr gehorcht ... nicht um meinet- sondern um euretwillen."

Bei meiner reizenden jüngsten Tochter hätte man von Anfang an vermuten können, sie sei in die Welt gekommen, um das Kommando zu übernehmen. Als sie zwei Jahre alt war, lief sie am liebsten vor uns her, damit es so aussah, als sei sie alleine unterwegs. Sie war mit einem herrischen Wesen geboren und schien zu denken, Keith und ich und sie stünden alle auf derselben Stufe. Es kostete uns nicht wenig Energie, ihr zu zeigen, wer wirklich der Herr war, welche Strafe Auflehnung nach sich zog und dass es sicherer war und mehr brachte, wenn sie gehorchte. Wir haben es nicht immer richtig gemacht, aber wir haben es oft probiert! Inzwischen ernten wir, was wir gesät haben. Melissa ist ein entzückender Teenager. Doch wenn ich für jedes Mal, wo ich zu ihr sagen musste: „Ich bin die Mutter, du das Kind!", eine Mark bekommen hätte, dann würde sie einmal ein ziemliches Vermögen erben. Durch das ganze Buch Jesaja hinweg betont Gott immer wieder dieselben drei Prinzipien:

1. Er hat das Recht zu herrschen.
2. Auflehnung hat ihren Preis.
3. Wer gehorcht, der ist bei ihm sicher und über den kommt sein Segen.

In Kapitel 30 schildert Jesaja den Unwillen des Volkes: „[Sie] sagen zu den Sehern: Ihr sollt nicht sehen! und zu den Schauern: Was wahr ist, sollt ihr uns nicht schauen! Redet zu uns, was angenehm ist; schauet, was das Herz begehrt ... Lasst uns doch in Ruhe mit dem Heiligen Israels!" (Jesaja 30,10-11). Darauf entgegnet Gott:

Weil ihr dies Wort verwerft ..., so soll euch diese Sünde sein wie ein Riss, wenn es beginnt zu rieseln an einer hohen Mauer, die plötzlich, unversehens einstürzt; wie wenn ein Topf zerschmettert wird, den man zerstößt ohne Erbarmen, sodass man von seinen Stücken nicht eine Scherbe findet, darin man Feuer hole vom Herde oder Wasser schöpfe aus dem Brunnen.

Denn so spricht Gott der Herr, der Heilige Israels:

Wenn ihr umkehrtet und stille bliebet, so würde euch geholfen; durch Stillesein und Hoffen würdet ihr stark sein. Aber ihr wollt nicht.
(Jesaja 30,12-15)

Harte Worte, nicht wahr? Aber denken Sie einmal darüber nach, wie Sie von Natur aus sind. Kommt uns nicht manches aus diesen Versen bekannt vor, wenn der Heilige Geist nicht unser Leben lenkt? Wir werden später noch darauf zu sprechen kommen, dass es nicht nur töricht, sondern im Grunde auch eine Beleidigung des Allmächtigen, unseres Schöpfers und Herrn ist, sich gegen Gottes Autorität aufzulehnen. Im Moment wollen wir das Ganze aber erst einmal von einem rein egoistischen Standpunkt aus betrachten. Wenn Gottes Kinder sich auflehnen, dann betrügen sie sich selbst.

Das Wort *Ungehorsam* bedeutet genau das, was wir erwarten. Worte wie *Auflehnung* oder *Trotz* sind treffende Synonyme. Auch *widerspenstig* oder *eigensinnig* sind passende Ausdrücke. Eigensinnig sein, gleicht Auflehnung gegen eine Autorität.

Und seien wir doch ehrlich: Wenn Gott nicht in unser Leben eingreift, neigen wir alle zum Eigensinn. Wir wollen selbst über uns bestimmen. Aber das ist der sicherste Weg in die Sklaverei. Die folgenden Aussagen basieren alle auf Jesaja 30,8-21. In jeder ist von Ungehorsam die Rede. Und sie führen zum Teil direkt in die Katastrophe! Wir werden sehen, dass ein ungehorsames Gotteskind,

1. sich nicht verhält wie ein Kind Gottes,
2. nicht bereit ist, auf Gottes Weisungen zu hören,
3. lieber an Illusionen glaubt als an die Wahrheit,
4. auf Unterdrückung vertraut.

Im nächsten Kapitel betrachten wir dann noch zwei weitere Merkmale, dass

1. ein ungehorsames Gotteskind lernt, sich auf Arglist zu stützen und
2. es vor den echten Antworten, die Gott geben kann, davonrennt.

1. Ein ungehorsames Gotteskind verhält sich nicht wie ein Kind Gottes (Vers 9)

Verlogen heißt, dass es sich nicht verhält wie ein Sohn und dass es einen falschen Eindruck erweckt. Wenn wir in einer Beziehung zu Gott leben, uns aber nicht wie sein Kind verhalten, dann leben wir eine Lüge. Die Welt predigt uns, wir sollten „uns selbst treu" sein. Christen sind sich aber nur dann treu, wenn sie zeigen, dass sie zu Gott gehören.

2. Ein ungehorsames Gotteskind ist nicht bereit, auf Gottes Weisungen zu hören (Vers 9)

Das hebräische Wort für „hören" lautet *schama* und bedeutet „ein Aufnehmen, ein Zuhören, ein Verstehen des Inhaltes, ein Beachten des Gehörten." Ungehorsame Menschen wollen nicht hören. Manchmal wollen wir nicht auf Gott hören, weil wir uns nicht korrigieren lassen wollen. Das ist Ungehorsam. Die Tragik ist, dass Gott uns nie etwas sagt, um uns einfach fertig zu machen. Was uns betrifft, ist sein Denken ziemlich einseitig. Er möchte, dass wir als Überwinder leben, weil wir es ja im Grunde auch sind.

Die Bibel malt uns die ungeheuren Vorteile des Gehorsams in lebhaften Farben vor Augen. In Psalm 81 finden wir die Verheißung: „Wenn doch mein Volk mir gehorsam wäre ... dann wollte ich seine Feinde bald demütigen und meine Hand gegen seine Widersacher wenden!“ (Verse 81,14-15).

3. Ein ungehorsames Gotteskind glaubt lieber an Illusionen als an die Wahrheit (Vers 10-11)

Wir sehnen uns nach Worten, die uns gut tun. Wenn wir im Ungehorsam leben, dann ist eine Begegnung mit dem Heiligen Israels das Letzte, was wir uns wünschen. Hören wir nur auf die Forderung der Leute in Vers 10: „Redet zu uns, was angenehm ist!“ Wer hört nicht gern Schmeicheleien? Aber wenn die Freude an Schmeicheleien wie eine Schlinge ist, die sich uns um den Hals legt, dann zieht sie sich zu, wenn wir sie bewusst suchen.

Der Apostel Paulus hatte Recht mit seiner Warnung: „Denn es wird eine Zeit kommen, da sie die heilsame Lehre nicht ertragen werden; sondern nach ihren eigenen Gelüsten werden sie sich selbst Lehrer aufladen, nach denen ihnen die Ohren jucken“ (2. Timotheus 4,3). Wenn wir manche Prediger und Lehrer ganz bewusst anderen vorziehen, dann sollten wir uns einmal fragen, warum. Wenn der Grund nicht ihre gesunde, ausgewogene Lehre ist, dann könnte es sein, dass sogar unser sonntäglicher Gottesdienstbesuch ein Ausdruck von Ungehorsam ist. Achten wir doch darauf, dass wir nicht die Menschen suchen, die uns hinter den juckenden Ohren kraulen und uns die Wahrheit vorenthalten.

4. Ein ungehorsames Gotteskind vertraut auf Unterdrückung (Vers 12, Elberfelder)

Das ist ein echter Hammer. Nicht nur, dass Gottes Kinder unterdrückt werden. Wir können sogar an den Punkt kommen, wo wir auf die Unterdrückung vertrauen. Das Wort „vertrauen“ in Vers 12 heißt auf Hebräisch *batach* und bedeutet „sich sicher fühlen, sich verlassen auf“, wobei die negative Bedeutung dieses Verhaltens überwiegt. Das hebräische Wort für „Unterdrückung“ (*oschek*) beinhaltet den Gedanken von Betrug oder Erpressung, eine Sache, die man auf betrügerische Weise an sich reißt.

Wir könnten es so sagen: Menschen, die sich von der Wahrheit abwenden, binden sich unabsichtlich an Lügen, die betrügen und erpressen. Gott hat uns für die Bindung an ihn erschaffen. Deshalb hat er ein ganz reales Verlangen nach Bindung in uns hineingelegt. Satan weiß, dass er uns nicht einfach dazu verlocken kann, uns von Gott und seinem Wort abzuwenden und dann ganz unabhängig zu leben, denn für die menschliche Psyche gibt es keine absolute Unabhängigkeit. Darum lockt er uns mit anderen Bindungen, die er als Erfüllung unserer innersten Bedürfnisse hinstellt. Doch jede Bindung, die nicht Gott gilt, ist Betrug. Das Wort *Bindung* meint in diesem Zusammenhang etwas anderes als das gesunde Verhältnis zu Dingen oder anderen Menschen. Das Schlüsselwort lautet *Vertrauen*. Bei einer falschen Bindung setzen wir unser Vertrauen auf etwas anderes als Gott.

Als Kind war ich in meinen Ängsten gebunden. Ich habe mich nach einem sicheren Ort gesehnt, an dem ich mich verbergen konnte. Ich habe mich danach gesehnt, dass sich jemand um mich kümmert. Doch gerade wegen meiner eigenen schmerzlichen Erfahrungen will ich Sie vor einem ganz gefährlichen Gefühlscocktail warnen – nämlich vor der Beziehung zwischen einem Menschen, der ein ungesundes Bedürfnis nach Nähe hat, und einem, der ein ungesundes Bedürfnis danach hat, sich um andere zu kümmern. Eine solche Beziehung kann nur damit enden, dass von Gott geschenkte Freiheiten vergewaltigt werden und sich als Betrug erweisen.

Es gibt für uns kein sicheres Versteck. Aber in Jesus finden wir die Freiheit, ohne Angst ins Licht zu treten! Wenn wir doch nur begreifen würden, dass Gottes Macht uns nicht einsperren will. Sie befreit! Wir wollen uns noch weiter ansehen, was Ungehorsam ist und warum es klug ist zu gehorchen.

Kapitel 29

Zerbrochener Ton

So soll euch diese Sünde sein wie ein Riss, wenn es beginnt zu rieseln an einer hohen Mauer, die plötzlich, unversehens einstürzt; wie wenn ein Topf zerschmettert wird. (Jesaja 30,13-14)

Wir fahren in unserer Aufzählung fort. Das vierte Kennzeichen hatte mir am meisten zu sagen. Ich bete darum, dass Gott alle falschen Bindungen in unseren Herzen aufdeckt und uns ins Licht gesunder Beziehungen zieht, sollte dies nun Menschen oder Dinge betreffen. Wir wollen uns also jetzt den fünften Punkt ansehen.

5. Ein ungehorsames Gotteskind stützt sich auf Arglist (Vers 12, Elberfelder)

Das hebräische Wort für „sich stützen, anlehnen" lautet *scha'an*. Wenn wir jemanden mit einem Stock oder einer Krücke laufen sehen, dann haben wir das Bild vor Augen, das hier gemeint ist.

Die Kombination in Jesaja 30,12 (nach der Elberfelder Übersetzung) – „vertraut auf Unterdrückung und Arglist und stützt euch darauf" – hat mich besonders berührt. Jedes Mal, wenn wir auf einen falschen Erlöser vertrauen oder bei ihm Sicherheit suchen, dann stützen wir uns auf Lügen. Viele mussten das schon auf tragische Weise erleben:

Ein junges gläubiges Mädchen hat einen groben, grausamen Vater. Sie lernt es, sich vor Männern zu fürchten und sich von ihnen möglichst fern zu halten. Satan schickt ihr eine etwas ältere Frau, die sich für sie zu interessieren scheint. Was als hilfreiche Freundschaft begann, entwickelt sich zu einer körperlichen Beziehung, sodass die junge Frau nun annimmt, sie sei lesbisch. Im Herzen weiß sie, dass das, was sie tut, falsch ist, aber ohne ihre Trösterin fühlt sie sich hilflos. Bald kommt sie in Kontakt mit anderen Frauen, die ihre Neigung offen praktizieren und ihr Verhalten mit den dazugehörigen Lügen unterstützen. Sie meidet nun die Bibel und liest lieber Bücher, die die Gleichgeschlechtlichkeit bejahen. Sie zieht sich aus allen Beziehungen zurück außer denen, die ihre Neigung unterstützen.

Beängstigend, nicht wahr? Ich habe extra ein etwas krasses Beispiel gewählt. Doch Satan kann tausend Dinge gebrauchen, um uns an Menschen oder Dinge zu binden. Es ist interessant, dass die Welt oft meint, Christen seien gefühlsmäßige Krüppel, die Religion und Glaube als Krücke benutzen. Dabei ist es genau andersherum. Die größte Krücke von allen ist Satans Arglist und Betrug. Seine Lügen lassen uns in unseren eigenen Ketten herumlaufen.

6. *Ein ungehorsames Gotteskind rennt vor den echten Antworten davon (Vers 15-17)*

Gott sagt: „Wenn ihr umkehrtet und stille bliebet, so würde euch geholfen", aber das Volk sagt: „Nein, sondern auf Rossen wollen wir dahinfliegen" (Vers 15-16). Gab es in Ihrem Leben schon einmal eine Zeit, wo Sie wussten, was Sie retten könnte, Sie aber trotzdem davongerannt sind? Wahrscheinlich geht es Ihnen wie mir und Sie denken nur mit dem größten Bedauern daran zurück. Fast jeder Mensch ist irgendwann schon einmal vor den echten Antworten geflohen.

In anderen Übersetzungen steht hier anstelle von „geholfen" auch „gerettet". Es geht hier aber nicht um unsere ewige Rettung, sondern vielmehr darum, dass wir aus einer schwierigen Lage erlöst werden. Gott präsentiert uns seine Wahrheit in einer ganz einfachen Gleichung:

Umkehr + Stille = Hilfe

Zur ewigen Rettung ist es nötig, dass wir uns von unseren Sünden abwenden und auf das Werk Christi verlassen. Wir brauchen aber auch als Christen weiterhin Erlösung. Darüber hinaus benötigen wir jede

Menge Hilfe, um Schlingen und Fallgruben zu vermeiden. Darum gilt für uns dasselbe: „Wenn ihr umkehrtet und stille bliebet, so würde euch geholfen.“

Das Wort „umkehren“ ist uns auch als „Buße tun“ bekannt. Der hebräische Begriff *schub* meint auch „zurückkehren“. Oft aber fehlt bei uns dieser zweite Schritt! In Apostelgeschichte 3,19 wird beides angesprochen: „So tut nun Buße und bekehrt euch, dass eure Sünden getilgt werden, damit die Zeit der Erquickung komme von dem Angesicht des Herrn.“ Wenn wir uns nur von den Sünden abwenden, uns aber anschließend Gott nicht zuwenden, dann fehlt uns die Kraft, der nächsten Versuchung zu widerstehen! In dem Wort „Umkehr“ aus Jesaja 30,15 steckt also beides, die Buße und die Hinwendung zu Gott.

Weiter geht es mit dem zweiten Begriff in unserer Gleichung: „Wenn ihr umkehrtet und *stille* bliebet, so würde euch geholfen.“

Das Wort „stille“ bedeutet genau das, was Sie auch vermuten. Das hebräische Wort heißt *nuach* und bedeutet „niederlassen, um zu ruhen“. Es wurde auch im Zusammenhang mit Tieren gebraucht, zum Beispiel wenn sich Heuschreckenschwärme oder Kamele niederlassen. Mir fällt dabei immer meine Großmutter ein, wie sie in unserer Küche in Arkansas mit todernstem Gesicht und der Fliegenklatsche in der Hand dastand.

„Was machst du, Oma?“, fragte ich sie.

„Ich warte darauf, dass diese lästige Fliege sich irgendwo niederlässt, damit ich sie treffen kann.“

Einen Moment später hörte ich es dann klatschen und sie sagen: „Das hast du jetzt davon!“

Irgendwie meinen wir oft, wir seien wie die Fliege. Wenn wir uns nur für einen Moment irgendwo niederlassen würden, dann würde auch Gott uns zerquetschen. Aber das stimmt nicht. Wir sind keine Fliegen und meine Oma war nicht Gott. Gott möchte, dass wir in ihm stille werden, dass wir in seiner Wahrheit ruhen und uns auf ihn verlassen.

Wenn wir zu Gott umkehren und im Vertrauen auf seine Verheißungen und seine Macht ruhen, dann wird uns geholfen. Mir gefällt auch die Bedeutung des hebräischen Wortes für „Hilfe“ oder „Erlösung“. In einer Erklärung habe ich gelesen, dass *jascha* auch „offen, weit, frei“ bedeuten kann. Man bekommt dadurch die Vorstellung von einem weiten Platz, auf dem man sich frei bewegen kann. Ich habe die weit offene

Freiheit im Gehorsam gegenüber Christus selbst erlebt, aber ich kenne auch das jämmerliche, einengende Gefühl des Ungehorsams.

Wir wissen alle, dass Gott möchte, dass wir umkehren und stille werden. Aber oft probieren wir es lieber mit einer anderen Gleichung, die mir schon oft zum Verhängnis geworden ist:

Umkehr + der feste Wille, es aus eigener Kraft besser zu machen

Und noch eine Gleichung finden wir in Jesaja 30,15:

Stillesein + Hoffen = Stärke

Stärke bedeutet in diesem Zusammenhang „Sieg". Ich würde gern ein Sieger sein, Sie nicht? Und was sind die zwei Hauptelemente, um den Sieg zu erlangen? Stille und Hoffnung. Das Wort für „Stille" lautet hier *haschket* und ist die Ruhe im Schlaf, die Ruhe von der Arbeit. Hatten Sie schon einmal das Gefühl, Sie seien besiegt worden, weil Sie es nicht geschafft haben, in der Gegenwart Gottes zur Ruhe zu kommen?

Das Wort, das in diesem Vers mit „Hoffen" wiedergegeben wird, kommt im Alten Testament nur selten vor. *Batach* bedeutet „sich sicher fühlen, sich verlassen auf" mit dem Hintergedanken, dass man nichts weiter tun kann. Wenn wir Gott gehorcht haben, bleibt uns nichts anderes mehr zu tun. Wir warten jetzt nur noch darauf, dass er den Sieg erringt in dem Wissen, dass die Folgen unseres Gehorsams sein Problem sind und nicht unseres. Unsere menschliche Natur rennt lieber davon, wenn Probleme auftauchen, aber aus Jesaja 30,15 haben wir zwei wichtige Regeln gelernt:

1. Vor Gottes Hilfe zu fliehen ist Ungehorsam.
2. Vor Gottes Stärke fliehen heißt, vor dem Sieg davonzurennen.

Zum Schluss wollen wir uns noch einmal alle sechs Merkmale des Ungehorsams vor Augen führen:

1. Ein ungehorsames Gotteskind verhält sich nicht wie ein Kind Gottes (Jesaja 30,9).
2. Ein ungehorsames Gotteskind ist nicht bereit, auf Gottes Weisungen zu hören (Jesaja 30,9).

3. Ein ungehorsames Gotteskind glaubt lieber an Illusionen als an die Wahrheit (Jesaja 30,10-11).
4. Ein ungehorsames Gotteskind vertraut auf Unterdrückung (Jesaja 30,12).
5. Ein ungehorsames Gotteskind stützt sich auf Arglist (Jesaja 30,12).
6. Ein ungehorsames Gotteskind rennt vor den echten Antworten davon (Jesaja 30,15-17).

Wozu neigen Sie am ehesten? Wo haben Sie am meisten zu kämpfen? Nehmen Sie sich Zeit, über dieser Aufzählung zu beten. Bekennen Sie, wo Sie zum Ungehorsam neigen oder tatsächlich ungehorsam sind. Dann sehen Sie sich noch einmal unsere verschiedenen Gleichungen an. Nehmen Sie sich, wenn Sie Ihre Sünden bekannt haben, nicht einfach vor, es nun in Zukunft besser zu machen. Fliehen Sie stattdessen zum Vater und werden Sie stille in ihm.

Gott möchte Ihnen antworten. In Jesaja 30,18 hat er es bereits getan. Er möchte Ihnen „gnädig [sein]; er macht sich auf, dass er sich euer erbarme". Wir können uns meist vorstellen, dass Gott gnädig und barmherzig ist, wenn wir zufällig in Schwierigkeiten geraten sind. Aber dass er sich über uns erbarmt, wenn wir absichtlich ungehorsam sind, das geht fast über unser Begriffsvermögen.

Doch was für einen schlechten Dienst tun wir uns, wenn wir versuchen, Gott auf die menschliche Ebene herabzuziehen, und ihn einfach als Krone der Menschheit ansehen anstatt vollkommen als Gott. Gottes Erbarmen verlangt von ihm, dass er sich uns zuwendet, selbst wenn wir ungehorsam sind. Seine Gerechtigkeit allerdings macht es erforderlich, dass er uns schmerzlich strafen muss, wenn wir die Hand, die er uns entgegenstreckt, nicht ergreifen und von ganzem Herzen zu ihm umkehren.

Denken wir noch einmal an Jesaja 30,12-14. Wenn wir weiter im Ungehorsam leben, Gottes Wort ablehnen, auf Unterdrückung vertrauen und uns auf Arglist stützen, dann werden die schützenden Mauern um uns herum einstürzen wie ein Tontopf, der zerschmettert wird. Ein Christ wird seine Erlösung nicht verlieren, aber wir riskieren, dass wir schutzlos werden. Die entscheidende Erkenntnis aus diesen beiden Kapiteln ist die: Ton, der unbedingt wie der Töpfer sein will, wird unweigerlich zur Scherbe. Wir wollen es nicht darauf ankommen lassen, sondern lieber vorher umkehren und stille werden.

Kapitel 30

Gott hat das Recht zu herrschen

Ich bin Gott und sonst keiner mehr, ein Gott, dem nichts gleicht. (Jesaja 46,9)

Wir beschäftigen uns in diesem Kapitel mit dem Gehorsam, dem wichtigsten Schlüssel, der zur Freiheit in Christus führt und sie im täglichen Leben Wirklichkeit werden lässt. In dem Moment, in dem wir Jesus als unseren Erlöser annahmen, gehörte die Freiheit uns. Doch wenn dieses Geschenk, das wir zunächst im Inneren empfangen, nicht im Gehorsam nach außen sichtbar wird, werden wir unter Umständen nie etwas von dieser Freiheit spüren. Wir wollen uns einmal ansehen, wie das funktioniert.

Nur Jesus besitzt wahre Freiheit. „Der Herr ist der Geist; wo aber der Geist des Herrn ist, da ist Freiheit“ (2. Korinther 3,17). Davon hat Jesus oft gesprochen. Achten wir einmal auf das Wort *empfangen* oder *aufnehmen* in den folgenden Versen:

- „Wie viele ihn aber aufnahmen, denen gab er Macht, Gottes Kinder zu werden, denen, die an seinen Namen glauben“ (Johannes 1,12).
- „Denn ihr habt nicht einen knechtischen Geist empfangen, dass ihr euch abermals fürchten müsstet; sondern ihr habt einen kindlichen Geist empfangen, durch den wir rufen, Abba, lieber Vater!“ (Römer 8,15).
- „Wir aber haben nicht empfangen den Geist der Welt, sondern den Geist aus Gott, dass wir wissen können, was uns von Gott geschenkt ist“ (1. Korinther 2,12).
- Und achten wir auch auf die klaren Worte über den Empfang dieses Geistes in Johannes 14,15-17:

Liebt ihr mich, so werdet ihr meine Gebote halten. Und ich will den Vater bitten, und er wird euch einen andern Tröster geben, dass er bei euch sei in Ewigkeit: den Geist der Wahrheit, den die Welt nicht empfangen kann, denn sie sieht ihn nicht und kennt ihn nicht. Ihr kennt ihn, denn er bleibt bei euch und wird in euch sein.

Wenn wir Christus als Erlöser empfangen, dann empfangen wir buchstäblich Jesus selbst. Sein Geist nimmt in uns Wohnung. In Römer 8,9 heißt es: „Wer aber Christi Geist nicht hat, der ist nicht sein."

Wenn wir also Christus als Erlöser aufnehmen, dann bekommen wir gleichzeitig auch seinen befreienden Geist. Aber wir müssen ebenso ganz klar sehen, dass die Freiheit nie über die Grenzen dieses Geistes hinausgeht. Unsere Befreiung kann also nur in den Bereichen Wirklichkeit werden, wo der Geist Gottes wirkt. Wir sind dann, und nur dann, frei, wenn er die Herrschaft übernommen hat.

Denken wir noch einmal an die Worte aus 2. Korinther 3,17: „Der Herr ist der Geist; wo aber der Geist des Herrn ist, da ist Freiheit." Freiheit und Herrschaft gehören demnach im Leben des Gläubigen untrennbar zusammen. Wenn wir nun lesen, dass überall da, wo der Geist des Herrn ist, auch Freiheit herrscht, dann können wir das durchaus wörtlich nehmen.

Freiheit wird dann zur Wirklichkeit, wenn wir uns der Herrschaft Gottes unterstellen. Und wir sind nur in dem Maße voll Heiligen Geistes, in dem wir uns seiner Macht ausliefern. Auch wenn der Geist des Herrn immer in uns ist, so durchströmt er doch nur die Bereiche unseres Lebens, in denen er die Herrschaft hat. Freiheit fließt, wo der Geist des Herrn fließt.

Das stellt uns vor eine interessante Frage. Können Sie sich erinnern, dass Sie jemals in einem Bereich Ihres Lebens Freiheit erlebten und in einem anderen gebunden blieben? Manchmal kann es nämlich passieren, dass wir in einem Bereich Gott die volle Gewalt überlassen, während wir sie ihm in einem anderen vorenthalten.

Wie also können wir völlig frei werden? Müssen wir Gottes Wort so lange studieren, bis wir dann endlich Freiheit erfahren? Müssen wir dem Feind entschieden entgegentreten, damit wir frei werden? Nein. Erst wenn wir beschließen, keinen einzigen Bereich unseres Lebens Gottes Herrschaft zu entziehen, werden wir völlige Freiheit erfahren.

Entscheidend ist, dass wir ihm jeden Bereich unseres Lebens unterstellen.

Ich möchte aber noch einmal betonen, dass ein gehorsames Leben nicht unbedingt ein vollkommenes Leben ist. Gehorsam ist nicht gleichbedeutend mit Sündlosigkeit, sondern er bedeutet, dass wir, wenn wir gesündigt haben, unsere Sünden bekennen und bereuen. Gehorsam heißt nicht, dass wir einen Zustand anhaltender Frömmigkeit erreichen, sondern dass wir beständig Gott nachfolgen. Gehorsam heißt auch nicht, dass wir versuchen eine Reihe von Gesetzen zu befolgen und uns dabei doch nur elend fühlen, sondern dass wir dem Geist Gottes erlauben, frei durch uns hindurchzuströmen. Gehorsam heißt, Gottes Wort zu lieben und zu schätzen und zu erkennen, dass es unsere Sicherheit ist.

Wissen Sie, warum Christus letztlich auf diese Erde gekommen ist? Er hat immer wieder davon gesprochen:

- In Gethsemane betete er: „So geschehe dein Wille!“ (Matthäus 26,42).
- „Meine Speise“, sagte er, „ist die, dass ich tue den Willen dessen, der mich gesandt hat, und vollende sein Werk“ (Johannes 4,34).
- „Ich bin vom Himmel gekommen, nicht damit ich meinen Willen tue, sondern den Willen dessen, der mich gesandt hat“ (Johannes 6,38).

Der einzige Sohn des Vaters kam, um den Willen seines Vaters zu tun. Selbst die Beziehung zwischen Vater und Sohn war wie die zwischen Töpfer und Ton. Christus gehorchte dem Töpfer. Als irdisches Gefäß musste er völlig auf den Willen des Vaters vertrauen. Obwohl er Ablehnung, Leid und Schande erfahren musste, akzeptierte er die ihm von Gott übertragene Aufgabe auch in den schwierigen Phasen, weil er dem Herzen des Vaters vertraute.

Ich glaube jedoch, Jesu unbedingter Gehorsam gegenüber dem Vater entsprang nicht nur der Liebe, sondern hatte noch zwei andere Gründe: Jesus glaubte, dass Gott das Recht hat zu herrschen, und er glaubte, dass Gottes Herrschaft recht ist. Die erste Aussage wollen wir uns jetzt noch etwas näher ansehen. Im nächsten Kapitel beschäftigen wir uns dann mit der Richtigkeit von Gottes Herrschaft.

Eine der wichtigsten Botschaften aus dem Propheten Jesaja haben wir uns bereits angesehen: Gehorsam ist ein Freifahrtschein in die Freiheit, Ungehorsam ist der Fahrschein in die Sklaverei. Es ist kein Zufall, dass gerade Jesaja viel über Gottes Recht zu herrschen und die Richtigkeit seiner Herrschaft zu sagen hat. In den Kapiteln 40, 45 und 46 spricht der Prophet besonders eindrücklich von Gottes Herrschaft über die Schöpfung, über die Götzen und über die Menschen. Die Kapitel enthalten außerdem persönliche Aussagen über Gottes absolute Einzigartigkeit. Ich möchte Ihnen Mut machen, sich einmal intensiv mit diesen Texten zu befassen. Lesen Sie die folgenden Abschnitte aus Jesaja: 40,12-28; 45,5-25 und 46,1-13. Unterstreichen Sie die Aussagen, aus denen hervorgeht, dass Gott der Herr über die Schöpfung, über die Götzen und über die Menschheit ist. Und markieren oder schreiben Sie die Verse heraus, in denen von seiner Einzigartigkeit die Rede ist. Hier ein Beispiel für jede Kategorie:

▷ *Schöpfung:* Er misst die Wasser mit der hohlen Hand (Jesaja 40,12).
▷ *Götzen:* Götzen sind von Menschen gemacht (Jesaja 40,19).
▷ *Menschheit:* Kein Mensch kann Gott verstehen oder ihm raten (Jesaja 40,13)
▷ *Gottes absolute Einzigartigkeit:* „Mit wem wollt ihr mich vergleichen?“ (Jesaja 40,25).

Wenn ich diese Texte lese, werde ich wieder ganz klein und demütig. Manchmal brauchen wir eine große Dosis Gott, um unser aufgeblähtes Ego zu kurieren. Lange bevor ein gewisser „Visionär“ entdeckte, dass die Erde rund ist, thronte Gott über dem Erdenrund. Lange bevor die Menschen so „aufgeklärt“ waren, schuf Gott Licht und Finsternis. Lange bevor die erste Milliarde Dollar in die Weltraumforschung gesteckt wurde, bestimmte Gott die Weite des Himmels. Lange bevor es einen „Anfang“ gab, hatte Gott schon das Ende geplant. Wie Petrus auf dem Berg der Verklärung sind wir oft so sehr mit dem Bau unserer Hütten beschäftigt, dass wir die Herrlichkeit, die Gott direkt vor unseren Augen offenbart, gar nicht sehen.

Dabei machen wir das Leben viel komplizierter, wenn wir meinen, es ginge „nur um mich“, denn der Rest der Welt will einen in dieser Haltung ja nie unterstützen. Niemand ist entsprechend informiert worden. Wenn wir also meinen, wir seien der Mittelpunkt des Universums, dann sind wir ständig frustriert, weil der Rest der Schöpfung sich weigert, sich um uns zu drehen.

Doch das Leben wird viel einfacher und die Zufriedenheit ist viel größer, wenn wir zu begreifen beginnen, was eigentlich unsere Rolle ist. Gott ist Gott. Von unserer Warte aus geht es nur um ihn. Gott sei Dank ist er der Mittelpunkt des Universums. Wie aber können wir mit einer Mentalität leben, die allein auf Gott ausgerichtet ist? Frei! Denn von Gottes Warte aus geht es nur um uns. Er will uns vollkommen machen – und dann funktioniert das Leben. Nicht ohne Probleme, aber mit einem Plan.

Ohne den Töpfer ist Ton einfach Dreck. „Da machte Gott der Herr den Menschen aus Erde vom Acker und blies ihm den Odem des Lebens in die Nase. Und so ward der Mensch ein lebendiges Wesen" (1. Mose 2,7).

Ich bin Gott, und sonst keiner mehr,
ein Gott, dem nichts gleicht.
(Jesaja 46,9)

Kapitel 31

Gottes Herrschaft ist recht

Aber mein Heil bleibt ewiglich, und meine Gerechtigkeit wird nicht zerbrechen. (Jesaja 51,6b)

Ich habe einen ganz bestimmten Albtraum, der sich immer wieder wiederholt – nämlich dass ich einer ungerechten Autorität gehorchen muss. Falls Sie meinen, ich hätte keine Probleme mit dem Gehorsam, dann lassen Sie mich ein paar Dinge klarstellen. Ergebung und Unterordnung fallen mir etwa so leicht, wie einen Wurf Stachelschweine zu streicheln. Ein Kind, das gezwungen wurde, Dinge zu tun, die es nicht wollte, will sich von niemandem mehr sagen lassen, was es zu tun hat – nie.

Bis zu ihrem Tod hat mich meine Mutter jedes Mal, wenn ich auf irgendetwas beharren wollte, daran erinnert, dass unser Hausarzt, als ich noch klein war, mir oft wegen einer Ohrenentzündung das Schwimmen verboten hat.

Mama sagte, ich hätte dann immer die Augen zusammengekniffen, so böse geguckt, wie ich nur konnte, und ihm geantwortet: „Ach ja? Sie haben mir überhaupt nichts zu sagen!"

Dummerweise war der Arzt auch der Vorsitzende des örtlichen Sportvereins, deshalb erwiderte er: „Nein, aber ich bin der Chef vom Schwimmbad und wehe dir, wenn ich dich dort erwische."

Sofort fing ich an, um einen Swimmingpool in unserem Garten zu betteln, damit ich selbst bestimmen konnte, was ich tun wollte.

Das Problem ist, dass Gott uns nicht dazu erschaffen hat, selbst über uns zu bestimmen. Er hat unsere Psyche so angelegt, dass sie eine Autorität über sich braucht, damit wir nach seinen besonnenen Regeln sicher leben können. Satan versucht uns jedoch aus Gottes Herrschaftsbereich wegzuziehen, indem er uns vormacht, wir könnten unser eigener Produzent und Regisseur sein. Der Apostel Paulus erklärt in Römer 6,16, dass es für uns unmöglich ist, über unser Leben und unser Schicksal zu bestimmen:

Wisst ihr nicht: Wem ihr euch zu Knechten macht, um ihm zu gehorchen, dessen Knechte seid ihr und müsst ihm gehorsam sein, es sei der Sünde zum Tode oder dem Gehorsam zur Gerechtigkeit.

Wir haben nur zwei Möglichkeiten: Wir können Knechte eines liebevollen Gottes sein oder Knechte der Sünde. Eine dritte Tür steht uns nicht offen. Wir sollten uns aber nicht darüber ärgern, dass der Vers uns als Knechte bezeichnet. Weil wir geschaffene Wesen sind, brauchen wir einen Herrn. Die Frage ist nur: Wer ist das? So wichtig das vorige Kapitel für mich war, dass Gott ein Recht hat zu herrschen ist nicht mein Hauptmotiv, um ein Leben im Gehorsam zu führen. Ich habe etwas dagegen, jemandem nur aufgrund seiner Stellung zu gehorchen. Es schockiert Sie vielleicht, aber ich würde es wohl eher darauf ankommen lassen, die Ewigkeit in der Hölle zu verbringen, als meine Knie nur deshalb vor einem Herrscher zu beugen, weil er gerade das Sagen hat.

Mein Hauptmotiv für ein Leben im Gehorsam ist vielmehr der unbedingte Glaube, dass der Eine, der ein Recht darauf hat zu herrschen, auch der ist, dessen Herrschaft recht ist. Ich versuche Gott zu gehorchen, weil ich von ganzem Herzen glaube, dass er immer gut ist, immer Recht hat und mich in einer Art und Weise liebt, die ich nie begreifen werde.

Sie können sich wahrscheinlich gar nicht vorstellen, was ich dabei empfinde, wenn ich die drei Worte schreibe: Ich vertraue Gott. Nachdem ich ein Leben lang Probleme hatte, anderen zu trauen, ist es für mich kaum zu fassen, dass ein solches Wunder der Gnade an mir geschehen konnte. Aber es ist passiert. Es mag Ihnen albern vorkommen, aber ich liebe Gott so sehr, dass ich es manchmal kaum erwarten kann, dass er mich um etwas bittet, was ein bisschen schwierig ist, damit ich ihm gehorchen kann. Nicht nur liebe ich Gott und vertraue ihm. Ich liebe es, ihm zu vertrauen. Für mich ist das eine ständige Erinnerung an das große Wunder, das in meinem Leben geschehen ist.

Und wie steht es mit dem Gehorsam gegenüber anderen Menschen?

Ich habe es ganz langsam gelernt, Gottes Allmacht so weit zu vertrauen, dass jeder sich hüten sollte, der auf dieser Erde von mir Gehorsam erwartet – sonst bekommt er es mit Gott zu tun.

Nun, wo ich so offen mit Ihnen war, sind Sie an der Reihe. Haben auch Sie Probleme mit Autoritäten? Wenn ja, wie ist Ihnen das bewusst geworden? Was ist mit Gottes Autorität? Wie sehr sind Sie davon überzeugt, dass Sie ihm vertrauen können? Unser nächster Text macht uns Mut, zu vertrauen und zu gehorchen. Wenn Sie das Gefühl haben, Sie stünden, was das Vertrauen angeht, erst am Anfang, dann müssen Sie vielleicht einfach einen Glaubensschritt tun und gehorchen, damit Sie es lernen, Vertrauen zu wagen.

Jesaja 51 beginnt mit der Aufforderung: „Hört mir zu." Immer wieder versucht Gott, die volle Aufmerksamkeit seiner Leser zu gewinnen.

Hört mir zu, die ihr der Gerechtigkeit nachjagt, die ihr den Herrn sucht. Schaut den Fels an, aus dem ihr gehauen seid, und des Brunnens Schacht, aus dem ihr gegraben seid. Schaut Abraham an, euren Vater, und Sara, von der ihr geboren seid. (Jesaja 51,1-2)

Im Galaterbrief sehen wir, dass diese Verse sich auf die Heidenchristen genauso beziehen wie auf die Juden: „Gehört ihr aber Christus an, so seid ihr ja Abrahams Kinder und nach der Verheißung Erben" (Galater 3,29). Wenn wir nach dem Felsen schauen, aus dem wir gehauen sind, dann können wir ...

- ▷ ... glauben, dass Gott das Unmögliche tun kann (1. Mose 18,14).
- ▷ ... zugeben, wie sinnlos es ist, die Dinge selbst in die Hand zu nehmen (1. Mose 16).
- ▷ ... glauben, dass Gott uns auch dann noch liebt und gebrauchen kann, wenn wir Umwege machen – wenn wir bereit sind, auf seinen Weg zurückzukehren (1. Mose 17).
- ▷ ... glauben, dass Gott uns wegen unseres Glaubens trotzdem für gerecht ansieht, auch wenn unsere Gerechtigkeit ist wie ein beflecktes Kleid (1. Mose 15,6; Jesaja 64,5).
- ▷ ... glauben, dass auf den Gehorsam Segen folgt (1. Mose 22,18).

Weil Gott so barmherzig ist, kann er aus den Trümmern, Wüsten und dem dürren Land im Leben seiner Kinder Wunder wirken.

Ja, der Herr tröstet Zion, er tröstet alle Trümmer und macht ihre Wüste wie Eden und ihr dürres Land wie den Garten des Herrn. (Jesaja 51,3)

Hatten Sie je das Gefühl, das Leben würde Sie wie eine Meereswoge überrollen und Sie müssten in der Flut ertrinken? Jesaja hält uns vor Augen, dass Gott auch für uns tun kann, was er für Mose tat. Er machte „den Grund des Meeres zum Wege, dass die Erlösten hindurchgingen" (Jesaja 51,10b).

Oder kamen Sie sich vor wie ein Gefangener? Ich schon! Hatten Sie je das Gefühl, Sie würden nie wieder freikommen? Ich liebe die Worte aus Jesaja 51,14: „Der Gefangene wird eilends losgegeben." Glauben Sie es und nehmen Sie es für sich in Anspruch! Gehorchen Sie und erfahren Sie, dass Sie vertrauen können! Gönnen Sie es dem Feind nicht, dass er Ihre Vergangenheit schon wieder gegen Sie verwenden kann. Gott sagt, dass er etwas Neues schaffen will:

Gedenkt nicht an das Frühere und achtet nicht auf das Vorige! Denn siehe, ich will ein Neues schaffen, jetzt wächst es auf, erkennt ihrs denn nicht? Ich mache einen Weg in der Wüste und Wasserströme in der Einöde. (Jesaja 43,18-19)

Ich möchte am liebsten Halleluja rufen! Ja, Gott hat ein Recht zu herrschen. Aber besser noch, Gottes Herrschaft ist recht! Er kann nichts Verkehrtes von uns verlangen und uns auch nicht auf den falschen Weg führen. Er weiß um unsere Probleme mit dem Gehorsam. Er weiß, wo unser Vertrauen missbraucht wurde. Er sagt: „Hört mir zu ... hört mir zu ... ich, ich bin euer Tröster ... ich bin der Herr, dein Gott" (Jesaja 57,1.7.12.15). Und das heißt doch eigentlich: „Mein Kind, ich bin für dich und nicht gegen dich! Wann wirst du endlich aufhören, dich gegen mich zu wehren?"

Kapitel 32

Gottes Herrschaft im Alltag

Herr, sei uns gnädig, denn auf dich harren wir! Sei unser Arm alle Morgen, dazu unser Heil zur Zeit der Trübsal! (Jesaja 33,2)

Letztes Jahr hatte mein geliebter Vater einen Schlaganfall und ich fuhr mit ihm in der Ambulanz. Die Sanitäter waren wundervoll und obwohl ich für ihren Einsatz dankbar war, haben wir keine Telefonnummern ausgetauscht und uns auch nicht zum Essen verabredet. Manchmal verhalten wir uns Gott gegenüber genauso. Er hilft uns aus einer Notlage. Wir sind dankbar für seine Hilfe, aber wir bleiben nicht in Kontakt, nachdem die Krise überstanden ist. Doch Dankbarkeit für sein Nahesein entwickeln wir nicht in Krisen. Sie entsteht im Alltag – im Banalen viel eher als im Besonderen.

In meinem alltäglichen Verhalten gegenüber Gott kam es zu einer tief greifenden Veränderung, als mir aufging, dass Gott wollte, dass ich mit ihm gehe. Jahrelang hatte ich Gott gebeten, mit mir zu gehen. Als wenn der Ton den Töpfer drehen wollte! Ich wollte mit meinen tönernen Füßen dorthin gehen, wohin mein Herz mich führte, und der Töpfer sollte mein kleines, egoistisches Herz dabei segnen. Meine Tonfüße wurden in ein paar schrecklichen Feuern gebrannt, die ich durch die fehlgeleiteten Wünsche meines eigenen Herzens entzündet hatte. Schließlich ging mir auf, dass Gott mich dann segnen würde, wenn ich tat, was er sagte. Wenn wir lernen, mit Gott zu gehen, statt ihn zu bitten, dass er uns begleitet, dann ist das zu unserer eigenen Sicherheit und Freude. Im täglichen Gehorsam gegenüber Gott zu leben ist die beste Methode, damit sich sein wunderbarer Plan erfüllen kann.

Stellen Sie sich einmal vor, Sie stünden neben Gott im Himmel und er würde Ihnen den Plan zeigen, den er für Ihr Leben hatte. Er beginnt mit dem Tag Ihrer Geburt. Nachdem Sie Jesus als Ihren Erlöser angenommen haben, ist jeder Tag in Rot eingezeichnet. Durch jeden Tag Ihres Lebens führen Fußspuren. An vielen Tagen sind es zwei Spuren.

Sie fragen: „Vater, sind das meine Spuren und die zweite Spur ist von dir, wenn du mich begleitet hast?"

Er erwidert: „Nein, mein liebes Kind. Die Spuren, die du jeden Tag siehst, sind von mir. Das zweite Paar sind deine, wenn du mit mir gegangen bist."

„Wo wolltest du hin, Vater?"

„Zu dem Leben, das ich für dich geplant habe. Und ich habe gehofft, dass du mir folgst."

„Aber wo sind dann meine Spuren?"

„Manchmal bist du zurückgegangen, um alten Groll oder alte Gewohnheiten anzusehen. Manchmal bist du deine eigenen Wege gegangen. Es gibt auch Zeiten, wo deine Spur auf dem Plan eines anderen erscheint, weil dir dieser Plan besser gefiel. Und manchmal bist du einfach stehen geblieben, weil du etwas nicht loslassen wolltest, was du nicht mitnehmen konntest."

„Aber Vater, wir sind doch irgendwie angekommen, auch wenn ich nicht jeden Tag mit dir gegangen bin, nicht wahr?"

Er zieht Sie an sich und lächelt: „Ja, mein Kind, wir sind irgendwie angekommen. Aber weißt du, ‚irgendwie' war eigentlich nicht das, was ich mit dir vorhatte."

Scheint Ihnen das weit hergeholt? Leider ist es ziemlich biblisch. Die Bibel sagt uns häufig, warum wir auf Gottes Wegen anstatt auf unseren eigenen gehen sollten: „Von ganzem Herzen danke ich Gott dafür, dass er uns überall im Triumphzug Christi mitführt" (2. Korinther 2,14, Hfa).

Vergessen wir es nicht, auch wenn wir ständig mit Gott unterwegs sind, heißt das nicht, dass wir vollkommen sind. Es heißt, dass wir stolpern können, aber wir werden nicht fallen. Wir wollen uns einmal anschauen, was Gott uns durch den Propheten Jesaja über den Alltag mit ihm zu sagen hat. In Jesaja 33,2-6 sehen wir die ersten drei von fünf Ergebnissen.

1. Gott bietet uns für jeden Tag seine Stärke und sein Heil an

„Sei unser Arm alle Morgen, dazu unser Heil zur Zeit der Trübsal" (Jesaja 33,2). In Psalm 84,6 heißt es: „Wohl den Menschen, die dich für ihre Stärke halten und von Herzen dir nachwandeln." Wie oft denken wir daran, dass wir auf einem Weg sind, der uns zu einem herrlichen, himmlischen Ziel führt? Wir mögen von einer Prüfung in die andere geraten, aber nach Psalm 84,8 gehen wir auch „von einer Kraft zur andern".

2. Gott bietet uns für jeden Tag Sicherheit

„Und du wirst sichere Zeiten haben" (Jesaja 33,6). Ein gehorsames Leben entspringt einem gehorsamen Alltag und ein siegreiches Leben ist die Folge eines siegreichen Alltags. Genauso muss unser Alltag aufbauend sein und auf dem sicheren Grund Jesus Christus bauen, wenn wir ein konstruktives Leben führen wollen. In einer Erklärung zu diesem Vers steht in einer anderen Bibelübersetzung für das Wort *Sicherheit* der Begriff *Festigkeit*. Mir gefällt der Gedanke, dass Gott unsere Festigkeit ist. Ihnen auch? Zu den Vorrechten, die wir bei Gott haben, gehört, dass er jeden Tag unsere Stärke und Sicherheit sein will.

3. Gott bietet uns für jeden Tag Weisheit und Klugheit an

„Und du wirst sichere Zeiten haben; Reichtum an Heil, Weisheit und Klugheit" (Jesaja 33,6). Wenn wir Tag für Tag an Christi Seite gehen, dann färben seine Weisheit und Klugheit immer mehr auf uns ab. Weisheit bedeutet, dass wir wissen, wie wir mit der Klugheit umzugehen haben, dass wir wissen, wie wir unser Wissen einsetzen sollen. Gott will uns Tag für Tag in seiner eigenen Weisheit und Klugheit führen. Er ist es, der den Plan hat. In Psalm 119,105 finden wir dafür ein schönes Bild. Dort heißt es, sein Wort ist „meines Fußes Leuchte" – also ein Wegweiser für die nächsten Schritte. Es ist auch ein „Licht auf meinem Wege" – also ein Wegweiser in die nahe Zukunft. Gottes Wort streut Licht auf unseren „aktuellen" Weg und auf die unmittelbar bevorstehende Zukunft, damit wir wissen, welche Schritte wir unternehmen sollen. Aber damit wir weiter sehen, müssen wir erst einmal den Weg gehen, der heute beleuchtet ist, und dann weiterfragen. Wenn Sie mir ein bisschen ähnlich sind, dann würden Sie vielleicht nicht nachfragen, wenn Sie schon den ganzen Plan sehen könnten.

Die letzten beiden Ergebnisse finden wir in Jesaja 50.

4. Gott bietet uns für jeden Tag ein Wort zum Morgen an

„Alle Morgen weckt er mir das Ohr, dass ich höre, wie Jünger hören" (Jesaja 50,4). Ich glaube, dass wir, wenn Gott uns am Morgen weckt, besonders aufnahmefähig sind für das, was er uns sagen will. Am Anfang des Tages hatten wir noch keine Zeit, einen falschen Weg einzuschlagen.

5. Gott bietet uns für jeden Tag den Sieg an (Jesaja 50,7-8)

Wir können in unserem Leben als Christ den Kämpfen nicht entgehen. Satan nimmt wegen guten Betragens nicht frei. Wie wunderbar sind da die Worte des Propheten:

Aber Gott der Herr hilft mir, darum werde ich nicht zuschanden. Darum hab ich mein Angesicht hart gemacht wie einen Kieselstein; denn ich weiß, dass ich nicht zuschanden werde. Er ist nahe, der mich gerecht spricht; wer will mit mir rechten? Lasst uns zusammen vortreten! Wer will mein Recht anfechten? Der komme her zu mir! (Jesaja 50,7-8)

Jeder Tag kann Probleme bringen, aber an jedem Tag ist einer da, der Probleme lösen kann. Satan will uns beschämen, verklagen, verdammen. Jeden Tag müssen wir unser Angesicht hart machen wie einen Kieselstein, müssen entschieden auf Christus schauen und ihm Schritt für Schritt zum Sieg folgen. Wir wollen mit einem Blick auf Jesaja 50,10-11 schließen:

Wer ist unter euch, der den Herrn fürchtet, der der Stimme seines Knechts gehorcht, der im Finstern wandelt und dem kein Licht scheint? Der hoffe auf den Namen des Herrn und verlasse sich auf seinen Gott! Siehe, ihr alle, die ihr ein Feuer anzündet und Brandpfeile zurüstet, geht hin in die Glut eures Feuers und in die Brandpfeile, die ihr angezündet habt! Das widerfährt euch von meiner Hand; in Schmerzen sollt ihr liegen.

Egal wie lange wir schon mit Gott unterwegs sind, es gibt immer noch Tage, die finster scheinen. In solchen Zeiten sagt uns Gott, dass wir auf seinen Namen hoffen und uns auf ihn verlassen sollen. Mir ist Hiob 23,10 ein besonderer Trost, wenn ich nicht weiß, was ich tun soll: „Er aber kennt meinen Weg gut." Wenn Sie das Gefühl haben, Sie hätten sich verirrt, fassen Sie Mut! Er kennt auch Ihren Weg. Halten Sie inne, schreien Sie zu ihm und bitten Sie ihn, Ihnen zu Hilfe zu kommen! Er wird Sie führen und wenn Sie wieder im Licht sind, werden Sie wie durch ein Wunder die Spuren sehen können, die Sie im Dunkel hinterlassen haben. Er hält Sie nie fester an der Hand, als wenn er Sie durch die Dunkelheit führt.

Was ist für Sie die größte Anfechtung, wenn Sie meinen, Gott würde Ihnen den Weg nicht klar genug zeigen? Meine ist in Jesaja 50,11 sehr treffend wiedergegeben. Ich möchte mir gern selbst ein Feuer anzünden und im Licht meiner eigenen Fackel laufen. Ja, Sie und ich, wir werden beide immer wieder einmal vom Pfad abkommen, ganz gleich wie gehorsam wir ihm folgen wollen, weil unsere Füße aus Ton sind. Doch das Schöne an Gottes Licht ist dies: Es führt uns immer zurück auf den richtigen Weg. Egal wie weit der Umweg war, der Rückweg ist immer nur eine Abkürzung entfernt:

„Ich bin dein, hilf mir" (Psalm 119,94).

Teil V
Liebe, auf die man sich verlassen kann

Nun haben Sie schon ein weites Stück des Weges zurückgelegt und ich hoffe, dass Sie auf jeder Seite dieses Buches dem Herrn begegnet sind.

Erinnern Sie sich an die Hochzeit zu Kana? Der Speisemeister sagt da etwas über Jesus, das mich jedes Mal neu bewegt, weil es ihn so treffend beschreibt: „Jedermann gibt zuerst den guten Wein und, wenn sie betrunken werden, den geringeren; du aber hast den guten Wein bis jetzt zurückbehalten" (Johannes 2,10). Jesus hat anscheinend immer noch eine größere Überraschung für uns parat. Ich würde nicht unbedingt von einer göttlichen Eingebung reden, aber Christus bleibt sich auch diesmal treu. Ich glaube einfach, dass er noch größere Dinge für uns bereithält.

Was aber brauchen wir, wenn unsere Berge weichen? Wenn unsere Hügel hinfallen (Jesaja 54,10)? Babys sterben ohne sie. Kinder brauchen sie. Die Jugend fordert sie. Erwachsene suchen sie – die Liebe. Doch die wahre Freiheit finden wir nur in einer Liebe, in der Liebe, die sich nie ändert und uns nie im Stich lässt. Der Schlüssel zum Frieden lässt sich nur in einer Liebe finden, auf die man sich verlassen kann. Betrachten Sie deshalb gemeinsam mit mir Gottes unwandelbare Liebe.

Und lernen Sie das vierte Vorrecht auswendig – Gottes Frieden erleben.

Wer festen Herzens ist, dem bewahrst du Frieden; denn er verlässt sich auf dich. (Jesaja 26,3)

Kapitel 33

Auf der Suche nach Liebe

Denn es sollen wohl Berge weichen und Hügel hinfallen, aber meine Gnade soll nicht von dir weichen und der Bund meines Friedens soll nicht hinfallen, spricht der Herr, dein Erbarmer. (Jesaja 54,10)

Ich habe gerade ein Jahr voller nie da gewesener Veränderungen hinter mir. Es scheint, als sei nichts unberührt geblieben. Beziehungen, Umstände, die Umgebung – alles hat sich verändert. Deshalb habe ich mich dann an alles geklammert, was irgendwie feststand, als ginge es um mein Leben.

So hielt ich eines Morgens auf dem Weg zur Arbeit an der kleinen Bäckerei an, wie ich es eineinhalb Jahre lang getan hatte. Ich spazierte hinein und bestellte wie gewöhnlich: „Einen Bananen-Nuss-Bagel mit Frischkäse, bitte."

Die Verkäuferin sah mich freundlich an und sagte: „Die haben wir nicht mehr. Kann ich Ihnen etwas anderes anbieten?"

Verdutzt stand ich da, die Brauen bis zum Haaransatz hochgezogen. Ich war wohl eine ganze Zeit vom Schock gelähmt, denn irgendwann schob mich die Person hinter mir zur Seite und das war alles, was es brauchte, um mich in Tränen ausbrechen zu lassen. Auf dem Weg zum Auto blickte ich nach oben und fragte: „Gibt es hier eigentlich noch irgendetwas, worauf ich mich verlassen kann?"

Im Auto hatte ich das Gefühl, Gott würde zu mir reden: „Beth, ich will dich nicht verlassen und nicht von dir weichen."

Wir wollen gemeinsam die Liebe Gottes betrachten, die Leben rettet. Das Wort „Erbarmer" in Jesaja 54,10, bzw. „Erbarmen", kommt vom hebräischen *racham* und bezeichnet ursprünglich den Mutterleib, in dem das ungeborene Kind monatelang geborgen heranwächst. Es bezeichnet ebenso die subjektiv empfundene Liebe der Mutter zu ihrem Kind, aber auch die Liebe Gottes, der mit dem Bundesschluss sein Volk zu lieben versprochen hat, und die objektive Geborgenheit, die sich in der Vergebung auswirkt. Ist das nicht eine herrliche Definition? „Die subjektiv empfundene Liebe der Mutter zu ihrem Kind."

Ich habe nie so überwältigende, kaum zu beschreibende Gefühle erlebt wie die, die meine beiden Kinder in mir hervorgerufen haben. Die Babys machten mich zu einer Liebe fähig, wie ich sie vorher nie gekannt hatte, gleichzeitig war ich aber auch nie so sehr verletzlich.

Ich habe einmal gehört, wie ein Kinderpsychologe die Notwendigkeit von Konflikten und Machtkämpfen mit Teenagern erklärte. Er sagte, ein gewisses Maß an Schwierigkeiten sei nötig, wenn die Kinder erwachsen werden, sonst würden die Eltern es nie schaffen, ihnen „aus dem Nest" und in die Unabhängigkeit zu helfen. „Wenn die Bande, die zwischen uns und unserem kleinen Kind bestehen, sich mit der Zeit nicht ändern würden, dann könnten wir es nie loslassen", meinte er.

Sehen Sie sich nun noch einmal die Erklärung von „Erbarmen" an. Gott hegt für uns unser ganzes Leben lang die starken Gefühle, die das kleine Kind in seinen Eltern hervorruft, weil er uns nie loslassen muss. Er erzieht uns nicht dazu, das Haus zu verlassen. Er will vielmehr, dass wir heimkommen.

Ich mag Psalm 136. Sie entsinnen sich vielleicht an diesen Psalm, weil die ersten Verse alle mit den Worten „Danket dem Herrn" anfangen und jeder Vers mit dem Refrain endet: „Denn seine Güte währet ewiglich." Der Psalm feiert Gott als Schöpfer, als Sieger, als Erbarmer. Für Gefangene, die die Freiheit suchen, ist darum dies von allerhöchster Bedeutung: Gottes Wirken kann sich ändern, aber seine Liebe und Güte bleiben immer gleich und immer gleich stark. Seine Wege und Methoden werden sich jedoch in dem Augenblick verändern, wo wir meinen, wir hätten sie begriffen und erkannt.

Könige erheben sich und fallen, aber seine Güte währet ewiglich. Reiche kommen und gehen. Aber seine Güte währet ewiglich. Manchmal werden wir von körperlichen Gebrechen geheilt und manchmal nicht. Aber seine Güte währet ewiglich. Himmel und Erde werden vergehen. Aber seine Güte währet ewiglich.

Der Apostel Paulus verkündete dieselbe Wahrheit, als er schrieb: „Denn ich bin gewiss, dass weder Tod noch Leben, weder Engel noch

Mächte noch Gewalten, weder Gegenwärtiges noch Zukünftiges, weder Hohes noch Tiefes noch eine andere Kreatur uns scheiden kann von der Liebe Gottes, die in Christus Jesus ist, unserm Herrn" (Römer 8,38-39).

Ist Ihnen klar, dass wir gerade die Antwort auf unser größtes psychologisches Bedürfnis entdeckt haben? Hören Sie einmal, was Gottes Wort über die seelischen Bedürfnisse aller Menschen sagt. In einer amerikanischen Bibelübersetzung ist der Vers aus Sprüche 19,22: „Ein gütiger Mensch ist der Liebe wert", folgendermaßen wiedergegeben: „Wonach ein Mensch sich sehnt, ist Liebe, auf die er sich verlassen kann." Hier ist in wenigen Worten zusammengefasst, was wir uns alle am meisten wünschen. Merken Sie es sich gut! Jeder Mensch sehnt sich nach einer Liebe, auf die er sich verlassen kann. Überschwängliche Liebe, konkrete Liebe, radikale Liebe. Liebe, auf die wir zählen können. Der Taxifahrer, der Klempner, der Börsenmakler, das Model auf dem Laufsteg, die Schauspielerin, der Spaziergänger, der Drogendealer, der Lehrer, der Computerprogrammierer, der Atomphysiker, der Arzt, der Anwalt, der Präsident und der Hauswart, sie alle wünschen sich das Eine: Liebe, auf die Verlass ist.

In Sprüche 20,6 wird etwas Wichtiges über diese Liebe gesagt: „Viele Menschen rühmen ihre Güte (ihre Liebe); aber wer findet einen, der zuverlässig ist?" Paulus schildert die *agape* als eine Liebe, die nur Gott ganz besitzt und nur er geben kann. *Agape* ist das neutestamentliche Wort für die Gottesliebe, die im Alten Testament mit *chesed* bezeichnet wird und wörtlich als „huldreiche Liebe" wiedergegeben werden kann. (Bei Luther wird der Ausdruck meist mit „Güte" übersetzt.) Wir können nur dann mit dieser *agape* lieben, wenn wir alles andere aus unserem Herzen ausschütten und Gott bitten, es zu einem Krug für seine *agape* zu machen. Ehe wir überhaupt damit beginnen können, Gottes Liebe weiterzugeben, müssen wir sie selbst angenommen haben. Gott liebt uns mit vollkommener Liebe und „die vollkommene Liebe treibt die Furcht aus; denn die Furcht rechnet mit Strafe. Wer sich aber fürchtet, der ist nicht vollkommen in der Liebe" (1. Johannes 4,18).

Hatten Sie je Angst, jemand könnte aufhören, Sie zu lieben? Ich habe mich davor nicht nur gefürchtet, ich habe es selbst erlebt! Gott hat es in seiner Gnade zugelassen, dass einige meiner Ängste wahr wurden, damit ich entdecken konnte, dass ich daran nicht kaputtgehe. Gott hat mich gelehrt, mich auf seine Liebe zu verlassen. Es war nicht angenehm, aber es hat mich verändert!

Das Einzige, was ich nicht überleben würde, wäre der Verlust von Gottes Liebe. Aber diesen Verlust werde ich nie erleben. Denn seine Liebe währet ewiglich. Das meint er, wenn es heißt, die vollkommene Liebe treibt die Furcht aus.

Der Begriff „Güte", wie wir ihn vorhin erklärt haben, kommt in der Bibel über dreißig Mal vor, aber er bezieht sich nicht ein einziges Mal auf den Menschen. Jedes Mal geht es um Gott allein. Egal, wie viel Liebe andere Menschen weitergeben können, nie ist sie so gut wie Gottes Liebe.

Francis Frangipane schrieb in seinem wunderbaren Buch *Holiness, Truth, and the Presence of God* (Heiligkeit, Wahrheit und die Gegenwart Gottes): „Die Natur Christi hat zahlreiche Aspekte. Er ist der gute Hirte, unser Erlöser, unser Heiland. Wir erkennen Gott in dem Maße, wie wir ihn brauchen. Und so hat Gott es gewollt, denn er selbst ist unsere einzige Antwort auf tausend Bedürfnisse."[1]

Wie herrlich und wie wahr! Aber Gott ist nicht nur die Antwort auf tausend Bedürfnisse. Er ist auch die Antwort auf tausend Wünsche. Er ist die Erfüllung unseres allergrößten Wunsches. Denn ob wir es je merken oder nicht, was wir uns wünschen ist eine Liebe, auf die man sich verlassen kann. O Herr, lass uns erkennen – du bist, was wir uns wünschen, nicht nur was wir brauchen. Hüter und Liebe unseres Lebens. Retter unserer Seele und Freude unseres Herzens. Liebe, die nie vergeht – Liebe, die uns nie verlässt.

Kapitel 34

Liebe macht frei

Die sollen dem Herrn danken für seine Güte und für seine Wunder, die er an den Menschenkindern tut, dass er zerbricht eherne Türen und zerschlägt eiserne Riegel. (Psalm 107,15-16)

Vor kurzem habe ich ein kleines Experiment durchgeführt. Ich sprach zu einer Frauengruppe über die Liebe Gottes und bat sie, sich ihren Nachbarinnen zuzuwenden und zu sagen: „Gott hat mich lieb." Fast instinktiv wurde daraus ein: „Gott hat dich lieb." Ich unterbrach sie, machte sie auf die kleine Verwechslung aufmerksam und fragte, warum sie mit meiner Bitte Mühe hätten. Wir glauben gern, dass Gott die anderen liebt, aber es fällt uns schwer zu glauben, dass er uns genauso lieb hat, radikal, vollkommen, unablässig.

Einer der Gründe, warum ich mit dieser Erkenntnis selbst Probleme hatte, war der, dass ich meine eigenen Sünden und Schwächen nur allzu gut kannte – all die Gründe, warum Gott mich nicht lieben konnte. Es konnte doch wohl niemanden geben, der so schlimm war wie ich! Im Rückblick bin ich allerdings froh, dass ich nicht ins andere Extrem verfallen bin. Manche Menschen sind so selbstgerecht, dass sie meinen, Gott könne eigentlich niemanden so gern haben wie sie.

Warum fällt es uns so schwer zu glauben, dass Gott die Menschen, die wir für gut halten, genauso lieben kann wie jene, die in unseren Augen schlecht sind? Weil wir immer wieder versuchen, Gott mit menschlichen Eigenschaften auszustatten. Wir selbst neigen dazu, Menschen entsprechend ihres Verhaltens zu lieben, und wir versuchen immer wieder, Gott in unser Bild umzugestalten.

Darum wollen wir uns jetzt einmal ansehen, wie Gott das Herz der

Menschen sieht, die sich in ihrer Torheit gegen ihn auflehnen. Psalm 107 kann uns eine Warnung sein:

Die da sitzen mussten in Finsternis und Dunkel, gefangen in Zwang und Eisen, weil sie Gottes Geboten ungehorsam waren und den Ratschluss des Höchsten verachtet hatten. (Psalm 107,10-11)

Vers 12 ist eine regelrechte Ohrfeige: „So dass er [Gott] ihr Herz durch Unglück beugte." Wir wissen, dass Satan seine Opfer gefangen nimmt, aber der Gedanke, dass Gott den ungehorsamen Menschen leiden lässt, gefällt uns nicht.

Im nächsten Vers sehen wir, was er damit beabsichtigt: „Die dann zum Herrn riefen in ihrer Not" (Vers 13). Als Gottes Volk zu ihm rief, da „half er ihnen aus ihren Ängsten", damit sie ihn wieder preisen konnten.

Vers 20 ist ein weiteres Teil in unserem Puzzle: „Er sandte sein Wort und machte sie gesund und errettete sie, dass sie nicht starben." Wenn Gott aus irgendeiner Not hilft, dann dadurch, dass er sein Wort schickt.

Nur wenige Menschen sind so dankbar wie ein Gefangener, der befreit, oder ein Bedrängter, dem geholfen wurde. Hören wir, was Gott ihnen rät. Sie „sollen seine Werke erzählen mit Freuden" (Vers 22). Was für ein passender Psalm für unser Thema. Unser Herz wird nie gesund, solange wir es nicht lernen, Gottes Liebe und Güte anzunehmen und in ihr zu bleiben. Zwei Punkte, die uns unserem Ziel näher bringen können, möchte ich aus dem Psalm ableiten.

1. Gottes Liebe und Güte gilt auch den ungehorsamsten Gefangenen und den geplagtesten Toren

Psalm 107 ist erfrischend deutlich: Gottes Güte lässt ihn selbst für die schlimmsten Männer und Frauen die wunderbarsten Dinge tun, wenn sie in ihrer Not zu ihm rufen. Das hebräische Wort für „wunderbar" heißt *pala* und bedeutet „außerordentlich, wunderbar, erstaunlich". Man könnte meinen, diese Adjektive müssten nur den guten Kindern Gottes gelten, nicht wahr? Aber Gottes Wort sagt uns, dass er auch für die Allerschlimmsten, wenn sie zu ihm rufen, außergewöhnliche, wunderbare, erstaunliche Dinge tut. Warum? Weil er sie in seiner Güte liebt.

Ich bin überzeugt davon, dass Gott durch diese Betrachtungen auch unser geistliches Verständnis von seiner Liebe erweitern will. Denn wir erleben seine Güte nicht nur da, wo er Ketten zerbricht und aus Nöten hilft. Seine Liebe zeigt sich auch darin, dass er Ungehorsam und Auflehnung nicht übersieht und ungestraft lässt. Ich sehe verschiedene Wege, wie Gott mit ungehorsamen Menschen umgeht, damit sie zu ihm rufen:

- ▷ Er lässt es zu, dass sie in Finsternis und Dunkel sitzen (Vers 10). Unsere überfüllten Gefängnisse sind ein Beweis dafür, dass Rebellion buchstäblich in den Kerker führt. Genauso kann sie ins seelische Gefängnis von Finsternis und Nacht führen. Auch wenn sicher nicht jede Depression als Folge von Ungehorsam bezeichnet werden kann, so kann Eigenwille doch in die Depression führen. Ich denke, zu einer Depression kann es vor allem dann kommen, wenn ein Mensch Gott früher sehr nahe war. Nachdem ich die unbeschreibliche Freude an der Nähe zu Gott kennen gelernt habe, würde es mich auf jeden Fall deprimieren, wenn ich nicht mehr in der Gemeinschaft mit ihm leben könnte. Ich bin dankbar, dass Gott die Finsternis als Folge des Ungehorsams zulässt. Manchmal braucht er die Dunkelheit, um uns ins Licht zu führen!
- ▷ Er lässt es zu, dass ihr Herz durch Unglück gebeugt wird (Vers 12). In einer anderen Bibelübersetzung heißt es: „Darum zerbrach er ihren Stolz durch Zwangsarbeit" (Hfa). Ungehorsam kann am Anfang Spaß machen und wie ein Spiel sein, aber irgendwann wird es ernst. Gott lässt es zu, dass die Rebellion uns für eine gewisse Zeit zur Last und Bedrückung wird.
- ▷ Er lässt es zu, dass Menschen daliegen (Vers 12). Wir alle könnten sicher verschiedene Beispiele davon nennen, wie Ungehorsame stolpern, bis sie am Boden liegen. Ich hätte die paar Erkenntnisse, die ich als Teenager hatte, akzeptieren können, aber ich tat es nicht. Deshalb lag ich nicht nur am Boden. Ich zerbrach und ich verbrannte! Und ich bin froh darüber. Denn wäre ich nie gefallen, ich weiß nicht, ob ich je um Hilfe geschrien hätte.
- ▷ Er lässt es zu, dass niemand hilft (Vers 12). Wie dankbar bin ich Jesus, dass er in seiner Güte dafür gesorgt hat, dass die Hilfs-

versuche der anderen scheitern mussten. Klingt komisch, nicht wahr? Aber ich glaube, die meisten von uns würden Gott nicht als alleinigen Gott anerkennen, wenn wir nicht Krisen erlebten, in denen uns kein anderer helfen kann.

▷ Er lässt es zu, dass manche Menschen „geplagt" werden (Vers 17). Auch hier wieder gilt sicher, dass nicht jede „Plage", nicht jede Krankheit eine Folge des Ungehorsams ist. Aber Ungehorsam kann auch zu Krankheit führen. Ich kann mich noch an eine Zeit im College erinnern, in der ich mich gegen Gott auflehnte. Ich hatte keinen Appetit mehr und wurde krank. Aber ich war sicher nicht die Erste, die unter ihrer Sünde litt.

Schauen Sie noch einmal zurück auf die verschiedenen Arten, wie Gott auf Ungehorsam reagieren kann. Hebräer 12,5-11 macht ganz klar, dass alle diese Reaktionen vielmehr ein Beweis für Gottes unwandelbare Liebe und Güte sind als ein Zeichen seines Zorns und seiner Verdammung.

Mein Sohn, achte nicht gering die Erziehung des Herrn und verzage nicht, wenn du von ihm gestraft wirst. Denn wen der Herr lieb hat, den züchtigt er, und er schlägt jeden Sohn, den er annimmt.

Jede Züchtigung aber, wenn sie da ist, scheint uns nicht Freude, sondern Leid zu sein; danach aber bringt sie als Frucht denen, die dadurch geübt sind, Frieden und Gerechtigkeit. (Hebräer 12,5-6.11)

Sehen Sie, weil Gott uns so lieb hat, hat er es so eingerichtet, dass wir uns ganz jämmerlich fühlen, wenn wir ungehorsam sind. Damit kommen wir zum zweiten Punkt, der uns ermutigen soll.

2. Gott ringt um seine gefangenen Kinder, bis sie frei sind

Die schlimmste Folge unserer Auflehnung wäre, wenn Gott uns aufgeben würde. In Psalm 107 rebellierte Gottes eigenes Volk. Immer und immer wieder strafte er sie, aber er ließ sie nie im Stich. Halleluja!

Wenn ein Mensch ins Gefängnis muss, dann ist es heute weit verbreitet, dass der Partner die Scheidung einreicht. Nur wenige Gefangene haben draußen noch Menschen, die auch über eine längere Haft hinweg zu ihnen stehen. Viele würden am liebsten ganz vergessen, dass es Gefangene gibt. Sie sind die Nicht-Menschen unserer Gesellschaft. Derselbe Trend lässt sich in anderen Bereichen auch unter den Christen beobachten. Zwar werden Gefangene (vom Alkohol, Drogen, Homosexualität, Sex usw.) in unseren Gemeinden zunächst willkommen geheißen. Aber wenn sie nicht möglichst bald „frei" werden, dann werden sie auch ziemlich bald schief angesehen. Wir wollen Erfolgsgeschichten – mächtige Zeugnisse. Ein Gebundener in unserer Mitte verscherzt sich den freundlichen Empfang, wenn er sich nicht schnell ändert.

In gnädigem Gegensatz dazu steht Gott zu uns, bis wir frei sind. Er lässt uns nie im Stich. Er ist der Einzige, der sich nicht davon abschrecken lässt, wie tief unsere Not ist und wie lange wir darin verstrickt sind. Auch wenn Gott Sünde und Ungehorsam nie entschuldigt, er weiß genau, was uns zu unseren Handlungen treibt. Als ich heranwuchs, da hatte ich manchmal keine Ahnung, warum ich gewisse Dinge tat. Aber Gott wusste es. Auch wenn mein Ungehorsam Sünde war, Gottes Herz war voll Erbarmen. Durch liebevolle Züchtigung rang er um mich und wartete geduldig darauf, dass ich mein Gefängnis verließ.

Egal wie lange wir kämpfen, Gott gibt uns nie auf. Auch wenn wir alle menschlichen Quellen um uns herum erschöpft haben, er ist der unerschöpfliche Brunnen lebendigen Wassers. Er mag zulassen, dass unser Leben in der Gefangenschaft immer schwieriger wird, damit wir immer deutlicher merken, wie sehr wir darauf angewiesen sind, das zu tun, was die Freiheit in Christus erfordert – aber er wird sich nie von uns trennen. Er wirbt um uns und er wartet. Die Maßnahmen, mit denen er uns für die Freiheit gewinnen will, mögen manchmal hart sein. Oft sind sie aber viel stärkere Beweise für seine unwandelbare Liebe als alles, was wir an Gutem erfahren könnten. Nur wenige erfahren Gottes Liebe so wie ein Gefangener, der die Freiheit erhält. „Die sollen dem Herrn danken für seine Güte ... und sollen seine Werke erzählen mit Freuden" (Psalm 107,21-22). Liebe Leserin, wenn Gott für Sie zum einzigen Gott geworden ist, dann haben auch Sie eine herrliche Geschichte zu erzählen. Fangen Sie noch heute damit an.

Kapitel 35

Liebe erfüllt

Fülle uns frühe mit deiner Gnade, so wollen wir rühmen und fröhlich sein unser Leben lang. (Psalm 90,14)

Wo wäre ich ohne die Liebe Gottes? Alles, was ich besitze, was auch nur irgendeinen Wert hat, ist eine direkte Folge von Gottes Liebe. Ich möchte nun mit Ihnen eines der wunderbarsten Werke von Gottes *chesed* oder *agape* in meinem Leben betrachten – die Liebe, die mein tiefstes Verlangen stillte.

Wir wollen uns einmal dem Bericht im Johannesevangelium zuwenden, wo Jesus mit der Frau am Brunnen spricht. Aus der Begegnung wird uns Verschiedenes deutlich:

- ▷ Unstillbarer Hunger oder das unbändige Verlangen, von einer Sache nicht genug bekommen zu können, sind ein Hinweis darauf, dass bestimmte Bedürfnisse nicht befriedigt wurden, dass es „leere Stellen" gibt.
- ▷ Erlösung ist nicht gleichbedeutend mit Befriedigung. (Wir können gerettet und immer noch unzufrieden sein.)
- ▷ Zufriedenheit erfahren wir nur, wenn jede leere Stelle mit Christi Fülle erfüllt ist.
- ▷ Erlösung empfangen wir als ein Geschenk von Gott. Zufriedenheit in ihm finden wir, wenn wir alle Bereiche unseres Lebens ganz bewusst an ihn ausliefern.

Ich möchte Ihnen etwas verraten: Christen, die in Jesus volle Zufriedenheit erleben sollten, empfinden oft trotzdem ein unbestimmtes Gefühl der Leere und der Sehnsucht. Doch weil wir nicht bereit sind, uns diesen Mangel an Zufriedenheit einzugestehen, stellen wir auch nicht die richtigen Fragen: Warum habe ich das Gefühl, mir würde, obwohl ich Christ bin, noch etwas fehlen? Wie kann ich zufriedener werden? Und weil wir diese Fragen nicht in unseren gläubigen Kreisen stellen, verführt der Feind uns dazu, draußen nach gottlosen Antworten zu suchen.

Aber wir wollen es nicht vergessen – Zufriedenheit in Gott ist eines der fünf Vorrechte einer Beziehung zu Christus. Zufriedenheit und Fülle in Christus war nie als ein geheimer Schatz gedacht, den nur wenige finden können. Zufriedenheit ist eine Nebenwirkung unserer Beziehung zu Gott und jeder Gläubige sollte sie erfahren.

Petrus bringt klar zum Ausdruck, wie Gott es sich gedacht hat: „Alles, was zum Leben und zur Frömmigkeit dient, hat uns seine göttliche Kraft geschenkt durch die Erkenntnis dessen, der uns berufen hat durch seine Herrlichkeit und Kraft“ (2. Petrus 1,3). Entweder kann Jesus uns Zufriedenheit schenken und unsere Sehnsucht stillen oder Gottes Wort ist nicht wahr. Bevor ich die Fülle in Christus zu erfahren begann, wusste ich zwar irgendwie, dass Gottes Wort wahr ist und das Problem wohl bei mir lag. Aber um nichts in der Welt konnte ich erkennen, was das Problem war. Ich diente Gott. Ich liebte ihn, wenn auch auf sehr unreife Art. Aber trotzdem hatte ich mit einer Leere zu kämpfen, die mich an allen möglichen Orten nach Liebe und Anerkennung suchen ließ.

Nicht ein einziges Mal habe ich in meiner Jugend klare Worte über das vom Geist erfüllte Leben gehört. Vielleicht ist das einer der Gründe, weshalb ich jetzt nicht mehr davon schweigen will. Lassen Sie uns ein paar Dinge zusammenfassen.

In Johannes 4,24 heißt es, dass Gott seinem Wesen nach Geist ist. Verstehen Sie das bitte nicht so, als sei er einfach unsichtbar. Gott hat auf jeden Fall eine sichtbare und herrliche, wenn auch unbeschreibliche Gestalt. Aber mit unseren Augen können wir die geistige Welt jetzt noch nicht erfassen. Genauso wie Gott Geist ist, so ist er auch Liebe (1. Johannes 4,16). Liebe ist nicht etwas, das Gott tut. Liebe ist Gott. Gott müsste aufhören zu existieren, wenn er aufhören wollte zu lieben. Auch hier stehen wir wieder in der Versuchung, Gott mit unseren menschlichen Eigenschaften auszustatten, weil wir mit unserem begrenzten Wissen Liebe nur als Verb, als Tätigkeit begreifen. Doch bei Gott ist Liebe vor allem ein Substantiv, ein Zustand. Liebe ist das, was und wer er ist.

Wir wissen aus 1. Johannes 4,13-15 und Römer 8,9, dass Gott in der

Gestalt des Heiligen Geistes in jedem Menschen Wohnung nimmt, der seinen Sohn als Erlöser annimmt. Gott kann genauso wenig aufhören, Liebe zu sein, wie er aufhören kann, Geist zu sein. Wenn also der Geist Gottes in unser Leben kommt, dann kommt auch der Gott der Liebe. Denken wir nur an die Verheißung aus 2. Korinther 3,17: „Wo aber der Geist des Herrn ist, da ist Freiheit."

Sehen Sie, wie sich alles ineinander fügt? Wo Gott willkommen geheißen wird, da wird auch der Geist freigesetzt. Und wo der Geist gelöst wird, da wird es auch die Liebe. Wo wir aber Gottes liebenden Geist finden, da finden wir Freiheit. Wie wird der Geist Gottes freigesetzt? Durch das Bekenntnis und wenn wir sein Wort tun. Auf diesen Aspekt werden wir noch zu sprechen kommen. Im Moment will ich nur zeigen, wie alles ineinander greift.

Es geht mir um Folgendes: Wir werden nur an den Stellen Zufriedenheit – und damit Befreiung – erfahren, wo wir Gottes Liebe vollkommenen Zugang gewähren. Nichts bringt das besser zum Ausdruck als die vollmächtigen Worte des Apostels Paulus:

Deshalb beuge ich meine Knie vor dem Vater, der der rechte Vater ist über alles, was da Kinder heißt im Himmel und auf Erden, dass er euch Kraft gebe nach dem Reichtum seiner Herrlichkeit, stark zu werden durch seinen Geist an dem inwendigen Menschen, dass Christus durch den Glauben in euren Herzen wohne und ihr in der Liebe eingewurzelt und gegründet seid. So könnt ihr mit allen Heiligen begreifen, welches die Breite und die Länge und die Höhe und die Tiefe ist, auch die Liebe Christi erkennen, die alle Erkenntnis übertrifft, damit ihr erfüllt werdet mit der ganzen Gottesfülle.

Dem aber, der überschwänglich tun kann über alles hinaus, was wir bitten oder verstehen, nach der Kraft, die in uns wirkt, dem sei Ehre in der Gemeinde und in Christus Jesus zu aller Zeit, von Ewigkeit zu Ewigkeit! Amen. (Epheser 3,14-21)

Der Apostel erklärt in diesem Abschnitt, was Gott sich für uns wünscht.

Dass wir in der Liebe eingewurzelt und gegründet sind (Vers 17)

In wessen Liebe? In seiner. Das griechische Wort für „verwurzelt" lautet *rizo* und bedeutet „verwurzelt sein, mit Wurzeln gestärkt, fest verankert, beständig". Ein Baum oder eine Pflanze sind so stark, wie ihre Wurzeln tief sind. Je tiefer Sie und ich in der Güte Gottes verwurzelt sind, je weniger kommen wir ins Schwanken, wenn uns der Wind des Lebens ins Gesicht bläst.

Dass wir die ungeheure Liebe Christi begreifen (Vers 18)

Das Wort für „begreifen" lautet *katalambano*, „ergreifen, anpacken, in Besitz nehmen, überfallen – der Ergriffene greift nach dem unvergänglichen Siegeskranz". Gott möchte, dass wir die Breite und die Länge, die Höhe und die Tiefe der Liebe Jesu an uns reißen wie einen Siegeskranz.

Wir beschäftigen uns mit so vielen anderen Dingen. Wie wäre es denn, wenn wir einmal ein bisschen Energie dafür einsetzen würden, die Liebe Jesu zu ergreifen? Wir werden später noch ein paar Gründe nennen, warum die Kraft, die wir darauf verwenden, Gottes Liebe anzunehmen, sie zu ergreifen und in ihr zu bleiben, wirklich gut investiert ist. Sehen wir uns noch einmal kurz die genannten Definitionen an. Mir gefällt vor allem auch der Begriff „überfallen". Darin kommt etwas Plötzliches zum Ausdruck und ich habe selbst Zeiten erlebt, wo ich das Ungeheure der Liebe Gottes für einen kurzen Augenblick fast wie bei einem Überfall an mich gerissen habe.

Ich kann mich noch an eine Phase erinnern, wo ich innerlich zutiefst verletzt war. Normalerweise mache ich mit Keith einen Abendspaziergang, aber an jenem Abend war er nicht zu Hause. Ich hätte mich am liebsten in eine Ecke gesetzt und geheult, beschloss dann aber, die Kopfhörer aufzusetzen, eine schöne Anbetungsmusik aufzulegen und allein zum benachbarten Golfplatz zu laufen. Es war stockdunkel und außer mir schien niemand unterwegs zu sein. Je tiefer die Musik in mich eindrang, umso mehr wurden aus den Tränen des Schmerzes Tränen der Anbetung. Schließlich blieb ich stehen, streckte die Hände in die Höhe und pries und lobte Gott. In der Ferne zuckten ein paar Blitzstrahlen durch den Himmel wie ein Feuerwerk. Je mehr ich sang, desto mehr schien der Geist Gottes in den Blitzen zu tanzen. Ich habe solche Erlebnisse nicht sehr häufig, aber ich glaube, Gott hat mir da ein plötzliches Ergreifen seiner wunderbaren Liebe geschenkt.

Haben Sie es schon erlebt, dass Sie von der Größe der Liebe, die Gott für Sie ganz persönlich empfindet, förmlich überflutet wurden? Wenn nicht, bitten Sie ihn, Sie empfänglicher zu machen. Gott will seine Liebe zeigen. Bitten Sie ihn, Ihnen die geistlichen Augen zu öffnen, damit Sie seine wunderbare Liebe wahrnehmen können, auch da, wo Sie es nicht erwarten.

Dass wir die Liebe Christi erkennen, die alle Erkenntnis übertrifft (Vers 19)

Sehen Sie sich einmal die beiden Worte „erkennen" und „Erkenntnis" an. Für uns bedeuten sie dasselbe, aber die griechische Sprache ist da präziser. Das Wort „erkennen" heißt in diesem Vers *ginosko* und bedeutet: „erkennen, verstehen, wissen, merken, erfahren, wahrnehmen", auch die straf- und schiedsgerichtliche Urteilsfindung, die aus einem Abwägen gegebener Tatbestände resultiert, kann mit dem Wort wiedergegeben werden. „Erkenntnis" kommt hier vom griechischen *gnosis* und bedeutet „das momentane, bruchstückhafte Wissen im Gegensatz zu epignosis, dem klaren und genauen Wissen". Paulus meinte, dass wir die Liebe Christi, die alles momentane, bruchstückhafte Wissen übersteigt, erfahren und durch diese Erfahrung kennen und verstehen lernen sollen. Er betete darum, dass wir die Tiefe dieser Liebe wahrnehmen, die größer ist als alles begrenzte Wissen, das wir mit unserem Kopf aufnehmen können. Christus möchte, dass wir eine Liebe kennen lernen – und zwar durch das tägliche Abwägen –, die wir auch nur ansatzweise kaum durchschauen können.

Dass wir mit der ganzen Gottesfülle erfüllt werden (Vers 19)

Nun sehen wir, wie alles ineinander greift. Das Wort „erfüllt" heißt auf Griechisch *pleroo* und bedeutet „erfüllen, vollenden, einen Behälter füllen". Erinnern Sie sich noch an die leeren Stellen? Sie richten in unserem Leben vermutlich mehr Unheil an als irgendetwas sonst. Sie entstehen durch Not, Ungerechtigkeit, Verlust, Bedürfnisse, die nicht befriedigt wurden, und nicht zu vergessen die Hand Gottes, die Stellen aushöhlt, die nur er füllen kann. Als Sie Christus angenommen haben, da hat Gottes Geist in Ihnen Wohnung genommen. Er hat Sie mit dem Heiligen Geist erfüllt und möchte jeden Quadratzentimeter und jede leere Stelle mit der Fülle seiner Liebe ausfüllen.

Wissen Sie noch, was wir anhand von Sprüche 19,22 über unseren größten Wunsch gesagt haben? Gott hat, was wir brauchen. Er allein hat Liebe, auf die man sich verlassen kann, und er möchte Ihr Leben damit überfluten. Die Fülle Gottes ist keine einmalige Sache wie unsere Erlösung. Damit wir siegreich leben können, müssen wir es lernen, unser Herz jeden Tag vor Gott auszuschütten und täglich unsere Sünde zu bekennen, damit ihm nichts im Wege steht. Wir müssen jede leere Stelle erkennen und ihn einladen, uns ganz zu erfüllen. Und dann müssen wir das Feuer seiner Liebe nähren, indem wir sein Wort lesen, gute Musik hören und viel beten. Wir müssen auch Dinge vermeiden, die seinen Geist dämpfen. Wenn Sie es sich zur täglichen Gewohnheit machen, alle leeren Stellen von seiner Liebe füllen zu lassen, und darauf achten, dass Sie ihn dabei nicht behindern, dann werden Sie es erleben, wie Gott Ihnen Zufriedenheit schenkt, wie sie kein doppelter Cheeseburger vermitteln kann.

Ich praktiziere das, was ich Ihnen hier „predige“, fast jeden Tag. Ich beginne den Tag mit Gottes Wort. Irgendwann mitten in der morgendlichen Zeit mit Gott bitte ich ihn, all mein Sehnen zu stillen und alle leeren Stellen mit seiner überschwänglichen Liebe und Güte zu füllen. Das befreit mich davon, bei anderen nach Bestätigung zu suchen und zu erwarten, dass sie meinen „Becher“ füllen. Wenn sich dann noch jemand anderer Zeit nimmt, mir seine Liebe zu zeigen, dann ist das eine wunderbare Zugabe. Ich darf sie annehmen und mich darüber freuen, aber ich bin innerlich nicht darauf angewiesen.

Sehen Sie, wie Gottes Liebe Freiheit schenkt? Ich bin nicht nur frei; ich kann auch andere davon befreien, dass sie mich ständig seelisch aufmöbeln müssen. Halleluja! Wo die überschwängliche Liebe Gottes am Werk ist, da ist Freiheit. Probieren Sie es aus!

Wenn wir keine Zufriedenheit in Gott erleben, dann besteht irgendwo ein Hindernis und wir müssen herausfinden, was es ist, und Gott bitten, es aus dem Weg zu räumen. Das am weitesten verbreitete Hindernis besteht im Allgemeinen darin, dass wir ihn nicht an unsere leeren Stellen heranlassen.

Kapitel 36

Wer nicht an Gottes Liebe glaubt

Denn also hat Gott die Welt geliebt, dass er seinen eingeborenen Sohn gab, damit alle, die an ihn glauben, nicht verloren werden, sondern das ewige Leben haben. (Johannes 3,16)

Ich glaube, dass die Braut Christi, die Gemeinde aller Gläubigen, krank ist. Sie ist schwach und gebrechlich. Nicht aus Strafe oder Vernachlässigung, nicht, weil sie nicht genug zu essen und zu trinken hätte. Das Fleisch des Wortes Gottes und das Getränk des Heiligen Geistes sind vorhanden. Sie ist auch nicht wegen ihrer Kämpfe in diesem Zustand. Sie wird zwar vom Feind gebeutelt, aber nicht er ist es, der sie krank macht. Er versucht nur seinen Nutzen aus ihrer Lage zu ziehen. Ihre Krankheit kommt von innen. Die Braut Christi ist aus Unglauben krank. Und wir erkennen diese Krankheit nicht, weil die meisten von uns schon ihr Leben lang daran leiden.

Vor einigen Jahren fiel mir auf, dass ich irgendwie kraftloser war als üblich. In dem Augenblick, in dem ich merkte, dass mit mir etwas nicht stimmte, bekam ich jedoch einen kleinen Energieschub und meinte darum, ich hätte mir wohl doch nur etwas eingebildet. Nichtsdestotrotz ließ ich mein Blut untersuchen. Da es mir aber wieder besser ging, erklärte ich noch am selben Tag einer Freundin, ich hätte mich furchtbar geärgert, dass ich mein Geld für diesen Test verschwendet hätte. „Mir geht's gut! Manchmal bin zwar ich ein bisschen müde, aber das ist eigentlich alles. Das Geld hätte ich mir sparen können", sagte ich zu ihr.

Am Abend rief mein Arzt an und teilte mir das Untersuchungsergebnis mit. Er verordnete mir umgehend zwei Wochen Bettruhe wegen eines akuten Falls von Pfeifferschem Drüsenfieber.

Ich fragte ihn daraufhin, ob er sich wirklich sicher sei. „Mir geht's gar nicht so schlecht. Ich bin einfach nur müde!"

Ein paar Monate später konnte ich kaum glauben, wie gut es mir auf einmal ging. Ich war so lange krank gewesen, dass ich schon gar nicht mehr gewusst hatte, wie es ist, wenn es einem gut geht.

Ich glaube, dass die Gemeinde an einem kräftezehrenden Fall von Unglauben leidet. Aber sie hat schon so lange Beschwerden, dass sie gar nicht mehr weiß, wie sich echter Glaube anfühlt. Die fittesten Christen, denen wir je begegnen können, sind nicht die mit einer vollkommenen Gesundheit, sondern die, die täglich eine Dosis von Gottes Wort zu sich nehmen und bewusst an sein Wirken glauben.

Als ich anfing, für dieses Buch zu recherchieren und darüber zu beten, ließ Gott mir immer wieder ein bestimmtes Wort durchs Herz gehen: *Unglaube*. Ich hatte das Gefühl, er wolle mir sagen: „Mein Volk leidet am Unglauben." Damals hatte ich den Eindruck, es handele sich dabei um ein anderes Thema als das, was er mir nach und nach für dieses Buch zeigte. Doch schließlich begriff ich. Glaube ist eine unabdingbare Voraussetzung, wenn man frei werden will. Am Anfang unserer Bibelarbeit haben wir davon gesprochen, dass man den Felsbrocken des allgemeinen Unglaubens aus dem Weg räumen muss. Nun geht es um eine spezielle, besonders hinderliche Form des Unglaubens.

Immer wieder lese ich in meiner Post Sätze wie den Folgenden: „Es fällt mir so schwer, wirklich zu glauben und anzunehmen, wie sehr Gott mich liebt."

Also begann ich Gott zu fragen: „Herr, warum haben wir solche Mühe, zu glauben und zu akzeptieren, dass du uns liebst?" Ich hielt ihm jede Menge Antworten auf meine eigene Frage vor: „Liegt es an unserer Vergangenheit? An den Verletzungen aus der Kindheit? Wird uns eine ungesunde Lehre vorgesetzt? Liegt es an den lieblosen Menschen, die uns umgeben?" Ich hätte immer so weitermachen können, wenn er mich nicht unterbrochen hätte. Und er war doch tatsächlich so unverschämt, keine meiner Fragen anzukreuzen.

Klar wie eine Glocke sprach er durch seinen Heiligen Geist zu meinem Herzen: „Die Antwort auf deine Frage lautet – es liegt an der Sünde des Unglaubens." Dieser Gedanke war mir nie gekommen, doch seitdem bin ich ihn nicht mehr losgeworden. Spinnen Sie ihn einmal mit mir weiter. Nehmen wir an, ich hätte Gott richtig verstanden.

(Denn ich habe ihn mit Sicherheit auch schon falsch interpretiert.) Was meinen Sie, warum könnte es Sünde sein, nicht zu glauben, dass Gott uns ganz persönlich und überschwänglich liebt?

Lassen Sie mich mit einem Beispiel antworten. Aus verschiedenen Gründen bin ich mir völlig sicher, dass mein Mann Keith mich liebt. Er sagt es mir mehrmals am Tag. Er zeigt es mir auf alle möglichen Weisen. Er sagt, dass er im Verlauf des Tages oft an mich denkt. Und ich weiß, dass das stimmt, denn er ruft mich mindestens ein- bis zweimal pro Tag während der Arbeit an. Und er spricht mit anderen über seine Liebe zu mir. Oft erzählen mir Leute, sie hätten Keith gesehen und fahren damit fort: „Man merkt, dass er seine Frau liebt."

Ein Freund von ihm sagte einmal: „Ich will dir mal was sagen, Keith. Meine Frau ist eine wunderbare Köchin." Keith sah ihn an, dachte an meine Kochkünste und wusste zunächst nicht, was er darauf erwidern sollte. Schließlich sagte er: „Und meine Köchin ist eine tolle Frau!" Wir lachen heute noch darüber!

Keith zeigt mir seine Liebe auch darin, dass er es mir sagt, wenn ich seiner Meinung nach Unrecht habe. Er liebt mich genug, um mich davon abzuhalten, etwas Dummes zu sagen oder zu tun. Wenn Sie verheiratet sind und Ihr Partner nicht so liebevoll ist, verzweifeln Sie nicht! Gott hat Keith und mich in seiner Gnade schon mehrmals davon zurückgehalten, die Scheidung einzureichen. Also geben Sie nicht auf! Gott kann Wunder tun. Ich habe nur deshalb ein paar Gründe angeführt, warum ich davon überzeugt bin, dass mich jemand liebt, damit ich Ihnen im Folgenden Beweise für Gottes überschwängliche Liebe präsentieren kann. Hier meine Liste.

Gott sagt, dass er uns liebt

Sondern weil er euch geliebt hat und damit er seinen Eid hielte, den er euren Vätern geschworen hat, darum hat er euch herausgeführt mit mächtiger Hand und hat dich erlöst von der Knechtschaft, aus der Hand des Pharao, des Königs von Ägypten. (5. Mose 7,8)

Denn du, Herr, bist gut und gnädig, von großer Güte allen, die dich anrufen. (Psalm 86,5)

Wenn sie meine Ordnungen entheiligen und meine Gebote nicht halten, so will ich ihre Sünde mit der Rute heimsuchen und ihre Missetat mit Plagen; aber meine Gnade will ich nicht von ihm wenden und meine Treue nicht brechen. (Psalm 89,32-34)

Gottes Wort ist voller Liebeserklärungen. Er hat seine Liebe in seinem Wort bezeugt, damit wir nicht ständig auf einen Anruf warten müssen. Jedes Mal, wenn wir die Bibel aufschlagen, können wir hören, wie Gott uns sagt, dass er uns liebt. Wenn Sie sich nicht geliebt vorkommen, vertiefen Sie sich doch einmal in die Liebeserklärungen, die Gott an Sie richtet!

Gott zeigt uns seine Liebe

Vielleicht werden Sie von jemandem geliebt, der nicht sehr gefühlsbetont ist. Vielen Menschen fällt es schwer, ihre Gefühle zu zeigen, aber denken Sie daran, Gott ist kein Mensch. Im Wort *chesed* (dem hebräischen Begriff für Gottes Liebe) wie im Wort *agape* (dem griechischen Wort für die Liebe Gottes) ist der sichtbare Ausdruck von Zuneigung enthalten. Weil Gott Liebe ist, kann er gar nicht anders, als diese Liebe auch zu zeigen – selbst wenn dies manchmal durch Züchtigung geschehen muss. Er liebt uns, indem er uns segnet, unsere Gebete erhört, uns liebevoll zurechtweist, immer für uns sorgt, zu unseren Gunsten eingreift und vieles mehr.

Gott denkt ständig an uns

In Johannes 17,24 sagt Jesus: „Vater, ich will, dass, wo ich bin, auch die bei mir seien, die du mir gegeben hast." Ich glaube, der Himmel wird für uns Himmel sein, weil Jesus da ist. Aber Jesus meint, es sei der Himmel, weil wir da sind. Eine Liedzeile bringt das sehr gut zum Ausdruck: „Am Kreuz hat er an mich gedacht." Selbst wenn Sie sich im Bett herumwälzen und mitten in der Nacht aufwachen, gerade jetzt denkt Gott an Sie.

Gott bezeugt vor anderen, wie sehr er uns liebt

Ist das für Sie ein neuer Gedanke? Lesen Sie einmal in Johannes 17,23 nach, wie sehr Gott sie liebt: „Damit die Welt erkenne, dass du mich gesandt hast und sie liebst, wie du mich liebst." Christus möchte, dass die ganze Welt erfährt, dass Gott Sie und mich liebt, wie er ihn liebt. Gott ist stolz darauf, dass er uns gern hat.

Warum fällt es uns so schwer, an die Liebe Gottes zu glauben und sie anzunehmen? Die Frage stellt sich jetzt viel ernster, nicht wahr? Denn im Blick auf seine Liebe ist Unglaube für Gott wie eine Ohrfeige. Die Welt entstand, weil Gott sie liebte. Am Kreuz hat er seine Liebe zu uns angenagelt. Können Sie sich vorstellen, wie traurig ihn unser Unglaube macht, nach allem, was er für uns getan hat? Vielleicht sagen Sie jetzt: „Aber ich spüre einfach nicht, dass er mich liebt." Glaube ist kein Gefühl. Glaube ist eine Willenssache. Es wird noch manchen Tag geben, an dem wir uns nicht geliebt und nicht liebenswert vorkommen. Doch trotz unserer Gefühle können wir uns dafür entscheiden, Gott beim Wort zu nehmen.

Vielleicht sagen Sie auch: „Sie haben ja gar keine Ahnung, was ich durchgemacht habe!" Bitte hören Sie mich an. Ich habe vollstes Verständnis, denn auch ich bin von Menschen verletzt worden, die mich eigentlich hätten lieben sollen. Aber ich will Ihnen eines sagen: Niemand hat je mehr tun können, um Ihnen zu zeigen, dass Sie nicht geliebt sind, als Gott getan hat, um Ihnen zu beweisen, dass er Sie liebt.

Falls nötig, schreiben Sie doch einmal alle Gründe auf, wieso Sie so überzeugt sind, dass niemand Sie wirklich lieben kann. Dann notieren Sie, wo Ihnen Gott, der Herr der gesamten Schöpfung, etwas anderes gesagt hat. Daneben muss alles verblassen. Du, gläubiger Mensch, komm mit auf den Weg zu einem Leben des Glaubens! Gemeinde, steh auf vom Krankenbett deines Unglaubens! Wie fangen wir das an? Indem wir unseren Unglauben bereuen. Und dann rufen wir mit dem Mann aus Markus 9,24: „Ich glaube; hilf meinem Unglauben!"

Kapitel 37

Die Frucht der Liebe

Säet Gerechtigkeit und erntet nach dem Maß der Liebe! Pflüget ein Neues, so lange es Zeit ist, den Herrn zu suchen, bis er kommt und Gerechtigkeit über euch regnen lässt! (Hosea 10,12)

Wer glaubt, dass Gott liebt, ist anders als andere. Sehen wir uns doch einmal an, welchen Einfluss die Liebe Gottes auf ein paar der Schlüsselfiguren in der Bibel hatte. Ich hoffe, Sie finden die Gründe einladend genug, um auch zu denen gehören zu wollen, die Gott bei seinem liebenden Wort nehmen.

Mose war überzeugt, dass Gott in seiner Liebe sein Volk zu seiner „heiligen Wohnung" führen würde (2. Mose 15,13). David schrieb: „Wer aber auf den Herrn hofft, den wird die Güte umfangen" (Psalm 32,10). Nach der Zerstörung Jerusalems erkannte Jeremia: „Er betrübt wohl und erbarmt sich wieder nach seiner großen Güte" (Klagelieder 3,32). Der Apostel Paulus schrieb: „Aber Gott, der reich ist an Barmherzigkeit, hat in seiner großen Liebe, mit der er uns geliebt hat, auch uns, die wir tot waren in Sünden, mit Christus lebendig gemacht" (Epheser 2,4-5).

In Epheser 5,1-2 wird ausgesprochen, was die Liebe Gottes an seinen Kindern bewirkt: „Als die geliebten Kinder ... lebt in der Liebe, wie auch Christus uns geliebt hat." Gott ruft uns dazu auf, uns so zu verhalten, wie Kinder es tun, die geliebt werden. Denken Sie einmal über diese Aufforderung nach. Vielleicht hilft es uns, wenn wir die Parallele zwischen den Kindern Gottes und Kindern irdischer Eltern ziehen. Wir brauchen kein Diplom in Entwicklungspsychologie, um uns vorstellen zu können, wie verschieden Kinder sich verhalten, je nachdem ob sie sich geliebt wissen oder nicht.

In meiner eigenen Familie hat Gott mich zwei Dinge gelehrt:

1. Gott ist der Einzige, der einen Menschen gesund lieben kann.
2. Selbst der allmächtige Gott zwingt niemanden dazu, seine Liebe anzunehmen.

Wir können eine ganze Reihe von Ähnlichkeiten zwischen irdischen Eltern und Gott ausmachen, aber wir müssen dabei einen wichtigen Unterschied beachten. Irdische Eltern sind manchmal lieblos oder können ihre Liebe nicht richtig zeigen. Gott aber ist kein Mensch. Wir können seine Liebe nicht nach unserem Bild schaffen.

Gott liebt vollkommen. Er sagt uns, dass er uns liebt, und er zeigt es. Segen und Zurechtweisung haben bei ihm stets das rechte Maß. Gottes Liebe ändert sich nicht. Wenn wir also meinen, er würde uns nicht lieben, dann stimmt etwas nicht mit unserer Wahrnehmung. Alles, was wir von Gott denken und was nicht mit der Wahrheit der Bibel oder mit dem Bild, das uns in der Bibel von Gott gemalt wird, übereinstimmt, ist eine Lüge.

Wenn wir erkennen, dass wir einer Lüge glauben, dann verliert sie ihre Macht. Und dann können wir etwa Folgendes beten:

„Ich habe zwar nicht das Gefühl, dass ich geliebt werde, und komme mir auch nicht liebenswert vor, aber dein Wort sagt, du liebst mich so sehr, dass du sogar deinen Sohn für mich gegeben hast. Ich weiß nicht, warum ich mir so ungeliebt vorkomme, aber ich will jetzt ganz bewusst dem glauben, was in deinem Wort steht. Die Zweifel an deiner Liebe, die der Feind mir einreden will, weise ich zurück. Und ich bitte dich, dass du mir die Sünde des Unglaubens vergibst. Ich glaube; hilf meinem Unglauben."

Dauerhafte Befreiung erfahren wir, wenn wir Gott auf dem Weg begleiten, auf dem wir erstens das Problem erkennen, zweitens die Bindung zerstören und drittens weiter in der Wahrheit wandeln. Der erste Schritt geschieht bereits in einem Augenblick. Die beiden anderen sind ein Prozess, denn es ist wichtiger, den Arzt kennen zu lernen als die Krankheit. Für den Rest des Kapitels wollen wir uns am Beispiel des geliebten Kindes aus Epheser 5,1-2 ansehen, welche Frucht Gottes unwandelbare Liebe schafft.

Das Gotteskind, das auf Gottes Liebe traut, vertraut auf Gottes Führung

In 2. Mose 15,13 heißt es: „Du hast geleitet durch deine Barmherzigkeit dein Volk, das du erlöst hast." Gott verspricht uns, dass wir nicht ziellos umherirren müssen, bis wir einmal in den Himmel kommen. Laut Jeremia 29,11 weiß er, welche Pläne er für uns hat. Er führt die Menschen, die er erlöst hat, damit sie seinen herrlichen Plan erfüllen. Was für ein Trost ist es zu wissen, dass Gott die Orte, an die er uns führt, immer aus Liebe ausgewählt hat.

Das Gotteskind, das auf Gottes Liebe traut, vertraut auf die Erlösung

Gott hört nie auf zu lieben. Ich mag Psalmen wie Psalm 13, wo David Gott ganz unverblümt fragt: „Herr, wie lange willst du mich so ganz vergessen? Wie lange verbirgst du dein Antlitz vor mir?" (Vers 1) Wir können unsere ganze Enttäuschung unbekümmert herauslassen, weil wir wissen, dass der Vater uns nicht abweist.

Das Gotteskind, das auf Gottes Liebe traut, vertraut auf Gottes Erbarmen

In Psalm 51,2 ruft David: „Gott, sei mir gnädig nach deiner Güte." Bitte glauben Sie das Eine: Gott ist Ihnen gegenüber nie neutral. Er kann seine Liebe zu Ihnen nicht vorübergehend auf die Seite legen, um eine objektive Entscheidung zu treffen. Wenn Sie Gottes Kind geworden sind, dann kann er Sie gar nicht mehr anders sehen als mit den Augen eines liebenden Vaters.

Das Gotteskind, das auf Gottes Liebe traut, vertraut auf seinen Trost

In Psalm 119,76 heißt es: „Deine Gnade soll mein Trost sein, wie du deinem Knecht zugesagt hast.“ Was ist Ihr Trost im Sterben? Die Gnade und Liebe Gottes. Was ist Ihr Trost im Leben? Die Gnade und Liebe Gottes.

Das Gotteskind, das auf Gottes Liebe traut, vertraut auf seinen Schutz

In Psalm 143,12 sagt David: „Vernichte meine Feinde um deiner Güte willen und bringe alle um, die mich bedrängen; denn ich bin dein Knecht.“ Wenn Ihr Herz Gott gehört, dann sind alle, die gegen Sie sind, auch gegen Gott. Alles Unrecht, das Ihnen getan wird, nimmt er persönlich. Gott vertritt Ihre Sache (Klagelieder 3,59). Ist Ihnen klar, dass wir alle Konflikte und alle Feinde, die sich gegen uns erheben, an Gott übergeben können, wenn unser Herz demütig und vor Gott recht ist?

Die Liste ließe sich endlos fortsetzen. Ja, ich möchte Ihnen Mut machen, einmal alle Bibelverse, in denen das Wort Güte vorkommt – denn nichts anderes ist Gottes Liebe zu uns –, nachzuschlagen, darüber nachzudenken und dann auch zu glauben.

Teil VI
Zum Preise seiner Herrlichkeit

Wir nähern uns dem Höhepunkt unserer Reise. Nicht dem Ende, sondern dem Beginn eines noch großartigeren, reicheren Lebens mit Gott. Vorrecht Nummer fünf weist uns schon darauf hin, welchen Stempel unser Bestimmungsort trägt: Es ist das Land, wo wir zum Lobe Gottes leben. Das Land, dessen Bewohner eines gemeinsam haben – sie alle freuen sich an der Gegenwart ihres Königs.

Können Sie sich das vorstellen, tatsächlich so zu leben, wie Gott es gewollt hat? Was könnte ein besseres Bild wahrer Freiheit sein? Wirklich frei sein heißt:

- Gott kennen und ihm glauben,
- Gott verherrlichen,
- in Gott Zufriedenheit finden,
- Gottes Frieden erleben
- und sich an Gottes Gegenwart freuen.

Nun lernen Sie bitte noch die große Verheißung von Vorrecht Nummer fünf auswendig:

Wenn du durch Wasser gehst, will ich bei dir sein, dass dich die Ströme nicht ersäufen sollen; und wenn du ins Feuer gehst, sollst du nicht brennen und die Flamme soll dich nicht versengen. Denn ich bin der Herr, dein Gott, der Heilige Israels, dein Heiland. Ich habe Ägypten für dich als Lösegeld gegeben, Kusch und Seba an deiner statt. (Jesaja 43,2-3)

Kapitel 38

Ein Blick ins Alte Testament

Wer festen Herzens ist, dem bewahrst du Frieden; denn er verlässt sich auf dich. (Jesaja 26,3)

Befreiung aus Gebundenheiten ist eine ernste Angelegenheit. Gründliches Bibelstudium und ein bewusstes Umsetzen des Erkannten sind für den, der Freiheit sucht, nicht nur eine Hilfe, sondern eine absolute Notwendigkeit. Der Kampf um die Freiheit spielt sich in unserem Denken ab.

Wenn im obigen Vers aus Jesaja 26 von einem Menschen die Rede ist, der „ein festes Herz" hat, dann sind damit nicht nur irgendwelche Gefühle gemeint. Hinter dieser Festigkeit steckt vielmehr ein Entschluss, der im Denken gefasst wird. So ist in einer anderen Bibelübersetzung hier auch von einem „bewährten Sinn" die Rede. Gleichzeitig wird in dem Vers auch angedeutet, dass jemand mit einem festen Herzen vertrauen kann. Nur ein Herz, das Gott vertraut, das sich auf Gott verlässt, wird auch mit seinen geheimsten Gedanken zu Gott kommen. Und dann kann es auch Erneuerung geben. In diesem letzten Teil möchte ich mit der Hilfe des Heiligen Geistes vor allem drei Dinge herausarbeiten:

1. Ich möchte untersuchen, was die Bibel unter einem festen Herzen, einem bewährten Sinn, versteht.
2. Ich möchte fünf Schritte aufzeigen, die uns helfen, ein festes Herz zu bekommen.
3. Wir wollen lernen, wie wir diese fünf Schritte im Blick auf praktisch jede Art von Bindung anwenden können.

Lassen Sie sich bitte nicht dazu verleiten, irgendwelche Abkürzungen zu suchen. Denn ich glaube ganz fest, dass die folgenden Kapitel, wenn wir das Gelesene beherzigen, für jeden von uns zu einem ganz entscheidenden Wendepunkt werden können. Darum nehmen Sie sich jetzt einen Augenblick Zeit und bitten Sie Gott, Ihnen Augen und Herz für sein Wort zu öffnen.

Kaum ein biblisches Thema ist so umstritten wie die geistliche Kriegsführung und der Kampf um unser Denken. Viele Geschehnisse und Berichte in der Bibel zeigen, dass Satan direkt auf unsere Gedanken zielt. Im Gleichnis vom vierfachen Ackerfeld sagt Jesus, dass Satan das Wort, das in manche gesät war, wegnimmt (Markus 4,15). In der Geschichte von Hananias und Saphira erklärt Petrus, Satan habe ihre Herzen erfüllt, dass sie den Heiligen Geist belogen (Apostelgeschichte 5,3). Paulus warnte davor, dass Satan die Gedanken der Gläubigen verführen will (2. Korinther 11,3). Ja, Satan will uns genau in unserer Gedankenwelt packen.

Und wenn wir auf dem Schlachtfeld des Denkens siegen wollen, dann müssen wir uns an die Bibel halten. In diesem Kapitel wollen wir herausarbeiten, was die in Jesaja 26,3 verwendeten Begriffe auf Hebräisch bedeuten. Im nächsten Kapitel untersuchen wir die Bedeutung der griechischen Worte in 2. Korinther 10,3-5. Lesen Sie noch einmal aufmerksam, was Jesaja schreibt:

Wer festen Herzens ist, dem bewahrst du Frieden; denn er verlässt sich auf dich. (Jesaja 26,3)

Teil eins: „Wer festen Herzens ist."

Das hebräische Wort, das hier für „Herz" beziehungsweise „Sinn" verwendet wird, lautet *jatsar*. Ausgesprochen klingt es etwa so wie das, was meine Geschwister und ich immer antworten mussten, wenn unser Vater, ein Major der amerikanischen Armee, uns etwas zu tun befahl: „Yes, Sir." Und ist es nicht auch unser Sinn, in dem wir entscheiden, ob wir „Yes, Sir" oder „No, Sir" sagen wollen, wenn uns unser himmlischer Vater etwas aufträgt? *Jatsar* bedeutet „formen, bilden, planen", wobei der Gedanke an das „Vollbringen" schon mit eingeschlossen ist. Das heißt, wenn wir in unseren Gedanken, in unserem

Sinn oder Herzen über eine Situation, eine Versuchung oder eine Erfahrung nachdenken, dann machen wir uns davon ein festes Bild. Wir sehen die Dinge aus unserem Blickwinkel und verhalten uns dann auch entsprechend.

Ist Ihnen schon einmal aufgefallen, wie zwei Menschen ein und dieselbe Sache ganz verschieden sehen können? Sie machen sich unterschiedliche Bilder und handeln dementsprechend. Unsere Reaktion hängt davon ab, welches Bild wir haben.

Denken Sie einmal an ein Problem, das Sie in Ihrer Familie hatten und von dem mehrere Personen betroffen waren. Sicher konnten Sie beobachten, wie jeder darauf anders reagierte. Denn bei jedem lief in Gedanken ein anderer Prozess ab, der dazu führte, dass er ein anderes Bild hatte. Oft entstehen durch die Bilder, die wir uns von einer Sache machen, mehr Schwierigkeiten als durch das Problem selbst. Aber nehmen wir einmal an, Sie hätten den Kampf um Ihre Gedanken inzwischen gewonnen. Wie würde Ihr Bild von jener Situation dann aussehen?

Die ursprüngliche Bedeutung des Wortes „fest" kann uns zeigen, ob wir uns auf dem richtigen Weg befinden oder nicht. *Samak* bedeutet „sich stützen, stemmen, sich auf etwas lehnen". Darin enthalten ist auch ein Bild, das uns helfen kann, uns das feste Leben in Gott besser vorzustellen, nämlich „die Hände auflegen". Wenn Versuchungen und quälende Gedanken kommen, dann legt der, der im Glauben fest steht, seine Hand auf Gottes Wort, weil er weiß, dass Gottes Wort wahr ist.

Als ich zum ersten Mal auf diese Definition stieß, musste ich an eine Zeit denken, als ich von jemandem, der mir sehr nahe stand, verletzt worden war. Mein Herz tat mir weh, als hätte mir jemand ein glühendes Eisen eingebrannt. Meine Gedanken waren durcheinander. Ich wusste, dass ich gegen die Lügen des Bösen nur dann ankommen konnte, wenn ich mich ganz fest an die Wahrheit hielt. Tagsüber half es mir, wenn ich in der Bibel las oder mir selbst einen Mut machenden Vers sagte, um die quälenden Gedanken abzuwehren. Doch in der Nacht sah es ganz anders aus. Und die schlimmsten Angriffe kamen immer nachts.

Auch wenn Sie mich für verrückt erklären (man hat mich schon Schlimmeres genannt), will ich Ihnen sagen, was ich tat, wenn der Kampf besonders heftig tobte. Bevor ich abends ins Bett ging, schlug ich eine Bibelstelle auf, die im Blick auf meine Situation die Wahrheit sagte. Dann legte ich buchstäblich den Kopf auf die offene Bibel und schlief auf ihr ein. Der Heilige Geist hat mich daraufhin nie im Stich gelassen, sondern mich immer mit Trost und Frieden erfüllt. Wenn ich das nicht im Glauben getan hätte, hätte mir das alles wohl nicht viel geholfen. Aber weil ich glaubte, dass Gott im Geist das wirken würde, was ich mit meiner äußeren Haltung zum Ausdruck bringen wollte, konnte der Feind mir nichts anhaben.

Teil zwei: „..., dem bewahrst du."

Satan ist gerissen. Und gegen ihn kann unser Wissen allein uns nicht schützen. Was wir brauchen, ist ein Wächter, der vor den Mauern unseres Denkens Wache hält. Die gute Nachricht ist: Wir haben einen, der bereit und fähig ist, uns zu bewahren, wenn wir ihn lassen. Das Wort für „bewahren" in Jesaja 26,3 lautet auf Hebräisch *nazar*, „behüten, bewachen, bewahren, als Besatzung dienen, mit einer Wache versehen". Psalm 139 macht deutlich, dass Gott uns durch und durch kennt. Darum ist er der beste Wächter für unsere Gedanken. Kein Wunder, dass der Psalm mit den Worten endet: „Erforsche mich, Gott, und erkenne mein Herz; prüfe mich und erkenne, wie ich's meine. Und sieh, ob ich auf bösem Wege bin, und leite mich auf ewigem Wege" (Vers 23-24).

Wir behandeln hier ein ernstes Thema. Nach Römer 1,28-32 geht es nicht nur darum, dass wir immer öfter den Sieg über unsere Gedanken davontragen, sondern vielmehr darum, dass wir nicht völlig an einen verkehrten Sinn dahingegeben werden. Denn es ist nur allzu leicht, in unserem bewusst falschen Denken zu verharren und davon überzeugt zu sein, dass Gott uns schließlich gibt, was wir uns wünschen.

Teil drei: „..., dem bewahrst du Frieden."

Das Wort Frieden in diesem Teil wollen wir uns extra ansehen. Bevor wir darauf eingehen, was der Satz aussagt, wollen wir klären, was er nicht bedeutet. In meiner amerikanischen Bibelübersetzung steht an dieser Stelle: „dem bewahrst du *vollkommenen* Frieden." Das heißt nun nicht, dass Gott uns ein vollkommenes Herz gibt, wenn wir nur fest bleiben. Es bedeutet vielmehr, dass er unserem unvollkommenen Herzen vollkommenen Frieden schenkt. Das hebräische Wort für diesen „vollkommenen Frieden" ist Ihnen sicher bekannt. *Schalom* bedeutet „Frieden, Heil, Ruhe, Sicherheit, Wohlsein, Gesundheit, Zufriedenheit". Es geht nicht nur um die Abwesenheit von Streit, sondern um viel mehr, nämlich um eine allgemeine Wohlfahrt, um eine innere Haltung der Zufriedenheit, ein Gefühl von Wohlsein und Glück, wobei die Bedeutung weit über das Persönliche hinausgeht.

Gott steht treu zu seinem Wort. Wenn wir in ihm fest bleiben, dann geht es uns in zweierlei Hinsicht gut. Wir tragen dazu bei, dass sein Reich gebaut wird, aber wir werden auch selbst auferbaut. Und so wie Gottes Reich davon profitiert, wenn wir in ihm fest bleiben, so nützen wir damit auch unserem eigenen Herzen und Sinn.

Teil vier: „..., denn er verlässt sich auf dich."

Das hebräische Wort für „sich verlassen" lautet *batach* und bedeutet „vertrauen, sich sicher fühlen, sich verlassen auf, sorglos sein". Stellen Sie sich einmal ein kleines Kind mit Vater oder Mutter vor. Ich möchte Gott so vertrauen wie dieses Kind seinen Eltern.

Am Schluss dieses Kapitels wollen wir noch eine wichtige Tatsache bedenken: Wer Gott sein Herz nie vollkommen ausgeliefert hat, wird ihm auch nicht die tiefsten, dunkelsten Geheimnisse seines Denkens offenbaren. Wollen Sie darum nicht mit einem Gebet schließen und Gott bitten, Ihnen noch viel mehr Vertrauen zu schenken, damit Sie ihm Ihr Herz ganz öffnen können und er darin sein Werk tun kann? Er will uns ja kein Leid zufügen, sondern uns „Zukunft und Hoffnung" geben (Jeremia 29,11). Laden Sie ihn ein, über Ihr Herz und Ihre Gedanken zu wachen.

Kapitel 39

Ein Blick ins Neue Testament

Denn obwohl wir im Fleisch leben, kämpfen wir doch nicht auf fleischliche Weise. Denn die Waffen unseres Kampfes sind nicht fleischlich, sondern mächtig im Dienste Gottes, Festungen zu zerstören. Wir zerstören damit Gedanken und alles Hohe, das sich erhebt gegen die Erkenntnis Gottes, und nehmen gefangen alles Denken in den Gehorsam gegen Christus. (2. Korinther 10,3-5)

Im vorigen Kapitel haben wir anhand von Jesaja 26,3 untersucht, was das Alte Testament über ein festes Herz sagt. Nun wollen wir diesen Abschnitt mit ein paar Versen aus dem 2. Korintherbrief vergleichen. Während die Worte des Propheten Jesaja erfrischend und Mut machend klingen, kommt die Aussage von Paulus recht wuchtig daher. Doch im Grunde hat Gott beide Männer beauftragt, im Wesentlichen dasselbe zu sagen. Paulus probiert es einfach mit dem Boxhandschuh. Was also will er uns in 2. Korinther 10,3-5 vermitteln?

Teil eins: „Unsere Waffen sind mächtig im Dienste Gottes, Festungen zu zerstören"

Das griechische Wort für „zerstören" lautet *kathairesis*, „Zerstörung, Vernichtung". Das Wort für „Festung" kommt von *echo* und bedeutet „festhalten". Die Ableitung *ochyroma* bedeutet „Festung, Bollwerk". Im übertragenen Sinn wurde der Begriff auch für Argumente gebraucht, an denen man festhält und auf die man traut. Man könnte es so formulieren: Eine Festung ist alles, woran wir uns festhalten und was uns irgendwann plötzlich im Griff hat. Also eine Bindung.

Was aber meint Paulus, wenn er davon spricht, dass wir Festungen zerstören? Im Wort „zerstören" ist der Gedanke enthalten, dass viel Kraft gebraucht wird, genau genommen göttliche Kraft. Einer der Hauptgründe, warum so viele Gläubige weiter unter dem Joch der Knechtschaft leiden, ist der, dass wir auf unsere Festungen klatschen, als wären es Fliegen. Doch eine Festung ist wie ein Betonwall, den wir Stück für Stück um unser Leben aufgerichtet haben, meist über Jahre hinweg. Wir haben ihn, ob es uns bewusst ist oder nicht, geschaffen, um uns zu schützen und sicher zu sein. Erinnern Sie sich noch an die Festungen, in denen die Menschen in Gideons Zeit Zuflucht suchten? Mit der Zeit wird eine solche Zuflucht zum Gefängnis. Und irgendwann stellen wir fest, dass wir die Kontrolle verloren haben. Nun kontrolliert die Sache uns.

Menschliche Kraft richtet gegen Festungen nichts aus. Auch Disziplin und Willenskraft helfen nicht weiter. Die Festungen Satans müssen von Gott selbst zerstört werden. Zwar sind oft auch unsere Disziplin und Willenskraft wichtig, aber eigentlich eher, damit wir unser Leben für das übernatürliche Wirken Gottes öffnen. Doch nur er kann das Dynamit liefern, das Festungen sprengen kann.

Letztes Jahr konnte ich in Griechenland und Rom den Spuren des Apostels Paulus folgen. Als ich im alten Korinth stand und auf die Überreste dieser einstmals blühenden Stadt blickte, entdeckte ich in der Ferne auf dem höchsten Berg eine Festung. Ich fragte unsere Führerin, was das sei. „Das ist eine alte Burg. Fast jede griechische Stadt hatte im Altertum eine Burg oder Festung auf der höchsten Erhebung in ihrer näheren Umgebung. In Kriegszeiten galt die Burg als praktisch uneinnehmbar. Dort versteckten sich in unsicheren Zeiten auch die Regierenden."

Ich staunte. Da war also genau so eine Festung, wie sie der Apostel Paulus gemeint hatte, als er an die Leute in Korinth schrieb. Als ich die imposante Anlage betrachtete, die noch Jahrhunderte nachdem die Häuser im Tal eingestürzt waren, stolz auf ihrem Felsen thronte, war mir klar, warum die Angreifer aufgeben mussten. Leider geben auch wir oft viel zu schnell auf. Doch ich bete darum, dass wir sagen lernen: „Damit ist jetzt Schluss!"

Denn vergessen wir es nicht – Satan ist nur deshalb so stark, weil er so gut bluffen kann. Wenn wir erst einmal die Wahrheit erkannt haben und uns daran halten, verliert er seine Macht. Sehen Sie sich noch einmal die letzte Aussage der Fremdenführerin an. Eine Festung war ein Versteck ... in unsicheren Zeiten.

Denken Sie einmal an eine Festung, in der Sie Zuflucht gesucht haben. Wie weit spielte dabei Ihre Unsicherheit eine Rolle?

Bei den Festungen, die der Feind in meinem Leben errichtete, war auf jeden Fall sehr viel Unsicherheit mit im Spiel. Damit ich es lernen konnte, siegreich zu leben, musste ich erkennen, wo dieses Gefühl der Unsicherheit herrührte. Aber ich habe gelernt, gerade in jenen Zeiten, in denen ich das Gefühl habe, meine Sicherheit sei bedroht, viel mehr zu beten und in der Bibel zu lesen.

Ein gutes Beispiel ist der Verlust meiner geliebten Mutter. Ich weiß, dass es nicht klug ist, gerade in Zeiten der Trauer Gottes Wort oder das Gebet zu vernachlässigen. Und selbst wenn ich nichts anderes tue, als zu weinen, wenigstens bin ich Gott so nahe, dass Satan keinen Keil zwischen uns treiben kann. Sicher habe ich in Zeiten, in denen ich mich unsicher fühlte, nicht immer richtig reagiert. Aber wenn ich es geschafft habe, dann hatte Satan keine Chance, die Situation zu seinem Vorteil zu nutzen.

Teil zwei: „Wir zerstören damit Gedanken und alles Hohe“

Das griechische Wort, das hier für „Gedanken“ gebraucht wird, lautet *logismos* und bedeutet „Rechnung, Berechnung, Überlegung, Argument, Gedanke, Plan“. Es wurde auch für die Überlegungen benutzt, die einem bestimmten Verhalten vorausgehen oder zu einem bestimmten Verhalten führen. Diese Gedanken sind unsere Argumente für die Bindungen, die wir in unserem Leben aufrechterhalten. Wir finden Entschuldigungen, um bestimmte Bereiche unseres Lebens nicht der Herrschaft Christi unterstellen zu müssen. Das geht Ihnen sicher genauso wie mir. Aber vergessen wir nicht, dass auch Satan anwesend ist, wenn Bindungen vorhanden sind. Er liefert uns endlose Argumente für die Dinge, die wir tun oder nicht tun wollen.

Können Sie sich an eine Entschuldigung, ein Argument erinnern, das nun keine Macht mehr über Sie hat? Wenn ja, dann vergessen Sie nicht, dass derselbe Gott, der Ihnen damals zu Hilfe gekommen ist, Ihnen auch heute noch helfen kann! Vielleicht haben Sie das Gefühl, die Hindernisse seien inzwischen größer. Aber ich kann Ihnen versichern, für Gott sind sie es nicht. Er ist allmächtig.

Nun wollen wir uns das andere Hauptwort in unserem Satz ansehen: „alles Hohe". Das griechische Wort *hypsoma* bedeutet „das Erhöhte". Es wurde vor allem im übertragenen Sinne gebraucht, einerseits in der Astrologie, dann aber auch für einen stolzen Gegner, einen hohen Turm oder eine Festung, die von einem stolzen Feind errichtet wurden. Von daher war es auch ein Synonym für Stolz oder Überheblichkeit. Ausgehend von dieser Definition können wir im Blick auf unsere „Festungen", auf die Dinge, die uns festhalten, drei Schlussfolgerungen ziehen:

1. Zu einer Bindung kommt es immer dann, wenn wir irgendeiner Sache in unserem Leben eine höhere Stellung einräumen als Gott.
2. Eine Bindung verspricht uns etwas, das wir meinen, unbedingt haben zu müssen: Hilfe, Trost, Erleichterung, Schutz.
3. Jede Bindung im Leben des Gläubigen ist für den Feind Anlass zu ungeheurem Stolz.

Ich hoffe, das macht Sie wütend und Sie beschließen umgehend, dass Sie ihm diesen Triumph nicht länger gönnen wollen.

Oft weckt der Feind auch in uns den Stolz, damit wir unsere Festungen nicht durchbrechen. Doch wer frei werden möchte, der muss auf jeden Fall auch demütig sein können. Ein Bekannter von mir arbeitet mit Alkoholikern auf der Basis eines christlichen Zwölf-Punkte-Programms. Er betont immer wieder, dass der entscheidende Schritt zur Nüchternheit die Demut ist. Das gilt gerade im Blick auf den Leib Christi – auch hier gilt: Die Stolzen sind nie frei.

Teil 3: „…, das sich erhebt gegen die Erkenntnis Gottes"

Das griechische Wort für „sich erhebt" lautet *epairo* und bedeutet „aufblicken, aufschauen ... auch aufheben, hochheben; ein Segel hissen". Ich möchte in dem Zusammenhang etwas sagen, was in einem späteren Kapitel noch eingehender behandelt werden wird: Satan möchte angebetet werden. Das hat er schon immer gewollt.

Aus diesem Wunsch nährt sich seine Rebellion gegen Gott. Wenn er die Menschen nicht dazu bewegen kann, ihn direkt anzubeten, dann versucht er sein Ziel dadurch zu erreichen, dass er sie dazu bringt, wenigstens etwas anderes zu verehren als Gott.

Gott hat uns zur Anbetung erschaffen. Wir alle beten etwas an. Aufgrund der Definition von *epairo* kann unserer Einstellung jedoch darüber entscheiden, welches Objekt wir anbeten – wen oder was wir ins Zentrum rücken. Und was wir anbeten, dem gehorchen wir auch. Sehen Sie sich noch einmal den letzten Teil unserer Definition an: „ein Segel hissen". Welchen Zweck hat ein Segel?

Ein Segel dient dazu, das Schiff in die richtige Richtung zu lenken. Ich hoffe, Sie finden hier den biblischen Beweis für etwas, das Sie aufgrund Ihrer Erfahrung schon lange wissen: Das, was uns festhält, was uns bindet, hat einen Einfluss auf unser Verhalten. Positiv gesehen bedeutet dies, dass der Feind nicht in den Gläubigen eindringen kann, denn wir sind mit dem Heiligen Geist versiegelt (Epheser 1,13-14). Somit kann er uns auch nicht dazu zwingen, etwas zu tun. Aber er kann uns dazu verleiten, dass wir bestimmte Dinge tun. Bindungen, Fesseln sind die Leinen an dem Joch, mit dem der Feind versucht uns zu lenken.

In Hosea 11,4 heißt es von Gott: „Ich ließ sie ein menschliches Joch ziehen und in Seilen der Liebe gehen." Wenn ich auf meine Vergangenheit mit Gott zurückblicke und wie er eigenhändig für meine Freiheit verantwortlich ist, dann kommen mir bei diesem Vers fast die Tränen. Auch Satan, der große Betrüger, will uns führen. Dabei gibt es einen großen Unterschied, Gott lenkt uns mit einem „menschlichen Joch" und in „Seilen der Liebe", wohingegen Satan uns sein Joch auf den Hals drückt und seine Seile heißen Falschheit und Lüge.

Betrachten Sie noch einmal den letzten Abschnitt von Teil drei: *„... gegen die Erkenntnis Gottes."* Auch hier werden wir daran erinnert, warum die Wahrheit der Schlüssel zur Freiheit ist (Johannes 8,32). Wenn wir Gottes Wort nicht kennen (das, was er uns über sich mitteilt), dann bekommen wir nicht mit, was sich gegen die Erkenntnis Gottes erhebt. Doch je mehr wir sein Wort verinnerlicht haben, umso schneller geht uns auf, wo Satan sich darüber erheben und sein Segel hissen will.

Teil vier: „... und nehmen gefangen alles Denken" (Vers 5).

Ich will hier nur kurz die Bedeutung dieses Satzes erklären. Wir werden uns aber später noch damit beschäftigen, wie wir unsere Gedanken in Christus gefangen nehmen oder, wie es der Prophet Jesaja sagt, wie wir ein „festes Herz" bekommen. Der Ausdruck „wir nehmen gefangen" kommt von dem griechischen Wort *aichmalotizo* und bedeutet „gefangen nehmen, zum Kriegsgefangenen machen" und hat deshalb auch die Bedeutung „unterwerfen". Die Verbform deutet auf eine wiederholte, ständige Handlung hin.

Wir sind alle auf der Suche nach Instant-Lösungen. Gott aber will bleibende Veränderungen – Christsein als Lebensstil. Wer ein festes Herz haben will, muss sich in einem festen Herzen üben. Wir haben uns schon viel zu lange von schädlichen, negativen und irreführenden Gedanken beherrschen lassen. Doch durch die Kraft des Heiligen Geistes können wir nun unsererseits diese Gedanken gefangen nehmen.

Teil fünf: „... in den Gehorsam gegen Christus"

Gott möchte uns zu Gewinnern machen. Doch wir gewinnen nicht, indem wir den Feind besiegen. Wir gewinnen aber, wenn wir uns Christus unterwerfen. Wir gewinnen nicht, indem wir uns vom Feind unabhängig machen. Wir gewinnen jedoch, wenn wir von Gott abhängig werden.

Der Weg zur Freiheit erscheint paradox. Um Sieg und Freiheit zu erleben, müssen wir Gefangene werden. Wir müssen unser Denken an Christus ausliefern. Die freiesten Menschen in diesem Leben sind die, deren Denken von Christus gefangen genommen ist. Ein siegreiches Leben kommt aus siegreichen Gedanken. Siegreiche Gedanken wiederum haben wir, wenn wir auf den siegreichen Gott sehen.

Dieses schwierige Kapitel hat einen eher einfachen Schluss: Wir können uns von den Stricken eines bösen Jochs in die Irre führen oder wir können uns von Seilen der Liebe zum Sieg lenken lassen.

In den folgenden Kapiteln gilt es noch einige wichtige Aspekte unseres Themas zu bearbeiten, aber wir wollen dabei nicht vergessen: Es geht um die Freiheit und das Schlachtfeld sind unsere Gedanken. Bevor Sie mit dem nächsten Kapitel beginnen, nehmen Sie sich bitte ein wenig Zeit für Gott. Lassen Sie sich von ihm Herz und Gedanken reinigen. Josuas Aufforderung an die Kinder Israels gilt auch uns: „Heiligt euch, denn morgen wird der Herr Wunder unter euch tun" (Josua 3,5). Die Wunder, die Gott an jedem Morgen für uns tun will, werden im Heute vorbereitet.

Kapitel 40

Die Höhen niederreißen

Deine Feinde werden dir huldigen und du wirst auf ihren Höhen einherschreiten. (5. Mose 33,29)

Wir haben uns anhand des Alten Testamentes mit dem festen Herzen und anhand des Neuen Testaments mit dem gefangenen Denken befasst. Das Ansammeln von Informationen allein nützt uns allerdings wenig, wenn wir nicht auch lernen, sie anzuwenden. In den nächsten drei Kapiteln wollen wir uns fünf Schritte ansehen. Sie zeigen, wie wir aus der Gefangenschaft unseres Denkens dazu kommen, unser Denken von Christus gefangen nehmen zu lassen. Bevor wir jeden Schritt im Einzelnen durchgehen, betrachten Sie bitte einen Augenblick die fünf Zeichnungen, damit Ihnen das Konzept klar wird.

1. Erkennen, wer uns gefangen hält

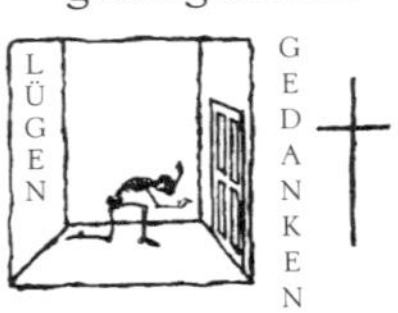

2. Mit Gott übereinstimmen

3. Die Lügen niederreißen

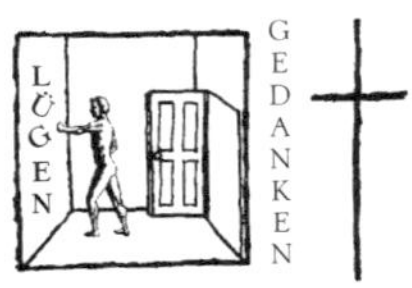

4. Die Wahrheit aufrichten

5. Das Denken der Wahrheit unterwerfen

Diese Schritte lassen sich praktisch auf alles anwenden, was unsere Gedanken gefangen nehmen will. So kann zum Beispiel die Tatsache, dass man Opfer einer Vergewaltigung wurde, das Denken beherrschen, bis es einen fast vernichtet. Ich bin tief betroffen, wenn ich mir vorstelle, wie viele meiner Leserinnen das vermutlich aus eigener Erfahrung bestätigen können. Auch der Verlust eines geliebten Menschen kann uns von der berechtigten Trauer in eine lebenslange, lähmende Bindung führen, wenn wir unser Denken nicht an Christus ausliefern. Satan spielt mit schmutzigen Tricks. Er stürzt sich auf alles, was uns davon abhalten kann, unsere Gedanken auf Christus zu konzentrieren.

Doch nicht alle Gedanken, die uns binden, haben einen tragischen Ursprung. Unsere Gedanken können auch von einem Menschen oder einer Sache gefangen genommen sein, die unser Ego aufbauen oder fleischliche Lüste befriedigen. Gedanken, die uns binden, sind – kurz gesagt – Gedanken, die uns kontrollieren, Dinge, an die wir zu oft denken.

Das Denken in Christus gefangen nehmen heißt nicht, dass wir diese Gedanken dann nicht mehr haben. Es bedeutet vielmehr, dass wir lernen, sie im Zusammenhang mit Jesus zu sehen und mit dem, was wir in ihm sind. Ich werde immer an meine liebe Mutter und ihren Tod denken. Aber wenn ich die Gedanken an sie in einen Bezug zu Christus bringe, dann verschwindet allmählich die Traurigkeit. Die Gedanken können mich nicht mehr beherrschen, denn stattdessen beherrsche ich sie in der Kraft des Heiligen Geistes. Klingt das unmöglich, zu schwierig? Geben Sie nicht auf. Begleiten Sie mich durch unsere fünf Schritte und glauben Sie daran, dass Gott in Ihrem Herzen und in Ihrem Denken Wunder wirken kann.

1. *Erkennen, wer uns gefangen hält*

Das erste Bild zeigt den Gläubigen, der von seinen Gedanken gefangen gehalten wird. Das Kreuz weist darauf hin, dass er Jesus kennt. Aber es hat sich etwas zwischen ihn und den Herrn geschoben. Dieses Etwas ist so groß, dass es den Gläubigen völlig gefangen nimmt. Es beherrscht seine Gedanken und er schaut zu ihm auf.

Ist Ihnen schon einmal aufgefallen, dass es keinen kleinen oder großen Ungehorsam gibt? Gottes Gebote zu missachten, bringt früher oder später bittere Früchte hervor. Manche Könige Israels folgten Gott, aber sie rissen die Höhen, die Götzenaltäre, nicht ein. Diese Nachlässigkeit hatte ihren Preis, denn es kam eine Zeit, in der Gottes Volk seine eigenen Kinder auf den Altären heidnischer Götzen opferte.

Wir können das, was uns bindet, mit den Höhen im alten Israel vergleichen. Alles, was wir in unseren Gedanken oder in unserer Phantasie höher stellen als Gott, ist ein Götze. Und Götzendienst ist nicht nur eine furchtbare Beleidigung für Gott, er ist auch der direkte Weg in die Katastrophe. Vergessen wir nie, dass Sünde immer neue Sünde nach sich zieht (Römer 6,19). Ich übertreibe wohl nicht, wenn ich sage, dass wir entweder in der Kraft Gottes unsere Bindungen einreißen oder diese uns irgendwann ins Verderben bringen.

Dabei müssen wir Menschen oder Dinge gar nicht unbedingt lieben, um sie in unseren Gedanken zu erhöhen. Auch was wir hassen, kann uns zum Götzen werden. Ich werde nie vergessen, wie mir aufging, dass mir ein Mensch, dem ich, wie ich meinte, nicht vergeben konnte, gerade aufgrund meiner Unversöhnlichkeit zum Götzen geworden war. Menschlich gesprochen mochte ich die Person kein bisschen, aber die ganze Situation beschäftigte mich in Gedanken so sehr, dass ich sie völlig verzerrt sah und sie mich ganz und gar beherrschte.

Doch nun zum zweiten Schritt.

2. Mit Gott übereinstimmen

Auf unserem zweiten Bild ist der Gläubige aufgestanden. Er ist die beherrschenden Gedanken noch nicht los, aber es ist etwas Wichtiges geschehen: Er hat seine Sünden bekannt. Das Wort „bekennen" in 1. Johannes 1,9 bedeutet mehr, als nur vor Gott zuzugeben, dass wir sündig sind. Der griechische Ausdruck, der hier eingesetzt wurde, lautet *homologeo*. Dessen erster Teil, *homo*, bedeutet „gleich, ähnlich" und der zweite, *logeo*, „sagen". Bekennen bedeutet also, dass wir zu irgendeiner Sache das Gleiche sagen wie Gott, dass wir mit ihm übereinstimmen.

Für den Gläubigen besteht der erste Schritt aus der Gebundenheit in die Freiheit darin, dass er mit Gott im Blick auf seine Sünde übereinstimmt. Bitte verstehen Sie mich richtig. Das, was unsere Gedanken beherrscht, muss nicht unbedingt Sünde sein. Die Sünde kann schon darin bestehen, dass wir eine Sache in unseren Gedanken überbewerten. Was könnte zum Beispiel Gottes Wesen besser widerspiegeln als die Liebe einer Mutter zu ihrem Kind. Wenn ihre Gefühle jedoch über eine gesunde Zuneigung hinausgehen und sie ihr Kind vergöttert und sich alles nur noch um ihr Kind drehen muss, dann hat sie sich in eine Bindung hineinmanövriert.

Wir wollen den Gedanken noch einen Schritt weiterführen. Nichts ist natürlicher, als wenn eine Mutter über den Verlust eines Kindes trauert. Wenn sie jedoch auch zehn Jahre später noch immer von Trauer und Bitterkeit beherrscht wird und für keinen Trost zugänglich ist, dann hat sie zwischen dem durchaus berechtigten Kummer und der allmählichen Genesung eine Mauer aufgerichtet. Der Feind schlägt Kapital aus so normalen Gefühlen wie Liebe und Trauer, um sie so aufzubauschen, dass sie jedes gesunde Maß sprengen. Wenn wir dies nicht merken, können sie unser ganzes Leben verzehren. Liebe ist keine Sünde. Sünde ist es aber, wenn wir von etwas so besessen sind, dass wir es an Gottes Stelle setzen. So ist auch die Trauer an sich keine Sünde, aber wenn wir es nicht zulassen, dass Gott uns tröstet und heilt, dann ist das Sünde.

Praktisch alles, was uns um die Dinge bringt, die Gott uns geben möchte, kann als Sünde bezeichnet werden. Ich sage das voller Mitgefühl, aber ich muss es sagen, denn es könnte sein, dass jemand gar nicht erkennt, wie Satan unsere ganz normalen, gesunden Gefühle ausnutzt. Wir bezeichnen Ehebruch, Diebstahl oder Mord leicht als Sünde, aber oft ist uns nicht klar, dass alles, was sich zwischen uns und das Wirken Gottes schiebt, zur Sünde werden kann. Der erste Schritt zur Freiheit besteht also darin, dass wir im Blick auf das, was uns bindet oder was für uns zum Götzen wurde, mit Gott übereinstimmen. Wie wir in der Abbildung sehen, ist der Gläubige noch nicht aus seinem Gefängnis herausgekommen, aber er beugt sich auch nicht mehr vor dem Feind.

Bedenken Sie am Ende dieses Kapitels bitte einmal die folgenden Fragen:

- ▷ Gibt es in Ihrem Leben zur Zeit eine Bindung, die Sie als Sünde bekannt haben und wo Sie mit Gottes Wort übereinstimmen?
- ▷ Gibt es in Ihrem Leben eine Bindung, über die Sie sich mit Gott noch nicht einig sind und die Sie auch noch nicht als Sünde bekannt haben? Und wenn ja, wollen Sie das jetzt tun?
- ▷ Falls Ihnen im Moment keine Bindung bewusst ist, können Sie sich an eine Zeit erinnern, in der Christus Sie frei machte, weil Sie ehrlich waren und Ihre Sünde bekannten?

Gottes Kraft ist für jeden da, wenn wir bereit sind, sie in Anspruch zu nehmen. Wenn Sie es lernen, Gottes Wort umzusetzen und im Heiligen Geist zu leben, dann werden „deine Feinde dir huldigen und du wirst auf den Höhen einherschreiten“ (5. Mose 33,29).

Kapitel 41

Demontage und Neuprogrammierung

Ermahnt euch selbst alle Tage, solange es „heute" heißt, dass nicht jemand unter euch verstockt werde durch den Betrug der Sünde. (Hebräer 3,13)

Im Folgenden betrachten wir gemeinsam die dritte Abbildung:

3. Die Lügen niederreißen

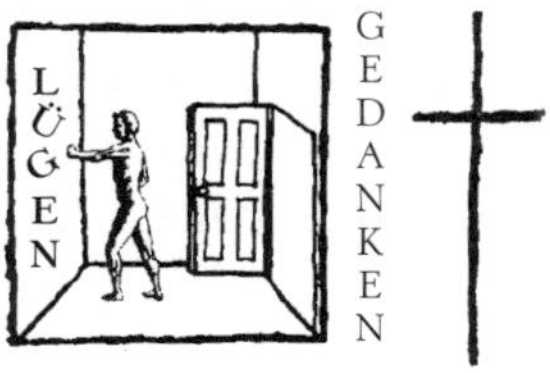

Bild 3 zeigt, dass es zu einem entscheidenden Wendepunkt gekommen ist. Wenn wir bereit sind, die Sünde zu erkennen, die mit unserer Gebundenheit einhergeht, und sie vor Gott auch zu bekennen, dann geht uns plötzlich auf, von welchen Lügen wir umgeben sind. Und wenn wir dann anfangen, diese Lügen von den Wänden zu reißen wie eine Tapete, dann öffnet sich schließlich die Tür unseres Gefängnisses.

Satan hat nicht genug Macht oder Autorität, den Gläubigen in seinem Gefängnis einzuschließen, aber er setzt alles daran, um uns zum Drinbleiben zu überreden. Und er legt alle Köder aus, die ihm in den Sinn kommen, um uns in unsere Zelle zu locken, aber die Tür abschließen, das kann er nicht. Allerdings braucht er meist nicht einmal eine schriftliche Einladung, um uns in sein Gefängnis zu locken. Es genügt schon, dass wir Bibellese und Gebet vernachlässigen und damit versäumen, wenn auch unbeabsichtigt, das Schild „Zutritt verboten" aufzuhängen.

Sehen Sie sich noch einmal Bild drei an. Unsere Gedanken sind gefangen wie in einer Zelle, die mit Lügen tapeziert ist. Das Einreißen von Bindungen beginnt tatsächlich damit, dass wir diese Lügen aufdecken und herunterreißen. Wir können es nicht oft genug wiederholen: Lügen und Betrug sind der Leim, der unser Gefängnis zusammenhält. Bis es so weit ist, dass aus einer Sache letztlich eine Bindung geworden ist, sind unsere Gedanken mit Lügen praktisch zugekleistert.

Wo haben diese Lügen ihren Ursprung? In Johannes 8,43-45 lesen wir, dass Satan ein Vater der Lüge ist und „wenn er Lügen redet, so spricht er aus dem Eigenen". Satan muss lügen, weil er eigentlich schon besiegt ist. Seine Lügen sind alles, was ihm noch bleibt. Und darum ist er auch so geschickt in ihrem Gebrauch.

Nun denken Sie einmal an eine Bindung, mit der Sie zu kämpfen hatten oder immer noch kämpfen. Stellen Sie sich vor, Sie seien die Person auf dem Bild. Sie stimmen mit Gott darin überein, dass Sie gebunden sind, und haben Ihre Sünde bekannt. Gott hat daraufhin angefangen, Ihnen für die Lügen, die die Wände Ihrer Gedanken wie Graffiti zieren, die Augen zu öffnen. Die Abbildung zeigt, wie Sie diese Lügen erkennen und von Gott die Kraft erhalten, Sie herunterzureißen.

Überlegen Sie nun einmal, wie einige dieser Lügen aussahen. Als kleinen Gedankenanstoß will ich Ihnen einige nennen, die mich gefangen gehalten haben. Die stärkste Bindung war in meiner Jugend durch den Missbrauch entstanden, den ich als Kind erlebt hatte. Als wäre das Erleben nicht schon traumatisch genug gewesen, glaubte ich dadurch auch noch manche anderen Lügen:

- Ich bin wertlos.
- Alle Männer wollen mir wehtun.
- Wenn ein Mann dir wehtut, kannst du nichts dagegen tun.
- Du kannst nicht Nein sagen.
- Ich bin nicht so gut wie meine Freunde.
- Wenn die Leute wüssten, was mit mir los ist, würde ihnen übel.
- Wenn ich erzähle, was mir passiert ist, macht man mich kaputt.
- Ich bin die Einzige, der je so etwas passiert ist. Es ist alles mein Fehler.

Und das war nur eine Wand von vieren! Ich könnte noch eine Lüge um die andere aufzählen, an die ich geglaubt habe.

Als ich erwachsen wurde, stellte Satan es raffinierter an. Ein Joch, das er mir auf die Schultern legte, betraf einen Menschen, der bei mir Hilfe suchte. Satan verdrehte die Wahrheit so, dass ich meinte, es sei meine Verantwortung, dass dieser Person geholfen wurde. Er redete mir ein, ich müsste mich engagieren, weil ja auch Gott barmherzig ist und uns annimmt. Gottes Geist zeigte mir zwar, dass ich mich heraushalten sollte, aber ich meinte, es sei meine Christenpflicht, mich zu engagieren, und die war mir wichtiger, als gehorsam zu sein. Wenn ich vorschlug, wir sollten anderswo Hilfe suchen, hieß die Antwort regelmäßig: „Ich möchte nicht noch andere hineinziehen." Es war eine Falle, die der Feind mir gestellt hatte. Die Person brauchte zwar Hilfe, aber ich war nicht die, die ihr helfen konnte. Das Problem war mir ein paar Nummern zu groß. Was ich dabei lernte, war, wenn wir nicht von Anfang an auf Gott hören und ihm gehorchen, dann nehmen unser Urteilsvermögen und unsere Kraft immer mehr ab, je länger wir warten.

Darum will ich Ihnen eins sagen: Nicht jeder, der bei Ihnen Hilfe sucht, wurde von Gott geschickt! Wir müssen es lernen, die Tricks des Bösen zu durchschauen. Gott hat mir durch diese Begegnung mehr beigebracht, als ich mit einem Diplomstudium hätte lernen können. Aber es war eine harte Lektion!

Ein Gefängnis kann alles sein – von der Esssucht bis zur Wahnvorstellung, von der Verbitterung bis zur zwanghaften Eifersucht. Doch eines haben alle diese Dinge gemeinsam: Satan füttert unsere Gedanken mit Lügen, damit wir in unserem Gefängnis bleiben.

Ich möchte es einmal ganz vorsichtig und mit viel Mitgefühl sagen. Wenn Sie wissen, dass irgendwo in Ihrem Leben eine Bindung besteht, Sie aber die Lügen, die dahinter stecken, nicht erkennen, dann sind Sie immer noch gefangen. Wenn Sie die Lügen, die Ihre Zelle tapezieren, noch nicht durchschauen, dann bitten Sie Gott darum, Ihnen die Schuppen von den Augen zu nehmen. „Ihr werdet die Wahrheit erkennen und die Wahrheit wird euch frei machen" (Johannes 8,32).

Wir kommen zum nächsten Bild.

4. Die Wahrheit aufrichten

Halleluja! Unser Gefangener hat seine Gefängniszelle und die Gedanken, die ihn kontrolliert haben, verlassen und ist schon nahe daran, sie selbst zu kontrollieren.

Was ist geschehen? Zunächst wurden ihm alle Sünden vergeben, die mit der Bindung zu tun hatten, und zwar in dem Augenblick, wo er mit Gott übereinstimmte und sie bekannte (Abbildung 2). Weil er mit Gott zusammenarbeitete, wurden ihm die Augen geöffnet, und er suchte bei Gott Hilfe, um die Gedanken, die ihn gefangen hielten, niederzureißen (Abbildung 3). Ein toller Fortschritt, aber zum Glück hat er erkannt, dass noch mehr nötig ist, damit die Freiheit in Christus in seinem Leben Wirklichkeit werden kann.

Er hat nicht nur die Tapeten der Lüge von den Wänden seiner Zelle gerissen, sondern er hat auch beschlossen, an ihrer Stelle die Wahrheit aufzurichten. Schenken Sie der folgenden Aussage bitte Ihre volle Aufmerksamkeit: Die Wände Ihres Denkens bleiben niemals leer. Nie. Denn sobald wir die Lügen abgerissen haben, müssen wir wieder neu tapezieren, und zwar mit der Wahrheit. Sonst kommt der Feind nur allzu gern mit einer neuen Rolle seiner Tapete. Sie hat vielleicht ein anderes – etwas moderneres – Muster, aber sie stammt vom selben verlogenen Hersteller.

Ich kann diesen Schritt nicht genug betonen. Bild 4 zeigt die einzige Methode, wie wir unser Gefängnis demontieren und unser Denken neu programmieren können. Die Wahrheit ist der einzige Ausweg. Sagen Sie sich Johannes 8,32 so lange laut vor, bis sich der Vers in Ihrem Gedächtnis fest eingebrannt hat: „Ihr werdet die Wahrheit erkennen und die Wahrheit wird euch frei machen.“

Wir haben zwar den Geist Christi (1. Korinther 2,16), aber wir sind trotzdem noch in der Lage, rein fleischlich zu denken. Wir sind gewissermaßen zweisprachig. Meine älteste Tochter spricht Spanisch ziemlich fließend, aber sie denkt vor allem in Englisch, weil sie diese Sprache öfter einsetzt. Dasselbe gilt für Sie und mich. Wir denken in der Sprache, die wir am meisten praktizieren. In Römer 7 erklärt der Apostel Paulus unseren Kampf mit den beiden „Sprachen". Er schreibt:

So finde ich nun das Gesetz, das mir, der ich das Gute tun will, das Böse anhängt. Denn ich habe Lust an Gottes Gesetz nach dem inwendigen Menschen. Ich sehe aber ein anderes Gesetz in meinen Gliedern, das widerstreitet dem Gesetz in meinem Gemüt und hält mich gefangen im Gesetz der Sünde, das in meinen Gliedern ist. (Römer 7,21-23)

Kennen Sie das auch? Wenn Ihre Antwort lautet: „Aber ja, auf jeden Fall!", dann dürfen Sie mich mit auf Ihre Liste setzen. Aber ich habe gelernt, siegesbewusster zu denken. Wie? Gott wird uns von nichts befreien, was uns versklavt, solange wir in dieser Sache nicht so denken wie Christus. Nehmen Sie zum Beispiel die Unversöhnlichkeit. Oft möchten wir zwar gern von ihr loskommen, aber am liebsten wäre es uns, Gott würde diesen Menschen einfach aus unseren Gedanken streichen. Er soll irgendwie seinen Zauberstab schwingen, damit wir nie mehr an diesen Menschen denken müssen. Doch so handelt Gott nicht. Er möchte unser Denken ändern und erneuern (Römer 12,2), damit wir gerade auch im Blick auf den Menschen, dem wir vergeben sollen, so denken können wie Jesus selbst.

Wir werden nicht frei, bis wir in der Sache, die uns gebunden hält, so denken wie Christus. Wenn eine gläubige Frau sich von Satan dazu hat verleiten lassen, eine außereheliche Beziehung einzugehen, dann aber bereut und von der Bindung frei werden möchte, dann wird ihr Denken nicht frei werden, bis sie nicht die Lügen niederreißt und durch die Wahrheit ersetzt. Vermutlich bittet sie Gott, den anderen Menschen doch einfach aus ihren Gedanken wegzunehmen. Aber Gott weiß, dass damit nicht viel erreicht wäre, weil sie dann für einen ähnlichen Angriff weiterhin genauso empfänglich wäre. Statt dass er den Menschen aus unseren Gedanken fortnimmt, sollen wir anfangen, die Situation und den Menschen so zu sehen, wie Christus sie sieht.

Durch diesen Prozess, dass wir nämlich in einer bestimmten Situation Gottes Wahrheit anwenden, wird das Kreuz zwischen dem Gefangenen und seinen Gedanken aufgerichtet. Wenn der Geist Christi erst einmal die Sache übernommen hat, ist die Macht der Bindung gebrochen und der Mensch kann anfangen, seine Zelle zu verlassen.

Ich bin sehr stolz auf Sie. Halten Sie noch ein bisschen durch, dann wird die Freiheit in Christus auch in Ihrem Leben Realität werden. Als Nächstes wollen wir uns ein paar Methoden ansehen, wie wir unser Denken neu „tapezieren" können.

Kapitel 42

Die Gedanken gefangen nehmen

Fleischlich gesinnt sein ist der Tod und geistlich gesinnt sein ist Leben und Friede. (Römer 8,6)

Gott will, dass wir lernen, so zu denken wie Christus. Nur selten wird er uns von Gedanken, die uns beherrschen und gefangen halten, befreien, indem er sie uns einfach wegnimmt. Hirnamputationen kommen bei Gott nicht allzu häufig vor. Wenn wir das, was uns gefangen hielt, einfach vergessen könnten, würden wir womöglich auch vergessen, ihn für die Befreiung zu loben. Die eindrücklichsten Zeugnisse stammen von Menschen, die Jesus geheilt hat, die aber immer noch wissen, wie es war, als sie zerbrochen waren.

Auf meinen Reisen höre ich erschreckend oft von Frauen, die irgendwelche Affären hatten. Wenn sie sagen, sie hätten Buße getan und würden nun wieder Gott gehorchen, bin ich froh. Genauso oft sagen sie aber auch: „Er ist aus meinem Leben verschwunden, aber ich kriege ihn nicht aus dem Kopf." Ich weiß, dass sie es ernst mit dem Glauben meinen. Gott hat ihnen vergeben. Aber in ihren Gedanken sind sie immer noch gefangen. Genauso viele Frauen möchten gern den Menschen vergeben, die ihnen wehgetan haben. Sie seufzen: „Ich dachte, ich hätte ihm oder ihr vergeben, aber ich muss immer noch daran denken."

Als ich mit der Vorbereitung für dieses Buch begann, war mir klar, dass es irgendwo einen Schlüssel geben muss, der uns hilft, auch auf dem Schlachtfeld der Gedanken zu siegen. Und ich denke, wir finden den Schlüssel direkt in 2. Korinther 10,5. Ehe wir Gedanken, die uns beherrschen, aus unserem Denken vertreiben können, müssen wir sie Christus unterordnen, solange sie noch in unserem Denken sind. Das bedeutet, alles Denken in den Gehorsam gegen Christus gefangen zu nehmen. Der Prozess beginnt in Bild vier, wenn wir unser Denken mit der Wahrheit tapezieren – mit einer ganz besonderen Wahrheit. Wenn wir das Gefängnis unserer Gedanken verlassen wollen, dann müssen wir es zuerst mit Gottes Wort auskleiden. Bitte lassen Sie mich einige Methoden nennen, die Gott gebraucht hat, um mein Denken zu erneuern und mit denen er mir Befreiung aus manchen Bindungen geschenkt hat.

Suchen Sie in Gottes Wort nach hilfreichen Versen

In diesen Versen sollte klar zum Ausdruck kommen, was Gott von der Art von Bindung hält, in der Sie sich befinden. Benutzen Sie eine Konkordanz oder eine Auslegung zum betreffenden Thema. Wenn Sie sich in der Bibel noch nicht gut auskennen, bitten Sie Ihren Pfarrer oder Prediger, Ihnen zu helfen. Aber versuchen Sie auf jeden Fall eine Liste mit entsprechenden Bibelversen aufzustellen. Nicht nur einen oder zwei Verse und suchen Sie nicht nur nach Stellen, die eine Ermahnung enthalten, sondern auch nach solchen, in denen von Gottes Liebe und Güte und seiner Vergebung die Rede ist.

Schreiben Sie diese Verse auf kleine Notizzettel

Am besten ist ein kleiner Notizblock mit Spiralbindung. Ich nenne diese Zettel meine Wahrheitskärtchen, die ich nicht nur als Abwehr benutze, um Festungen einzureißen, sondern auch als Angriff, damit Satan keine neuen errichten kann.

Tragen Sie diese Zettel immer bei sich, bis die Macht der Bindung gebrochen ist

Seien Sie bereit, auch radikal für Ihre Freiheit zu kämpfen. Und machen Sie sich darauf gefasst, dass der Kampf heftiger wird, sobald Sie anfangen, die Lügen zu demontieren. Ich kann mich noch entsinnen, dass ich meinen Notizblock sogar mit zum Einkaufen nahm.

Meist legte ich ihn in den Babysitz und in etwa jedem zweiten Gang schlug ich den nächsten Vers auf. Was ich auf diese Weise von meinen Einkäufen mit nach Hause brachte, war ein buntes Sammelsurium, aber heute bin ich frei.

Gehen Sie so vielen Lügen wie möglich aus dem Weg

Füllen Sie Ihre Gedanken mit Wahrheit und mit Dingen, die mit der Wahrheit übereinstimmen, bis Sie gegenüber den Lügen des Satans nicht mehr so anfällig sind. Wenn wir aus einer Bindung nicht herauskommen, müssen wir aufpassen, womit wir unsere Gedanken füttern. Aber wenn wir sie einmal losgeworden sind, müssen wir noch wachsamer sein. Gottes Wort ist unsere Arznei. Je häufiger wir sie anwenden, desto klarer wird unser Denken.

Und nun zu unserem letzten Bild.

5. *Das Denken der Wahrheit unterwerfen*

Blättern Sie noch einmal zurück und sehen Sie sich alle fünf Abbildungen auf Seite 224 an. Betrachten Sie vor allem Bild eins und Bild fünf und lassen Sie die anderen drei im Moment einmal außer Acht. Was hat sich zwischen dem ersten und dem letzten Bild verändert?

Nun lesen Sie 2. Korinther 10,3-5. Sehen Sie, was passiert ist? Die Figur auf unserem Bild ist nicht mehr Gefangener, sondern nimmt jetzt selbst gefangen. Nun betrachten Sie die Bilder zwei, drei und vier. Was ist während dieser einzelnen Stationen abgelaufen? Wie sah die Entwicklung aus?

Die Frage ist: Wie hat der Gläubige es geschafft, seine Gedanken der Wahrheit zu unterwerfen? Indem er an die Wahrheit glaubte, die

Wahrheit sagte und daraus einen Lebensstil machte. Es geht darum, *wie* wir leben und nicht nur, dass wir etwas tun. Die Verbform „nehmen gefangen alles Denken" ist ein aktives Partizip Präsenz, das eine andauernde oder wiederholte Handlung beschreibt. Unsere Gedanken aus Bild vier sind wie ein gut dressierter Hund. Wir können nicht einfach „Sitz!" rufen und dann erwarten, dass er eine ganze Woche sitzen bleibt. Wir haben lange gebraucht, damit der Hund auf unseren Befehl gehorcht. Aber er wird nicht immer sitzen bleiben. Genauso geht es uns. Wir erringen nicht ein für alle Mal einen Sieg und haben dann nie wieder mit diesem Problem zu tun. Wenn wir so leben wollen, wie es Gott gefällt, haben wir unser Leben lang an unserem Denken zu arbeiten. Aber zwei wichtige Dinge machen uns Mut.

1. Solange wir an unseren Gedanken arbeiten, können sie nicht an uns arbeiten

Entweder wir werden von unseren Gedanken beherrscht, weil der Feind über sie Macht hat, oder wir beherrschen unsere Gedanken in der Kraft Gottes. Das Denken kennt keinen Leerlauf. Das heißt nicht, dass es keine Ruhe gibt. Aber es gibt keine größere Ruhe als Gedanken, die von Christus eingenommen sind.

2. Es ist geradezu das Wesen eines Lebens, das Gott gefällt, dass wir an unseren Gedanken arbeiten

So leben, wie es Gott gefällt, bedeutet nicht, dass wir vollkommen sind. Wenn Sie sich täglich darum bemühen, Ihr Herz und Ihren Sinn Gott auszuliefern und darauf achten, in welchen Bereichen Sie in Gedanken sündigen, dann würde ich sagen, dass Sie Gott gefallen. Von mir selbst würde ich das nie behaupten. Und so sollte es vielleicht auch sein.

Hier eine Faustregel für unser Denken, die uns aber auch in allen anderen Lebensbereichen helfen kann: Hungere das Fleisch aus und füttere den Geist. Das war für mich ein entscheidender Satz und ich hoffe, er wird Ihnen genauso wichtig. An jedem Tag, an dem unser Gläubiger von Bild fünf dieses Prinzip praktiziert, wird er siegen. Niederlagen sind dann nur noch eine Ausnahme von der Regel.

Wenn wir uns nicht bewusst dafür entscheiden, so zu denken wie der Geist, dann stehen wir quasi bei unserem Fleisch in der Schuld. Es ist Ihnen sicher schon aufgefallen, dass wir uns nie bewusst entscheiden müssen, egoistisch zu sein. Wir rutschen automatisch hinein, solange wir uns nicht bewusst der Autorität Christi und der Fülle seines befreienden Geistes unterstellen.

Bitten Sie Gott, dass er Ihnen ein erhöhtes Bewusstsein dafür schenkt, wie Sie denken. Achten Sie darauf, wann und wo Sie fleischlich denken. Denken Sie einmal darüber nach, welche Gefühle Sie damit in Ihrem Herzen säen. Oft höre ich Menschen sagen: „Meine Gefühle kann ich nun mal nicht ändern." Das ist wohl richtig, aber wir können unser Denken ändern und damit verändern sich dann auch unsere Gefühle. An jedem Tag und in jeder Situation können wir dem Geist oder dem Fleisch gemäß denken. Wenn wir dem Geist gemäß denken wollen, dann müssen wir es lernen, den Geist zu füttern und dem Fleisch etwas vorzuenthalten.

Je weniger wir den Geist Gottes in uns nähren, damit er Kraft bekommt, uns zu füllen, desto mehr „schrumpft" er zusammen. Doch Gott sei Dank gilt auch das Gegenteil. Je mehr wir den Geist Gottes in uns nähren und uns seiner Herrschaft unterstellen, desto mehr wird uns seine Gegenwart erfüllen und mit Leben und Frieden beschenken.

Denken Sie noch einmal an unseren Wunsch, dass Dinge oder Menschen, die nicht dem Willen Gottes entsprechen, aus unseren Gedanken verschwinden, wenn wir Buße getan haben. Das wird erst dann geschehen, wenn wir das Fleisch aushungern und den Geist in uns nähren. Wir wollen das an unserem Beispiel vom Anfang des Kapitels aufzeigen.

Wenn eine Frau eine ungute Beziehung beendet und sich ganz konkret daraus zurückgezogen hat, dann muss sie als Erstes die Lügen niederreißen und die Wahrheit aufrichten. Sie muss anfangen über die Wahrheiten nachzudenken, die für ihre Situation gelten. Sie muss ihr Denken mit Dingen füllen, die ihren Geist nähren, und Situationen aus dem Weg gehen, die das Fleisch begünstigen. (Wenn sie der betreffenden Person am Arbeitsplatz begegnet, dann empfehle ich, die Abteilung oder – wenn nötig – die Stelle zu wechseln. Ja, so ernst ist es!) Mit der Zeit wird der Mensch, der ihre Gedanken erfüllte, sie immer weniger beschäftigen, bis ihr Denken irgendwann „ausgehungert" ist. Das braucht allerdings viel Durchhaltevermögen. Viele Menschen geben auf, bevor die alten Gedanken aufgegeben haben. Aber es funktioniert. Lassen Sie Gott freie Hand und genug Zeit, Ihr Denken zu erneuern! Dann werden Sie siegen und Satan wird besiegt.

Kapitel 43

Eine Pflanzung des Herrn

Dass sie genannt werden „Bäume der Gerechtigkeit", „Pflanzung des Herrn", ihm zum Preise. (Jesaja 61,3)

Ich kann es kaum glauben, dass wir uns bereits dem letzten Abschnitt unseres gemeinsamen Weges nähern, und ich bete darum, dass wir zum Schluss noch einmal ein ganz klares Bild von der Freiheit gewinnen. Wir haben gelernt, wie wir die Liebe, die Christus von uns möchte, zum Ausdruck bringen können. Jesus hat einmal selbst formuliert, wie Gottes oberstes Gebot für Sie und mich lautet: „Du sollst den Herrn, deinen Gott, lieben von ganzem Herzen, von ganzer Seele, von ganzem Gemüt und von allen deinen Kräften" (Markus 12,30). Vier Bereiche nennt er hier, mit denen wir Gott lieben sollen (Herz, Seele, Gemüt, Kräfte). Von ganzem Herzen lieben wir Gott, wenn wir uns seiner Herrschaft unterstellen, weil wir wissen, wie sehr er uns liebt, und seiner Liebe vertrauen (1. Johannes 4,16).

Gott von ganzem Gemüt zu lieben erscheint mir am Schwersten. Wobei Gemüt hier für den Verstand, die Vernunft, das Denken steht. Bei allem, womit wir uns in den letzten Kapiteln beschäftigt haben, ging es darum, Gott mit unserem Verstand zu lieben. Wir tun das, wenn wir ihm selbst die geheimsten Gedanken ausliefern und ihn Tag für Tag darum bitten, die Herrschaft zu übernehmen.

Die Aufforderung, Gott auch von allen Kräften zu lieben, geht mir im Moment gerade besonders nahe, weil ich erst kürzlich mit ansehen musste, wie ein geliebter Mensch immer kraftloser wurde. Ich denke, mit diesem Teil seines Liebesgebots meint Gott vor allem Folgendes: „Liebe mich mit aller Kraft, die du hast. Gib mir deinen Leib als Tempel, in dem ich wohnen kann, ob du nun schwach bist oder stark, ob im

Leben oder Sterben." Ich war dabei, als meine schwache, sterbende Mutter versuchte die Lippen zu bewegen und in ihren letzten Stunden mit mir Loblieder zu singen. Da liebte sie Gott von allen Kräften, bis er kam und ihr die Last abnahm. Wir lieben Gott von allen Kräften, wenn wir ihm alles geben, was wir haben, ob es nun viel ist oder wenig.

Während wir gemeinsam dieses Buch durchgearbeitet haben, haben Sie ausgelebt, was in Markus 12,28-30 steht. Sie mussten mit ganzem Herzen, ganzer Seele, ganzem Gemüt und aller Kraft dabei sein. Dies alles war eine Übung, Gott zu lieben. Wie sehr bete ich dafür, dass all die Teile Ihres Herzens, Ihrer Seele, Ihres Gemüts und Ihrer Kraft, die wir gemeinsam untersucht haben, Sie ganz neu und noch viel stärker fähig machen, Gott zu lieben. Wenn Sie ihn heute schon mehr lieben als an dem Tag, als Sie dieses Buch zur Hand nahmen, dann hat sich der Weg gelohnt, auch wenn er nicht immer ganz leicht war. Und ich kann mir an dieser Stelle nichts Passenderes vorstellen, als noch einmal die Worte aus Jesaja 61,1-4 zu wiederholen – die Sie inzwischen sicherlich auswendig können.

In diesen abschließenden Kapiteln wollen wir uns vor allem mit dem letzten Satz aus Jesaja 61,3 beschäftigen. Darin ist in wenigen Worten das Ziel unseres Weges enthalten. Christus kam, um die Gefangenen zu befreien, „dass sie genannt werden ‚Bäume der Gerechtigkeit', ‚Pflanzung des Herrn', ihm zum Preise."

Sehen Sie sich einmal die ersten Worte an: „dass sie genannt werden." Das hebräische Wort für „nennen" lautet *qarah* und bedeutet „rufen, ausrufen, verkündigen, nennen, lesen". Die Definition, die dem Gebrauch in unserem Text am nächsten kommt, ist wohl das „Nennen". Ich bin in meinem Leben schon alles Mögliche genannt worden, aber wenn man mir sagen würde, ich sei etwas „zum Preise des Herrn", dann würde ich alles andere bereitwillig dagegen eintauschen.

Am Wichtigsten ist vielleicht, *wer* da nennt oder ruft. Wer blickt auf die befreiten Gefangenen und gibt ihnen einen Namen zum Preis des Herrn? Ich denke, es ist Gott. Unser himmlischer Vater freut sich, wenn wir bereit sind, in seiner Kraft zu siegen. „Er wird über dich mit Jauchzen fröhlich sein" (Zefanja 3,17). Darum sollten Sie sich fein machen und anfangen zu feiern. Denn er, der retten kann, will Sie erlösen.

Wenn Sie so sind wie ich, dann freuen Sie sich wahrscheinlich auch, dass Sie zum Preis des Herrn einen neuen Namen bekommen. Aber dass Sie ein Baum genannt werden, wird Sie unter Umständen nicht so begeistern. Doch die Gefangenen, die frei wurden, werden „genannt werden ‚Bäume der Gerechtigkeit', ‚Pflanzung des Herrn'", heißt es in unserem Vers (Jesaja 61,3). Das hebräische Wort für „Gerechtigkeit" lautet *tsadaq* und bedeutet „Recht, Richtiges, Rechtschaffenheit, das, was recht und richtig ist".

Egal, woran wir gebunden waren, Gott kann uns in seine Liebe einpflanzen, er kann uns mit seinem Wort begießen, damit wir zu „Bäumen der Gerechtigkeit" werden, zu Menschen, die rechtschaffen sind und tun, was recht und richtig ist. Wir können es allerdings nur, wenn Gott uns dazu befreit und innerlich neu gemacht hat.

Ein Baum zu sein ist also alles in allem gar nicht so schlecht, wenn wir von Gott gepflanzt werden mit dem ganz speziellen Zweck, ihn zu preisen. Auch was das bedeutet, wollen wir uns noch etwas näher ansehen. Im Hebräischen steht hier das Wort *pa'ar*, „verherrlichen, glänzen, schmücken, verschönern, sich rühmen, brüsten". Gott preisen heißt, seine Schönheit widerspiegeln. Können Sie sich etwas Schöneres vorstellen? Wir sind dazu berufen, auf dieser Erde Gottes Schönheit auszustrahlen.

Wie bei Mose, dessen Gesicht glänzte, wenn er mit Gott geredet hatte (2. Mose 34), so glänzt das Leben der Gebundenen, wenn sie frei geworden sind. Ist das ein Wunder? Jeder Gefangene, für den die Freiheit in Christus Wirklichkeit geworden ist, hat nicht wenig Zeit in der Gegenwart Gottes verbracht. Psalm 45, 12 könnte von solch einem Gefangenen stammen: „Den König verlangt nach deiner Schönheit; denn er ist dein Herr, und du sollst ihm huldigen."

Sehen wir uns auch noch den letzten Ausdruck aus unserer Definition von *pa'ar* an. Jemand, der Gott preist, ist jemand, mit dem sich Gott brüsten kann. Haben Sie das gelesen? Wenn Sie bereit sind, mit Gott die zweite Meile zu gehen und alles zu tun, was nötig ist, um frei zu werden, dann ist er stolz auf Sie. Gott liebt uns immer überschwänglich, aber stellen wir uns das einmal vor: Er ist stolz auf uns und brüstet sich mit uns.

Jesus, unser Bräutigam, freut sich über die Schönheit, die wir gewonnen haben, weil wir im Haus des Herrn waren, um zu schauen „die Freundlichkeit des Herrn" (Psalm 27,4). Ich weiß nicht, wie es Ihnen geht, aber wenn ich mir das vorstelle, hüpft mir das Herz im Leibe. Ich weiß, dass Gott mich liebt, auch wenn ich nicht besonders schön bin.

Aber die Vorstellung, dass er sich sogar mit mir brüstet, macht mich beinahe stolz. Je mehr wir die Freundlichkeit des Herrn bestaunen, desto mehr nimmt unser Leben seine Herrlichkeit an und strahlt sie dann weiter nach außen. Was Gott sich wirklich wünscht, ist, dass er unser Bild herumzeigen und fragen kann: „Sieht sie nicht aus wie mein Sohn? Die Ähnlichkeit ist doch verblüffend, oder nicht?" Das bedeutet es, zu seinem Preis zu leben. Ein lebendiges, sichtbares Abbild der Schönheit und Freundlichkeit Gottes sein.

Auf dem Rest unseres Weges geht es nun darum, wie ein Leben aussieht, mit dem Gott sich brüsten kann. Denn das ist unsere Bestimmung.

Kapitel 44

Zum Lob seines Namens

Wir warten auf dich, Herr, auch auf dem Wege deiner Gerichte; des Herzens Begehren steht nach deinem Namen und deinem Lobpreis. (Jesaja 26,8)

Wir wollen herausfinden, womit Gott sich brüsten kann – welche Elemente in unserem Leben ihn preisen. In 2. Petrus 1,3 lesen wir: „Alles, was zum Leben und zur Frömmigkeit dient, hat uns seine göttliche Kraft geschenkt." Wir sind dazu berufen, Gott zu preisen, und wir erfüllen unsere Berufung, wenn wir uns nach den Vorrechten ausstrecken, die er uns entgegenstreckt.

Christus gab sein Leben, damit wir frei sind. Frei, um nach dem Vers in 1. Korinther 1,9 zu leben. Frei, um zu Gottes Lob zu leben. Frei, um die fünf Vorrechte zu genießen, die eine Beziehung zu Gott uns schenkt:

1. Gott kennen und ihm glauben.
2. Gott verherrlichen.
3. In Gott Zufriedenheit finden.
4. Gottes Frieden erleben.
5. Sich an Gottes Gegenwart freuen.

Etwas vom Wichtigsten, das wir hoffentlich gelernt haben, ist die Erkenntnis, dass das Fehlen eines dieser Vorrechte in unserem Leben ein Hinweis darauf ist, dass irgendwo eine Bindung besteht, dass wir in einem Bereich unseres Lebens eine Niederlage erfahren. Jetzt, am Schluss unserer Betrachtungen, wollen wir uns die fünf Vorrechte noch einmal ansehen. Diesmal allerdings in ihrer vollkommensten Form, in der Gottes Herrlichkeit uneingeschränkt zum Ausdruck kommt. Wie sieht das aus?

In Jesaja 43, 9 lesen wir, wozu ein Zeuge da ist: „Sie sollen ihre Zeugen aufstellen und beweisen, so wird mans hören und sagen: Es ist die Wahrheit." Als sterbliche Menschen, die Gott kennen und ihm glauben, sind wir nie schöner als dann, wenn andere unser Leben sehen, unser Reden hören und dann sagen: „Es ist die Wahrheit." Das nennt man einen lebendigen Beweis. Wenn Sie in der Erkenntnis Gottes baden und es wagen, ihm zu glauben, dann erkennen andere an Ihnen die Wahrheit, ob Ihnen selbst das bewusst ist oder nicht. In Jesaja 43,10 heißt es weiter: „Ihr seid meine Zeugen, spricht der Herr, und mein Knecht, den ich erwählt habe, damit ihr wisst und mir glaubt und erkennt, dass ichs bin."

Und nun wollen wir sehen, wie das Glaubensporträt von Jesaja 43, 9-10 zu einem leuchtenden Abglanz von Gottes Herrlichkeit wird. In Jesaja 26,8 lesen wir, „Gottes Name und Lobpreis" sei das Begehren der Menschen, die auf Gott warten. Was will Jesaja damit wohl sagen?

Das hebräische Wort für Name lautet *shem*. Die Bezeichnung „Semiten" stammt von diesem Wort. Gott erwählte Israel, um es bei seinem Namen zu nennen. Die „Semiten" oder Israeliten sind also buchstäblich ein Volk, das Gottes Namen trägt. Der Name konnte „Wesen, Bestimmung und Auftrag" ausdrücken. Die Israeliten waren demnach als Volk dazu berufen, das Wesen des einen Gottes widerzuspiegeln.

Der Name, der uns aufgrund unseres Glaubens am häufigsten gegeben wird, lautet „Christen". Wir tragen den Namen Christi. Gott hat uns dazu berufen zu zeigen, welche Stellung sein einziger Sohn in unserem Leben hat.

Jesaja sagt, das Begehren ihres Herzens sei es auch, Gottes Namen zu *preisen*. Wer Gott lobt und preist, dem wird auch sein Name immer lieber. Wir könnten den Vers auch so wiedergeben: Mein Herz wünscht sich nichts als deinen Ruhm und deine Ehre.

Im nächsten Vers schreibt Jesaja: „Von Herzen verlangt mich nach dir des Nachts, ja, mit meinem Geist suche ich dich am Morgen" (Jesaja 26,9). Je mehr wir von Gott wissen, desto mehr wollen wir noch von ihm erfahren. Je mehr Zeit wir mit ihm verbringen, desto mehr sehnen wir uns nach ihm. Ich denke auch an Psalm 63, 3: „So schaue ich aus nach dir in deinem Heiligtum, wollte gerne sehen deine Macht und Herrlichkeit." Die Sehnsucht, wie sie in Jesaja 26,8-9 und Psalm 63 beschrieben wird, kommt aus dem Herzen eines Menschen, der Gott wirklich kennen gelernt hat. Und wer Gott so gut kennt, der möchte ihn auch bekannt machen. Niemand muss einen Menschen, der Gott ganz persönlich kennt, dazu zwingen, ein lebendiges Zeugnis zu sein. Wer Gottes Namen (und alles, was damit zusammenhängt) wirklich kennt, der möchte ihn berühmt machen.

Wenn ich Ihnen nun die folgende Frage stelle, dann glauben Sie mir bitte, dass ich Sie damit keineswegs kritisieren oder verurteilen will, ganz egal wie Ihre Antwort ausfällt. Aber überlegen Sie einmal: Sehnen Sie sich zur Zeit nach der Nähe Gottes? Es geht mir nicht um Schuldgefühle oder dass es Sünde ist, wenn Gott Ihnen nicht das Wichtigste ist. Es geht mir vielmehr um die Sehnsucht, die uns immer näher und näher zu Gott zieht. Eine Sehnsucht, die so groß ist, dass uns schon ein paar Tage ohne Gebet und Bibellese wie eine Ewigkeit vorkommen.

Sie haben dieses Buch ursprünglich vielleicht zur Hand genommen, weil Sie Befreiung erfahren wollten. Aber ich bete darum, dass Sie darin unbeschreiblich viel mehr über den Befreier erfahren haben. Gott ist jedes Motiv recht, das uns zu seinem Wort zieht und ins Gebet treibt. Aber er möchte unsere Motive läutern, bis es uns nur noch um ihn selbst geht.

Denn es kann durchaus sein, dass ich mich auch beim Bibellesen und Beten nur um mich drehe. „Ändere die Umstände, Herr. Gebrauche mich. Führe mich durch den Tag. Zeig mir den Weg. Lass mir dies und das gelingen." Nicht eines dieser Gebete ist verkehrt. Doch wenn ich nur deshalb die Beziehung zu Gott suche, weil er etwas für mich tun kann, dann wächst in mir vielleicht das Verlangen nach seiner Macht, aber nicht die Sehnsucht nach seiner Nähe. Gott will unsere Gebete gern erhören, aber am meisten freut er sich, wenn sie aus dem Mund eines Menschen kommen, der ihn um seiner selbst will – mehr als alles, was er diesem Menschen geben kann.

Wie gesagt wären Schuldgefühle das Letzte, was ich Ihnen vermitteln möchte, wenn der Wunsch, Gott zu kennen, nicht Ihr Hauptmotiv ist, um zu beten und in der Bibel zu lesen. Aber ich möchte Ihnen gern etwas bewusst machen. Erkenntnis ist immer der erste Schritt in die Freiheit. Genau diese Erkenntnis war es, die mich mit knapp dreißig Jahren dazu bewegte, Gott um ein Herz zu bitten, das ihn mehr als alles andere liebt und ihn kennen lernen will. Mir fehlen die Worte und der

Platz, um zu erklären, welche Veränderungen meine Bitte bewirkt hat. Bis heute ist es die Bitte, die ich am häufigsten vorbringe. Ich möchte ihn noch besser kennen lernen, mehr als alles sonst in der Welt.

Und sehen Sie, was in meinem Herzen passiert ist, nachdem es mir bei Gebet und Bibellese nur noch um Gott ging? Es reicht mir nicht mehr, ihn selbst zu kennen und ihm zu glauben. Ich möchte auch, dass alle anderen ihn kennen lernen. Ich stelle mich nicht gern selbst als Beispiel hin, aber ich möchte Ihnen klar machen, dass Gott Jesaja 43,10 für jeden Menschen zu Jesaja 26,8 machen kann. Wenn Sie seinen Namen wirklich kennen, dann wollen Sie ihn auch bekannt machen. Das ist das Begehren der Menschen, die Gottes Lob suchen.

Gott kennen und ihm glauben dient ihm am meisten zum Lob, wenn es unser Wunsch ist, dass auch andere ihn kennen und ihm glauben. Aber ziehen Sie nun keine falschen Schlüsse. Vielleicht meinen Sie, Ihnen fehle die Sehnsucht nach Gott, weil Sie nicht den Mut haben, bei fremden Leuten an die Tür zu klopfen und zu evangelisieren. Auch wenn ich für Menschen, die das tun und Traktate verteilen, große Hochachtung empfinde, es ist sicher nicht die einzige und vielleicht nicht einmal die beste Methode, um Gott bekannt zu machen. Hier ein paar Vorschläge, wie wir unsere Liebe zu Christus weitergeben können:

- Laden Sie Menschen zu einem Bibelkreis ein. Ich werde nie den Brief vergessen, den ich von einer Gruppe erhielt, die sich mit einem meiner Bücher beschäftigte. Beim letzten ihrer Treffen hatte die Leiterin gefragt: „Möchte noch jemand etwas sagen, bevor wir schließen?" Eine Frau, die jedes Mal dabei gewesen war, sagte: „Ja, ich möchte gern Jesus aufnehmen."
- Laden Sie Menschen in den Gottesdienst ein. Bedenken Sie dabei aber: Es geht uns nicht um die Ehre irgendeiner Gemeinde. Wir suchen Gottes Ehre.
- Laden Sie Menschen zu Konzerten mit christlicher Musik ein.
- Laden Sie Freunde oder Nachbarn zum Kaffee ein oder gehen Sie joggen, damit sich auf diese Weise ungezwungene Unterhaltungen ergeben und andere erkennen können, welche Rolle Jesus in Ihrem Leben spielt.
- Unterstützen Sie Werke für innere und äußere Missions durch Gebet und Spenden.

O Herr, wenn du dich doch auch mit uns brüsten und sagen könntest: Ihres Herzens Begehren stand nach meinem Namen und meinem Lobpreis.

Kapitel 45

Zu Gottes Herrlichkeit

Keiner Waffe, die gegen dich bereitet wird, soll es gelingen, und jede Zunge, die sich gegen dich erhebt, sollst du im Gericht schuldig sprechen. Das ist das Erbteil der Knechte des Herrn, und ihre Gerechtigkeit kommt von mir, spricht der Herr. (Jesaja 54,17)

Auf den letzten Metern wollen wir unsere Schritte etwas zügeln und uns fünf Methoden ansehen, wie wir Gott preisen können. Wir haben sie weiter vorn als fünf Vorrechte kennen gelernt, die Gott seinen Kindern gewährt: Gott kennen und ihm glauben; Gott verherrlichen; in Gott Zufriedenheit finden; Gottes Frieden erleben und sich an Gottes Gegenwart freuen. Wir wollen uns einmal vorstellen, es würde sich dabei um fünf Gemälde handeln, die am Ende unseres Weges auf Staffeleien aufgestellt sind und etwas von Gottes Herrlichkeit zeigen. Sie führen uns vor Augen, wie völlige Freiheit aussieht. Jedes Bild steht für ein Leben, mit dem Gott sich rühmen kann.

Vorrecht Nummer zwei besteht darin, Gott zu verherrlichen. Gottes Ehre, haben wir gesagt, ist die Art, wie er sich selbst bekannt macht oder seine Macht offenbart. Wenn Gott sich also durch einen Menschen verherrlichen will, dann zeigt er, wer er ist, indem er den Gläubigen Dinge tun oder sein lässt, zu denen er andernfalls nicht in der Lage wäre.

Ein herrliches Beispiel für Menschen, die über ihre menschlichen Reaktionen hinauswachsen, finden wir in 2. Korinther 4,8-9. Paulus schildert sie folgendermaßen: „Wir sind von allen Seiten bedrängt, aber wir ängstigen uns nicht. Uns ist bange, aber wir verzagen nicht. Wir leiden Verfolgung, aber wir werden nicht verlassen. Wir werden unterdrückt, aber wir kommen nicht um.“

Die Verse davor und danach machen deutlich, warum Gott oft darauf beharrt, uns über unsere Grenzen hinaus zu fordern.

Wir haben aber diesen Schatz in irdenen Gefäßen, damit die überschwängliche Kraft von Gott sei und nicht von uns [...] Wir tragen allezeit das Sterben Jesu an unserm Leibe, damit auch das Leben Jesu an unserm Leibe offenbar werde. (2. Korinther 4,7.10)

Jedes Mal wenn wir Gott verherrlichen, tun wir etwas zu seinem Lob. Jetzt aber möchte ich uns das Bild eines Lebens vor Augen malen, das Gott nichts, aber auch gar nichts vorenthält. Ein Leben, durch das Gott Dinge wirkt, die nur er tun kann. Ein Leben, das von allen Gebundenheiten befreit ist. Ich habe ganz bewusst bis jetzt damit gewartet, auf den ersten Bericht Bezug zu nehmen, in dem die Bibel von der Befreiung Gefangener erzählt. Nun aber wollen wir einmal nach Ägypten schauen und das Jammern der Israeliten hören, der Kinder Gottes, die dort grausam unterdrückt wurden:

Und die Israeliten seufzten über ihre Knechtschaft und schrien und ihr Schreien über ihre Knechtschaft kam vor Gott. Und Gott erhörte ihr Wehklagen und gedachte seines Bundes mit Abraham, Isaak und Jakob. Und Gott sah auf die Israeliten und nahm sich ihrer an. (2. Mose 2,23-25)

Ich habe das Elend meines Volks in Ägypten gesehen und ihr Geschrei über ihre Bedränger gehört; ich habe ihre Leiden erkannt. Und ich bin herniedergefahren, dass ich sie errette aus der Ägypter Hand. (2. Mose 3,7-8)

Fast immer wenn davon die Rede ist, dass Gott eines Menschen oder einer Sache gedenkt, hat er im Sinn zu helfen. Das sehen wir auch hier in 2. Mose 3,8. Er gedachte und deshalb kam er hernieder, um sie zu erretten. Was bedeutet das für uns? Gott weiß vom ersten Augenblick an, was wir durchmachen. Er möchte allerdings, dass wir ihn um Hilfe anrufen. Gott überhört kein einziges Jammern oder Schreien seiner Kinder. Er hat immer schon einen Plan zu ihrer Rettung. Und wenn der richtige Zeitpunkt gekommen ist, greift er ein.

Als Gott sich daran machte, das Volk Israel zu retten, hatte er allerdings einen ganz besonderen Plan. In 2. Mose lesen wir, dass Gott das Passafest einführte. Jede jüdische Familie musste ein Lamm schlachten und das Blut an den Türpfosten streichen. Als dann der Todesengel durch Ägypten zog und in jeder Familie die Erstgeborenen tötete, da ging er an den Häusern, die mit Blut bestrichen waren, vorbei.

Wenn Sie so zart besaitet sind wie ich, mögen Sie sich das vielleicht kaum vorstellen. Aber vergessen Sie nicht – Gott wusste, was ihn die Befreiung seiner Kinder kosten würde. Eines Tages wollte er das Leben seines eigenen Erstgeborenen opfern, damit jeder Gefangene, ob Jude oder Heide, frei werden kann. Als Gott seinen Plan in Gang setzte, erwartete er auch, dass sein Volk sich vorbereitete. Und ich glaube, dasselbe gilt für uns heute. Gott sandte Christus, damit die Gebundenen frei werden. Aber er verlangt auch unsere Aufmerksamkeit und unsere Vorbereitung. Wir sollen nie vergessen, dass das Lamm Gottes sein Blut vergießen musste, damit wir erlöst werden. Es gibt für uns keinen Ausweg, solange an unserem Türpfosten nicht das Blut Christi klebt.

Wenn Gott sein Volk einfach befreit hätte, damals oder heute, dann wäre das wohl mehr, als wir uns vorstellen könnten. Aber die Geschichte geht noch weiter. „Und die Israeliten hatten getan, wie Mose gesagt hatte, und hatten sich von den Ägyptern silbernes und goldenes Geschmeide und Kleider geben lassen. Dazu hatte der Herr dem Volk Gunst verschafft bei den Ägyptern, dass sie ihnen willfährig waren, und so nahmen sie es von den Ägyptern zur Beute“ (2. Mose 12, 35-36).

Das hebräische Wort für „Beute“ lautet *nasal* und bedeutet „wegnehmen, entreißen“. Wenn Gott seine Kinder befreit, dann müssen sie nie auf dem Zahnfleisch davonkriechen. Die Israeliten waren verarmte Sklaven, aber als Gott sie befreite, zogen sie mit dem Reichtum der Ägypter fort. Wir können daraus eine wundervolle Parallele ziehen. Die Frau von Charles E. Cowman schildert das in ihrem weithin bekannten Andachtsbuch *Alle meine Quellen sind in dir* besser, als ich es könnte:

Es gibt keinen Feind, der sich unserem Wachstum in der Gnade oder unserem Dienst für den Herrn entgegenstellt, der nicht von unserem Heiland besiegt worden wäre. Wir brauchen uns deshalb vor keinem Feind zu fürchten. Wenn wir ihn anpacken, wird er vor uns fliehen. Gott hat versprochen, ihn vor uns dahinzugeben. Wir müssen nur stark und mutig sein! ...

Unsere Stärke liegt ja darin, dass wir mit dem Stärksten eins sind. Deshalb gilt es, den Sieg in Anspruch zunehmen!

Sooft unsere Feinde auf uns einstürmen, gilt es, den Sieg Jesu auszurufen ... Wir müssen glauben, dass wir an dem Sieg Jesu Anteil haben. Rechnen wir mit dem Sieg und sammeln wir die Beute ein! Weder die Riesen noch die festen, ummauerten Städte brauchen uns zu erschrecken oder einzuschüchtern. Wir gehören zur Armee des Siegers. Deshalb müssen wir unseren Anteil am Sieg unseres Heilands in Besitz nehmen! Wir sind Kinder des Königs.[1]

Wie steht es mit Ihnen? Haben Sie Ägypten, haben Sie die Zeit Ihrer Knechtschaft mit einer reichen Beute verlassen? Haben Sie dem Feind einen Stoß versetzt und Gott erlaubt, Sie doppelt so reich hinausgehen zu lassen, wie Sie hineingegangen sind? Schon Abraham wurde von Gott verheißen: „Ich will das Volk richten, dem sie dienen müssen. Danach sollen sie ausziehen mit großem Gut" (1. Mose 15,14).

Vergessen Sie es nicht! Was Gott dem Volk Israel konkret versprochen hat, das können die Gläubigen im Neuen Testament fast immer im geistlichen Sinne für sich in Anspruch nehmen. Er will uns mit einem reichen Besitz aus der Zeit der Unterdrückung hervorgehen lassen.

Sie müssen der Sklaverei nicht wie ein Habenichts entrinnen. Nach allem, was der Feind Ihnen angetan hat, dürfen Sie Ihre Beute mitnehmen. Gott will Sie mit Gold, Silber und Edelsteinen segnen und zwar mehr als je zuvor; denn wenn Sie schwach sind, ist Gott stark. Eine größere Bedrohung für das Reich der Finsternis, als Satan sich je hätte träumen lassen. Nicht nur der Boden, den Sie zurückgewonnen haben, gehört Ihnen. Gott will Ihre Grenzen weit machen und Land in Ihren Besitz bringen, von dem Sie noch nichts wussten. Lassen Sie den Feind dafür zahlen, dass er Sie so übel hereingelegt hat! Reißen Sie die Beute an sich!

O, wie wünsche ich es mir, dass Sie erkennen, welche Beute Sie bereits vom Feind gemacht haben, als Gott Sie aus seiner Knechtschaft erlöste. Geben Sie Gott Ihre Fehler. Geben Sie ihm die Zeit der schlimmsten Sklaverei, die demütigendsten Niederlagen. Gott, und nur er, kann sie gebrauchen, um Sie zu einer doppelt so starken Kämpferin zu machen, als Sie es sich vorstellen können. Nehmen Sie die Beute in Besitz!

Und noch mehr. Nutzen Sie diese Beute zur Ehre Gottes! Als Gott den befreiten Israeliten befahl, die Stiftshütte zu bauen, was meinen Sie, woher das Gold und Silber kam? Aus dem Reichtum der Ägypter. Die Israeliten gaben ihre Beute an Gott zurück. Einem Gott, der mit ein paar einfachen Fischen und Broten Tausende von Menschen satt machen kann. Einem Gott, der eine erstaunliche Rendite macht. Wie also kann man die Beute, die man aus der Gefangenschaft mitgebracht hat, am besten investieren? Hatten Sie schon Gelegenheit, Gott Ihre Beute zu bringen und zu beobachten, was er damit erwirtschaftet?

Christus starb für mich, als ich noch Sünder war. Er hörte mein Klagen, als ich in selbst verschuldeter Sklaverei war, und der Gott des Universums sah mich an und befreite mich. Und gab es eine Beute? Sie haben Sie direkt vor sich. Dieses Buch ist nichts anderes. Jede Zeile ist ein Beweis für das, was ich aus der Zeit der Demütigung in Ägypten mitnehmen durfte. Ich hätte es verdient, einfach ins Regal gestellt zu werden und geduldig zu warten, bis es Zeit ist, in die Herrlichkeit zu gehen. Stattdessen gebraucht Gott genau die Dinge, mit denen Satan mich bekämpfte, um mich zu lehren. Wie sollte ich ihm mein Leben nicht zurückgeben? Allein durch ihn habe ich überlebt, allein durch ihn geht es mir gut.

Jedes Mal, wenn Sie Ihre Beute aus Ägypten mitnehmen und Gott zu seiner Ehre zurückgeben, preisen Sie ihn. Wenn Sie Buße getan haben und aus Ägypten entronnen sind, dann lassen Sie nicht den Kopf hängen. Gott selbst zwingt den Feind dazu, Ihnen die Beute mitzugeben. Aber wenn Sie nicht voller Erwartung den Kopf heben, dann bekommen Sie vielleicht nichts davon mit.

Zum Schluss möchte ich noch etwas aus meiner persönlichen Erfahrung sagen. Es gibt Tage, an denen möchte ich nicht verletzlich oder ehrlich sein, ganz egal wem ich damit helfen könnte. An manchen Tagen möchte ich vergessen, dass ich jemals in Ägypten war. Manchmal möchte ich einfach so tun, als sei immer alles in Ordnung gewesen. Ich möchte nicht geben, ich möchte nehmen. Und an manchen Tagen möchte ich einfach, dass sich niemand in meine persönlichen Dinge einmischt. Die Erinnerung an die Zeit in Ägypten tut weh. Zuzugeben, was geschehen ist, fällt mir schwer. Da gibt es nichts zu bewundern. Manchmal denke ich, ich schaffe es einfach nicht. Aber jeden Morgen drängt mich der Heilige Geist aufs Neue, die Begegnung mit Gott zu suchen. Mit dem Gott der Gnade, der sich zu mir hinabbeugt. Wenn ich mir ganz einfach Zeit zum Beten nehme, staune ich plötzlich über die Majestät meines Erlösers. Des Einen, der verantwortlich ist für alles Gute in mir. Die Sünden der Vergangenheit sind vergeben und sein Erbarmen fällt vom Himmel wie Manna. Mein Herz ist ganz neu berührt und ich gebe ihm alles, was ich habe. Morgen für Morgen.

Kapitel 46

Zufriedenheit und Frieden

Und der Herr wird dich immerdar führen und dich sättigen in der Dürre und dein Gebein stärken. Und du wirst sein wie ein bewässerter Garten und wie eine Wasserquelle, der es nie an Wasser fehlt. (Jesaja 58,11)

Nun wollen wir uns Vorrecht Nummer drei und vier ansehen und zwar auf dem Gipfel ihrer Schönheit – zu Gottes Ruhm und Ehre.

Zufriedenheit in Gott

Im Grunde bleibt uns gar nichts anderes übrig, als unsere Zufriedenheit in Gott zu suchen (Vorrecht Nummer drei), denn Unzufriedenheit und Leere sind für den Feind wie eine rote Fahne. Die leeren Flecken in unserem Leben werden für ihn zur Spielwiese. Stellen Sie sich einmal einen großen, grünen Golfplatz vor. Die Fähnchen verraten dem Golfspieler, wo die Löcher sind. Etwas Ähnliches geschieht in der unsichtbaren Welt. Keiner erreicht das Erwachsenenalter, ohne dass es in seinem Leben ein paar Löcher gibt. Bei manchen sind es mehr, bei anderen weniger, je nachdem was wir erlebt haben. Aber wir alle haben Löcher. Und Sie können sicher sein, dass der Feind an jedem Loch ein Fähnchen aufgestellt hat, um es als Ziel zu markieren. Wir vergeuden unsäglich viel Energie, wenn wir uns über diese Löcher ärgern oder verbittert werden und uns fragen, warum sie existieren und wer daran schuld ist. Heilung setzt aber ein, wenn wir erkennen, wie verwundbar uns diese leeren Stellen machen; wenn wir einmal überschlagen, was es uns kostet, sie mit nutzlosen Dingen zu füllen, und dann allein in Christus Erfüllung suchen. Meiner Ansicht nach ist

Heilsein in Christus jener Zustand, bei dem jedes Loch von Jesus gefüllt wurde.

Niemand kann die Löcher, die durch die traumatischen Ereignisse meiner Kindheit gerissen wurden, wegnehmen. Der Schaden kann nicht ungeschehen gemacht werden; er muss heilen. Die Löcher können nicht verschwinden, aber man kann sie füllen. Wenn wir uns jetzt noch einmal ansehen, was Zufriedenheit in Christus bedeutet, dann wollen wir sie in ihrer schönsten Form betrachten. Wir wollen uns einen Menschen ansehen, der Gottes Ehre widerspiegelt. Jesaja 58 malt uns ein perfektes Bild von ihm:

Das aber ist ein Fasten, an dem ich Gefallen habe: Lass los, die du mit Unrecht gebunden hast, lass ledig, auf die du das Joch gelegt hast! Gib frei, die du bedrückst, reiß das Joch weg! (Jesaja 58,6)

Und der Herr wird dich immerdar führen und dich sättigen in der Dürre und dein Gebein stärken. Und du wirst sein wie ein bewässerter Garten und wie eine Wasserquelle, der es nie an Wasser fehlt. (Jesaja 58,11)

Gott beauftragte den Propheten Jesaja, etwas aufzuschreiben, das fast so etwas wie ein Wortspiel ist. Der Heilige Geist bringt in diesen Versen ein wunderschönes Paradoxon zum Ausdruck. Wenn wir sie aufmerksam betrachten, entdecken wir zwei Themen – Themen, die sich auf den ersten Blick zu widersprechen scheinen:

- Thema 1 (Vers 6): „Ein Fasten, an dem [Gott] Gefallen hat."
- Thema 2 (Vers 11): „Der Herr wird dich sättigen in der Dürre."

Während Fasten Leere bedeutet, ist Sättigen Fülle. Wie bringt Gott beides zusammen? Er verspricht, dass die, die andere Freuden loslassen, mit etwas gefüllt werden, das nur er geben kann.

Sehen Sie sich nun einmal an, was in Vers 10 steht: „Wenn du ... den Hungrigen dein Herz finden lässt und den Elenden sättigst, dann wird dein Licht in der Finsternis aufgehen und dein Dunkel wird sein wie der Mittag." Wenn wir uns dafür einsetzen, die Menschen satt zu machen, die in Not sind, dann wird uns Gott in seiner Treue das geben, was wir brauchen.

Wir wollen noch ein wenig weiter darüber nachdenken, was dieses von Gott verordnete Fasten bedeutet. Beim Wort Fasten stellen wir uns meist vor, dass wir nichts essen, um zum Beten frei zu sein. Die Leere in unserem Bauch erinnert uns daran, dass wir beten wollen. Auch wenn im Neuen Testament oft davon die Rede ist, dass man sich um des Betens willen der Nahrung enthält, denke ich, dass hier in Jesaja 58 von einem Fasten die Rede ist, das Gott noch weit mehr ehrt. Ich habe mich längere Zeit mit dieser Frage beschäftigt und denke, sie ist nicht leicht zu beantworten. Wovon sollen wir nach Gottes Meinung fasten? Was sollen wir aufgeben, wovon sollen wir uns enthalten, damit wir den Elenden helfen können?

Gott führte mich ans andere Ende der Welt, um mir ein paar Antworten zu geben. Während einer zweiwöchigen Indienreise kamen mir diese Verse mehr als einmal in den Sinn. Wenn Sie eine missionarische Vergnügungsreise machen wollen, würde ich Ihnen Indien nicht empfehlen. Denn dort begegnen Sie auf Schritt und Tritt dem Elend. In der Gestalt von zerlumpten, verwaisten Bettelkindern folgt es Ihnen durch die Straßen. Mit dem durchdringenden Klang der Hindumusik, mit der 300 Millionen Götter freundlich gestimmt werden sollen, dringt es bis in Ihr Hotelzimmer. Es sticht Ihnen in die Augen, wenn Sie in das Meer der Armut blicken. Und es würgt Sie in der Kehle, wenn Sie bereits Straßen entfernt von der Leprakolonie das faulende Fleisch riechen. Als ich in die USA zurückkam, fragten mich die Leute, ob die Reise schön gewesen sei. Nein. Sie war nicht schön. Aber sie war eindrücklich. Ich bin seitdem verändert und ich kann nicht vergessen, was ich sah.

Was für ein Fasten wollte Gott von mir, als er mich zu diesen Elenden schickte? Ein Fasten vom gewohnten Komfort. Ein Fasten von meiner netten, kleinen Welt. Ein Fasten von der rosaroten Brille. In Houston winden sich die Autobahnen um die Innenstadt, um mir den Anblick der Armen zu ersparen. Ich kann tagelang in meiner Umgebung bleiben und mich mit lauter hübschen Problemen befassen, die besser riechen. Ich kann mich von Armut und Elend fern halten. Aber wenn ich das tue, dann werde ich nie ein Herz haben wie Gott.

Einer der Gründe, weshalb wir fasten sollten, besteht darin, dass die Leere uns zu einer geistlichen Reaktion zwingt. Die Leere in den Menschen in Indien weckte in mir die lebhafte Erinnerung an eine Zeit der Leere in meinem eigenen Leben. Mein Herz war hin und her gerissen. Was sich mir am meisten eingeprägt hat, sind die Gesichter der

Frauen. Den Kopf bedeckt und demütig. Viele erschienen mir, als würden sie sich schämen.

Ich stand in einem Dorf an einer Stelle, wo kaum einen Meter von mir entfernt das Abwasser entlanglief, und unterhielt mich mit Hilfe einer Dolmetscherin mit vier Frauen. Ich hatte das nicht geplant. Der Heilige Geist war einfach über mich gekommen. Ich berührte ihre Gesichter und sagte ihnen, sie seien so schön. Ich sagte ihnen, wenn Gott sie ansehe, dann sehe er sie voller Würde und Ehre. Sie seien wie Prinzessinnen. Innerhalb weniger Minuten waren aus den vier Frauen eine ganze Menge geworden. Mir kommen immer noch die Tränen, wenn ich daran denke. Sie weinten, klammerten sich an mich und waren bereit, alles zu tun, um einen solchen Erlöser zu finden. Sie wussten, dass sich ihre Umstände wohl nie ändern würden: Aber eines Tages würden sie dieses Leben hinter sich lassen und in Gottes Herrlichkeit aufwachen. Und wissen Sie, was Gott gebrauchte, damit zwischen mir und diesen Frauen der Funke übersprang? Die Erinnerung an meine eigene Leere und mein eigenes Elend.

Wir müssen nicht ans andere Ende der Welt reisen, um die Elenden zu erreichen. Oh, wie bete ich darum, dass wir in Christus wahre Zufriedenheit finden. Aber wenn sie echt sein soll, dann muss sie aus unserem Leben auch wieder herausströmen. Gefangene, die echte Befreiung erlebt haben, sind die barmherzigsten Menschen der Welt. Der andere ist in ihren Augen nicht weniger wert als sie, weil sie selbst wissen, wie es ist, wenn man in der Gosse lebt.

Unsere Motive, anderen zu helfen und zu dienen, sind nicht immer rein. Eine Freundin von mir, die im vollzeitlichen Dienst steht, prüft sich immer wieder mit der Frage: „Diene ich den anderen, um mir selbst etwas Gutes zu tun, oder ist mein Dienst die Konsequenz aus meiner Beziehung zu Gott?“ Wir tun gut daran, uns dieselbe Frage zu stellen. Brauchen wir die Bestätigung der Menschen, denen wir dienen, und helfen sie uns, uns wichtig zu fühlen? Oder dienen wir ihnen, weil Jesus unser Herz so erfüllt, dass es förmlich überströmt? Gerade der Dienst an denen, denen es wirklich elend geht, hilft uns, unsere Motive zu prüfen und zu bereinigen. Denn sie können uns nichts zurückgeben. Ein Mensch, der in Gott Zufriedenheit gefunden hat, bringt Gottes Herrlichkeit nie besser zum Ausdruck als da, wo er bereit ist, sich selbst um der anderen willen einzubringen.

Doch nun zu unserem nächsten Bild.

Gottes Frieden

Das vierte Vorrecht unserer Beziehung zu Gott besteht darin, dass wir seinen Frieden erleben. Wie kann der Friede Gottes in einem Menschen am besten zum Ausdruck kommen? Wann lenkt er die Blicke auf Gottes Herrlichkeit?

Am Anfang unseres Weges haben wir Jesaja 48,18 betrachtet. Dort haben wir gesehen, dass der Schlüssel zum Frieden darin besteht, dass wir uns Gottes Autorität unterstellen. Jesaja sagt, unser Friede sei „wie ein Strom", wenn wir auf Gottes Gebote achten. Der Schlüssel zum Frieden in unserem ganz persönlichen Leben besteht also darin, dass wir uns im Gehorsam Gott unterstellen.

Gehorsam gegenüber Gottes Allmacht fällt uns nicht leicht. Ein Prediger, den ich sehr verehre, sagte einmal, das Leben in der Nachfolge erfordere einen „langen Gehorsam in dieselbe Richtung". Ich finde, das ist wunderbar ausgedrückt. Aber bedeutet das nun, dass wir ein Opfer nach dem anderen bringen müssen? Kaum. Wir wollen uns einmal ansehen, wie dieser Friede in seiner schönsten Form aussieht.

Jesaja hat die Beziehung zwischen Frieden und Freude ganz wundervoll beschrieben:

Wie lieblich sind auf den Bergen die Füße der Freudenboten, die da Frieden verkündigen, Gutes predigen, Heil verkündigen, die da sagen zu Zion: Dein Gott ist König!

Deine Wächter rufen mit lauter Stimme und rühmen miteinander; denn alle Augen werden es sehen, wenn der Herr nach Zion zurückkehrt.

Seid fröhlich und rühmt miteinander, ihr Trümmer Jerusalems; denn der Herr hat sein Volk getröstet und Jerusalem erlöst. (Jesaja 52,7-9)

Und nun lesen Sie bitte auch noch Jesaja 58,13-14:

Wenn du deinen Fuß am Sabbat zurückhältst und nicht deinen Geschäften nachgehst an meinem heiligen Tage und den Sabbat „Lust" nennst und den heiligen Tag des Herrn „Geehrt"; wenn du ihn dadurch ehrst, dass du nicht deine Gänge machst und nicht deine Geschäfte treibst und kein leeres Geschwätz redest, dann wirst du deine Lust haben am Herrn und ich will dich über die Höhen auf Erden gehen lassen und will dich speisen mit dem Erbe deines Vaters Jakob; denn des Herrn Mund hats geredet.

Wie also finden wir Freude im Herrn? Gehorsam gegenüber Gott bedeutet oft, dass wir nicht unsere eigenen Wege gehen, nicht tun, was uns gefällt, und nicht einmal das reden, was uns passt. Doch wenn Friede die Frucht der Gerechtigkeit ist (Jesaja 32,17), dann ist die Freude der Saft dieser Frucht! Freude kommt letztlich aus dem Gehorsam und kaum etwas bringt Gottes Herrlichkeit besser zum Ausdruck als die Freude.

Meinen Sie, der Vergleich sei etwas weit hergeholt? Lesen Sie dazu einmal Johannes 15: „Ich bin der wahre Weinstock und mein Vater der Weingärtner ... Wer in mir bleibt und ich in ihm, der bringt viel Frucht ... Darin wird mein Vater verherrlicht, dass ihr viel Frucht bringt ... Wenn ihr meine Gebote haltet, so bleibt ihr in meiner Liebe ... Das sage ich euch, damit meine Freude in euch bleibe und eure Freude vollkommen werde" (Johannes 15,1.5.7.10-11).

Stellen Sie einmal Jesaja 32,17 neben Johannes 15 und sehen Sie, was dabei herauskommt: Friede ist die Frucht der Gerechtigkeit, die, ihrem Wesen nach, Gehorsam gegenüber Gottes Geboten ist – das Ergebnis, wenn wir an Gott, dem Weinstock, bleiben. Der Wein, der aus der reifen Frucht fließt, ist Freude.

Paulus erklärte: „Denn das Reich Gottes ist nicht Essen und Trinken, sondern Gerechtigkeit und Friede und Freude in dem heiligen Geist. Wer darin Christus dient, der ist Gott wohlgefällig und bei den Menschen geachtet" (Römer 14,17-18).

Der Wein der Freude wird irgendwann aus der Frucht des Friedens strömen, die durch die Gerechtigkeit wächst. „Den Abend lang währt das Weinen, aber des Morgens ist Freude" (Psalm 30,6). Gott wird Sie ansehen, wenn Sie in reifem Gehorsam stehen und vielleicht sagt er dann dasselbe, was meine Großmutter zu mir sagte, wenn ich mich fein gemacht hatte (trotz vorstehender Zähne): „Kind, was bist du hübsch!" Oder vielleicht sagt er: „Ja, du dienst meinem Ruhm."

Kapitel 47

Gottes Gegenwart

Der Herr ist mein Licht und mein Heil; vor wem sollte ich mich fürchten? (Psalm 27,1)

Wenn ich beim letzten Kapitel eines Buches angekommen bin, muss ich jedes Mal weinen. Aber diesmal kann ich damit fast nicht aufhören. Jeder Weg, den Gott mich durch sein Wort geführt hat, bedeutet mir unendlich viel. Doch jetzt war es noch einmal anders. *Du führst mich in die Freiheit* ist das schwierigste Buch, das ich je geschrieben habe. Gott wollte, dass es von einem Herzen kommt, das selbst erfahren hat, was es heißt, gebrochen zu sein. Beim Schreiben habe ich Verletzungen und Verluste erlebt, die kein Zufall sein können. Ich habe keine Ahnung, wie das Buch ankommen wird. Ja, ich weiß nicht einmal, ob es gut ist. Aber es ist echt. Und Gott ist gut.

Mir ist ein bisschen zumute wie damals, als ich aus Indien zurückkam. Ich kann nicht behaupten, dass die Reise schön war, aber ich werde sie so bald nicht vergessen. Ich kann Ihnen gar nicht sagen, wie dankbar ich bin, dass Sie mich bis hierhin begleitet haben. Und ich bete darum, dass Gott das, was Sie gelesen haben, für immer in Ihr Herz brennt. Alles, was dieses Buch erreicht, kommt von Gott.

Das Buch Jesaja ist so wertvoll, dass ich kaum wusste, wie ich daraus einen abschließenden Text wählen sollte. Aber ich glaube, Gott selbst hat einen ausgesucht, die beste Stelle, um einander Lebewohl zu sagen. Wir werden unsere Reise mit einem letzten Blick auf das fünfte Vorrecht beenden, das aus unserer Beziehung zu Gott rührt. Lesen Sie die bekannten Worte aus Jesaja 40,28-31 und lassen Sie jedes ganz tief auf sich wirken:

Weißt du nicht? Hast du nicht gehört? Der Herr, der ewige Gott, der die Enden der Erde geschaffen hat, wird nicht müde noch matt, sein Verstand ist unausforschlich. Er gibt dem Müden Kraft und Stärke genug dem Unvermögenden. Männer werden müde und matt und Jünglinge straucheln und fallen; aber die auf den Herrn harren, kriegen neue Kraft, dass sie auffahren mit Flügeln wie Adler, dass sie laufen und nicht matt werden, dass sie wandeln und nicht müde werden. (Jesaja 40,28-31)

Jetzt, wo sich unsere Wege trennen, bete ich um drei Dinge:

1. Wenn Sie noch nicht frei sind, dann bete ich darum, dass Sie mit Gott zusammenarbeiten, bis Sie es sind.
2. Ich bete darum, dass Sie es lernen, in der Freiheit zu bleiben.
3. Und ich bete darum, dass Sie immer wieder zurückfinden, wenn Sie einmal vom Weg in die Freiheit abgeirrt sind.

Ich bin es manchmal müde, den guten Kampf zu kämpfen. Sie auch? Wie aber können wir genug Energie aufbringen, um dranzubleiben und weiter um die Freiheit zu kämpfen? Selbst Männer werden müde und matt und Jünglinge straucheln und fallen. Wenn Sie so sind wie ich, dann sind Sie weder jung noch männlich. Wir könnten also ziemliche Probleme bekommen. Was sollen wir tun?

Jesaja 40,28-31 sagt uns genau das. Achten Sie einmal darauf, wem der Herr Stärke gibt: Denen, „die auf den Herrn harren". Das hebräische Wort für „harren" lautet *qawah* und bedeutet „hoffen, warten, ersehnen, sich sammeln, versammeln". Der Begriff „gespannt sein" hat dieselbe Wurzel und auch eine Schnur heißt *qawah*. Wenn wir neue Kraft für die täglichen Anforderungen bekommen wollen oder wenn uns die Kraft ausgegangen ist, dann, so sagt es uns Gottes Wort, müssen wir Gott so nahe kommen, dass wir uns praktisch wie mit einer Schnur an ihn binden.

Der Gedanke, dass wir uns durchs Leben kämpfen müssen, ist bedrückend. Können Sie sich etwas Anstrengenderes vorstellen, als jeden Morgen mit dem Gedanken aufzuwachen, dass Sie siegen müssen? Vier Tage hintereinander könnte ich das vielleicht schaffen. Aber die anderen drei würde ich den Wecker lieber ausschalten und weiterschlafen. Es muss doch einen besseren Weg geben.

Ich glaube, Jesaja 40,28-31 will uns sagen, wir sollen uns so eng an Gott binden, dass wir ganz automatisch dahin gehen, wo er hingeht.

Und er geht nur zum Sieg (2. Korinther 2,14). Unser Ziel soll es nicht sein, irgendwie zu gewinnen. Er will, dass wir Christus gewinnen. Denken wir nur an die bekannten Worte des Paulus in Philipper 3,8-9: „Damit ich Christus gewinne." Niemand hatte mehr über den guten Kampf zu sagen als Paulus und dennoch war sein Hauptziel nicht, zu gewinnen, sondern Christus zu gewinnen. Der nächste Satz erklärt, was er damit meint. Dort heißt es: „Und in ihm gefunden werden."

„In Christus gefunden zu werden" bedeutet dasselbe wie das „auf den Herrn harren" aus Jesaja 40,31. Beides beschreibt, wie wir uns an Gott binden. Als meine Kinder noch klein waren, hatten sie die Gewohnheit, sich mit den Armen um meine Taille zu klammern und ihre Beine um meine zu schlingen. Ich ging dann trotzdem weiter meiner Arbeit nach, pfiff leise vor mich hin und sagte dann vielleicht: „Ich frage mich nur, was Amanda (oder Melissa) gerade macht." Dann fingen sie an wie hysterisch zu lachen. Und mich überströmte immer ein tiefes Gefühl der Liebe, wenn ich mir bewusst machte, dass ihr liebstes Spiel darin bestand, an mir zu hängen, auch wenn mir hinterher alle Muskeln wehtaten.

„Auf den Herrn harren" heißt, das zu tun, was meine Kinder mit mir taten. Sich so fest an ihn klammern, wie man nur kann. Warum bringt Jesaja 40,31 diesen Vorschlag gerade im Zusammenhang mit den Müden und Unvermögenden? Denken Sie noch einmal an das Spiel meiner Kinder. Wer tat die meiste Arbeit? Ich. Was taten sie? Sie klammerten sich an mich und hielten sich fest. Sehen Sie die Parallele? Wenn wir müde sind, dann versuchen wir oft viel zu viel selbst zu machen.

Wenn wir erschöpft sind, verwenden wir meist viel mehr Kraft darauf, den Feind zu bekämpfen, als Gott zu suchen. Doch mehr noch als den Sieg sollen wir Christus suchen. Mehr als den Feind sollen wir seinen Widersacher suchen. Mehr als den Sieg den Sieger. Wir sind in Gottes Augen nie schöner, als wenn er auf uns herabsieht und feststellt, dass wir uns mit aller Kraft an ihn klammern.

Wir haben in diesen Kapiteln ein paar gewaltige Wahrheiten miteinander betrachtet. Aber nun ist es Zeit, dass wir uns trennen und jeder seinen eigenen Weg mit Gott geht. Sie werden mir fehlen und ich Ihnen vielleicht auch. Aber glauben Sie bitte nicht, dass Sie, weil Sie mich vermissen, Sie mich auch brauchen würden. Sie brauchen nicht mich. Sie brauchen Gott. Klammern Sie sich an ihn, der Sie führen will, bis Sie nach Hause kommen – wo Sie ein für alle Mal frei werden.

Mir ist ein wenig zu Mute wie damals, als ich Amanda zum ersten Mal ins College brachte. Ertragen Sie mich noch einen Augenblick und lassen Sie mich Ihnen ein paar mütterliche Ratschläge erteilen. Wir haben gesagt, dass wir von unseren Gebundenheiten nie frei werden, wenn wir die Unabhängigkeit suchen. Wir werden frei, wenn wir uns mit den Handschellen, die uns an die Sünde banden, an Christus binden. Wenn Sie im Willen Gottes gebunden sind, dann wird Ihre Zelle zu einem Heiligtum. Es gibt nur eine Bindung, die uns dadurch frei macht, dass sie uns bindet.

Ich bin so stolz auf Sie, dass ich es kaum aushalten kann. Aber wichtiger noch – Gott ist stolz auf Sie. Gott möchte mit Ihnen prahlen. Denken Sie einmal nicht daran, wie weit Sie noch gehen müssen. Bedenken Sie stattdessen, was für ein weites Stück Weg Sie schon zurückgelegt haben. Ruhen Sie sich ein paar Minuten aus. Sie müssen nichts erklären. Sie brauchen keine Angst zu haben. Sie müssen nicht mit sich schimpfen, sich nicht prüfen – nur aufsehen. Lehnen Sie sich einfach zurück und beten Sie Psalm 32,7: Möge Gott Sie beschirmen; möge er Sie vor Angst behüten und möge er Ihre geistigen Ohren öffnen, damit Sie den Klang der Freiheit, mit dem er Sie umgibt, hören können. Ich beuge meine Knie vor Gott und vor Ihnen. Sie waren mir eine liebe Weggefährtin und an Ihnen zeigt sich etwas von Gottes Herrlichkeit. Es war für mich ein großes Vorrecht, dieses Stück Weg mit Ihnen gehen zu dürfen.

Was wäre passender, als mit den Worten aus Jesaja 61,1-4 zu schließen? Lesen Sie sich die Verse noch einmal durch oder sagen Sie sie auf und lassen Sie sich von Gott noch einmal die gewaltigen Erkenntnisse vor Augen halten, die wir gemeinsam gewonnen haben.

Ich möchte mich mit einem Gebet von Ihnen verabschieden, das Gott mir ins Herz gegeben hat und das vielleicht auch etwas von Ihren Erfahrungen wiedergibt.

Von einer Gefangenen, die heil wurde

Oh Gott, der du Gebundene frei machst,
befreie diese Sklavin nicht allein um der Freiheit willen,
denn dann werden mich meine Flügel sicher
in ein anderes dorniges Land tragen.

Zerbrich stattdessen jedes böse Band
und massiere meine geschwollenen Gelenke
und dann mach mich zur Gefangenen deines Willens,
die in deiner Hut gefesselt ist.

Oh Gott, der du Licht in die Finsternis bringst,
führ mich nicht ins Licht,
damit ich nur mich selber sehe.
Lass das Licht meiner Freiheit auf dein Antlitz fallen
und sei du mein Licht.
Lass mich nicht
nach immer mehr Wissen trachten.
Lass dein Wort meines Fußes Leuchte
und ein Licht auf meinem Wege sein
und führe mich zu deiner Wohnung.

Oh Gott, der du die Trauernden aufrichtest,
blas die Asche fort,
aber lass deine sanfte Hand auf meinem Haupt
mein einziger Schmuck sein.
Tröste mich so tief,
mein Heiland,
dass ich keinen anderen Trost mehr suche.

Oh Gott, der du den Menschen viel zu sehr liebst,
um ihn je loszulassen,
komm so gewaltig in die Höhen und Tiefen meines Lebens,
dass nichts davon unberührt bleibt.
Pflüge mein Leben um, oh Herr,
bis alles zu fruchtbarem Boden wird,
und dann pflanze mich ein, oh Gott,
in das weite Land deiner Liebe.
Lass mich wachsen, stärke mich
und nimm deine nachdrückliche Hand nicht fort,
bis sie etwas hervorgebracht hat,
womit du dich rühmen kannst -
einen Abglanz deiner Herrlichkeit.

Ich liebe dich.
Deine Beth.

Anregungen zum Gespräch

Einleitung: Willkommen auf dem Weg in die Freiheit

1. Was kann einen Christ gefangen halten und das überströmende Leben, das Gott für ihn geplant hat, behindern?
2. Glauben Sie, dass Christen vom Teufel unterdrückt werden können? Warum? Warum nicht?
3. Wo suchen Menschen Schutz? Wie kann ihr Unterschlupf aussehen?
4. Wie kann aus einem Unterschlupf ein Gefängnis werden?

Kapitel 1: Vom Königsthron in die Gefangenschaft

1. Was meinen Sie, was für eine Art Freund wäre Jesaja wohl gewesen?
2. Was bewirkte bei Usia Ihrer Meinung nach den Anfall von Überheblichkeit, der dann zu seinem Sturz führte?
3. Wo erhebt der Stolz sein hässliches Haupt in Ihrem Leben?
4. Warum wohl hat Jotam die Höhen nicht niedergerissen?
5. Was kann einen Vater dazu bringen, seinen eigenen Sohn ins Feuer zu werfen?
6. Wie würden Sie das Vermächtnis beschreiben, das Hiskia seinen Kindern und Enkeln hinterließ?

Kapitel 2: Die Herrschaft Christi

1. Warum brauchen wir auf dem Weg in die Freiheit mehr, als uns irgendein menschlicher Führer geben könnte?
2. Wie hat Christus mit Ihnen „freundlich“ geredet, nachdem er Sie für eine Sünde strafen musste?

3. Welche Bedeutung hat für Sie der Satz: „Gott ist immer viel mehr an unserer Freiheit interessiert als wir selbst"?
4. Wo sehen Sie, dass Jesus die Verheißungen aus Jesaja 61,1-4 erfüllt hat?

Kapitel 3: Gott kennen und ihm glauben

1. Erleben Sie etwas von den Vorrechten, die aus der Beziehung zu Gott herrühren?
2. Was hat am meisten dazu beigetragen, dass Sie Gott vertrauen?
3. Was bereitet Ihnen im Blick auf den Glauben die größten Probleme?
4. Was können Sie ganz praktisch unternehmen, um Ihr Vertrauen auf Gott zu stärken?

Kapitel 4: Gott verherrlichen

1. Wie hat Gott sich Ihnen bekannt gemacht?
2. Was bedeutet es, dass Christus der Abglanz der Herrlichkeit Gottes ist?
3. Was heißt es für Sie, Gott zu verherrlichen?
4. Wie kann ein Christ so leben, dass Gott verherrlicht wird?
5. Wie kann ein Mensch wissen, ob er Gott mit seinem Leben verherrlicht?

Kapitel 5: In Gott Zufriedenheit finden

1. Wie reagieren Sie auf die Aussage, dass viele Christen mit Jesus nicht zufrieden sind?
2. Wo haben Sie versucht etwas zu erreichen, was Sie dann doch nicht zufrieden gemacht hat?
3. Was ist der Unterschied zwischen Erlösung von der Sünde und Zufriedenheit der Seele?
4. Was sind Symptome für eine innere Unzufriedenheit?

Kapitel 6: Gottes Frieden erleben

1. Ist es für Sie eher selten und überraschend, Gottes Frieden zu erleben, oder ist es etwas ganz Normales?
2. Wann empfängt ein Christ Frieden mit Gott?
3. Welche Rolle spielen Macht und Autorität für den Frieden Gottes?
4. Welcher Teil aus dem Satz, dass unser Friede sein wird „wie ein Wasserstrom" ist für Sie am wichtigsten?

Kapitel 7: Sich an Gottes Gegenwart freuen

1. Was ist beständiger, die Gegenwart Gottes oder das Bewusstsein seiner Gegenwart?
2. Nimmt Ihre Freude an der Gegenwart Gottes eher ab oder nimmt sie zu?
3. Was ist für Sie an Ihrer Beziehung zu Gott am befriedigendsten?

Kapitel 8: Hindernis eins: Unglaube

1. Womit hat Gott in Ihrem Leben seinen Einzug als König vorbereitet?
2. Wieso ist es ein Unterschied, ob man *an* Gott oder ob man Gott glaubt?
3. Wie hat Gott Ihnen bewiesen, dass er vertrauenswürdig ist?
4. Welchen Einfluss hat das Bibellesen auf Ihren Glauben?

Kapitel 9: Hindernis zwei: Stolz

1. Inwieweit steht Ihres „Herzens Begehren" nach Gottes Namen?
2. Wieso ist der Stolz ein so gefährlicher Feind?
3. Was empfinden Sie gegenüber einem Menschen, der stolz und überheblich ist? Was gegenüber jemandem, der demütig ist?
4. Was müssen wir tun, wenn wir uns vor Gott demütigen wollen?

Kapitel 10: Hindernis drei: Götzendienst

1. Warum sorgt Gott dafür, dass jeder Mensch im tiefsten Inneren unzufrieden ist?

2. Warum nennt die Bibel jede Suche nach Zufriedenheit, die nicht zu Gott führt, Götzendienst?
3. Welche Gestalt haben die Götzen bei Ihnen persönlich angenommen?

Kapitel 11: Hindernis vier: Gebetslosigkeit

1. Wie würden Sie Philipper 4,6-7 umschreiben, um daraus ein Rezept gegen die Angst zu machen?
2. Was ist der Unterschied zwischen einem „oberflächlichen" und einem „handfesten" Gebetsleben?
3. Warum ist das Gebet ein Schlüssel zum Frieden?
4. Wie hat das Beten Ihnen in einer besonders stressigen Zeit Frieden gebracht?

Kapitel 12: Hindernis fünf: Gesetzlichkeit

1. Warum ist die Gesetzlichkeit oft so verführerisch? Warum zieht sie die Menschen immer wieder an?
2. Was ist für Sie die größte Versuchung: 1. Regeln ersetzen Beziehungen, 2. Mikroskope ersetzen Spiegel, 3. Leistung ersetzt Leidenschaft?
3. Wo ist Ihnen durch die Gesetzlichkeit schon die Freude am Glauben genommen worden?
4. Mit welchem der fünf Hindernisse, die wir untersucht haben, haben Sie die größten Probleme? Mit welchem die wenigsten?

Kapitel 13: Ein Rundgang durch alte Trümmer

1. Ohne dass Sie Ihre Familie schlecht machen – können Sie irgendwelche Trümmer identifizieren, die schon seit Generationen in Ihrer Familie liegen?
2. Was ist der richtige Grund, um die alten Trümmer in der eigenen Familie zu untersuchen?
3. Was wäre ein falscher Grund?
4. Warum ist es für uns so schwer, Bindungen in der eigenen Familie zu erkennen?
5. Was müssen Sie aus Ihrer Familie in den Trophäenschrank stellen? Was gehört in den Mülleimer?

Kapitel 14: Alte Grenzsteine

1. Was war ein alter Grenzstein?
2. Was passiert, wenn Grenzsteine verrückt werden?
3. Wieso fördern Gebundenheiten die Sünde?
4. Inwiefern hat die Sünde der Eltern einen Einfluss auf die nachfolgenden Generationen?
5. Was muss passieren, damit ein Mensch den Kreislauf familiärer Gebundenheiten durchbrechen kann?

Kapitel 15: Die alte Schlange

1. Welchen Einfluss hat Satans Wissen um die Sünden innerhalb unserer Familie darauf, wie er uns in Versuchung führt?
2. Welche Charakterzüge haben Sie schon an sich selbst entdeckt, die Ihnen an Ihren Eltern oder Großeltern nicht gefallen?
3. Warum ist Vergebung so wichtig, um das Joch der familiären Gebundenheiten zu brechen?
4. Warum machen die Sünden der Väter die Kinder oft umso verletzlicher?

Kapitel 16: Bestandsaufnahme

1. Was sagt Hesekiel 18 über den Zusammenhang zwischen den Sünden der Väter und jenen der Kinder?
2. Auch wenn wir als Christen nicht für unsere Sünde sterben müssen, kann sie in gewissem Sinne den „Tod" bewirken. Wie?
3. Welche vier Schritte tat der Sohn in Hesekiel, um den Kreis der Sünde seiner Väter zu durchbrechen?
4. Wie können wir von den Sünden unserer Väter loskommen, ohne unsere Eltern schlecht zu machen?
5. Was ist der Unterschied zwischen dem Erhalten und dem Aufbauen alter Ruinen?

Kapitel 17: In alter Zeit

1. Welche Ziele hat Gott, welche Ziele hat Satan im Leben des Gläubigen?

2. Inwiefern ist für Sie die Aussage, dass Gott der „Uralte" ist, eine Ermutigung?
3. Was können Sie ganz praktisch unternehmen, damit Sie für zukünftige Generationen eine gute Grundlage legen?
4. Was wünschen Sie sich für Ihre Kinder und Enkel?
5. Wo kann die nächste Generation an Ihrem Leben erkennen, dass Sie authentisch sind?

Kapitel 18: Mitten ins Herz

1. Wie fühlt es sich an, wenn man ein zerbrochenes Herz hat?
2. Wie reagieren Sie auf die Aussage, dass Gott seinen Sohn extra deshalb auf diese Erde schickte, um Ihr gebrochenes Herz zu heilen?
3. Wie versuchen Menschen sich selbst zu schützen, wenn ihnen das Herz gebrochen wurde?
4. Was ist anders an der Art, wie Christus ein gebrochenes Herz heilen will, als wenn wir selbst versuchen, uns zu schützen?

Kapitel 19: Zerbrochene Kinderherzen

1. Wie kann ein Mensch einen anderen dazu bringen zu sündigen?
2. Warum bewirkt Kindesmissbrauch nicht nur gebrochene Herzen, sondern fördert auch die Sünde?
3. Wie hat Jesus auf das Problem des Kindesmissbrauchs reagiert?
4. Wie kann Jesus die Schmerzen einer schweren Kindheit zu unserem Besten nutzen?
5. Was halten Sie von der Art, wie Jesus auf das Problem des Kindesmissbrauchs eingeht?

Kapitel 20: Geheilte Herzen

1. Warum geschieht die Heilung bei Menschen, die als Kind missbraucht wurden, eher allmählich als spontan?
2. Wie verhielt sich Jesus gegenüber Kindern? Gegenüber dem Kindesmissbrauch?
3. Wieso könnte es sein, dass Matthäus 18,6-10 sich auf das Thema Kindesmissbrauch bezieht?

4. Was halten Sie davon, denen zu vergeben, die Ihnen wehgetan oder Sie verletzt haben?

Kapitel 21: Verrat

1. Warum stehen wir in der Gefahr, negativ zu reagieren, wenn uns das Herz gebrochen wurde?
2. Warum lassen sich andere Menschen von der Größe unserer Not manchmal einschüchtern, Jesus aber nie?
3. Was empfand Jesus Ihrer Meinung nach, als er von Judas verraten wurde?
4. Warum war für Jesus nur das Verhalten von Judas Verrat?
5. Was ist der Unterschied zwischen Verrat aus Egoismus und Verrat aus Bosheit?

Kapitel 22: Verlust

1. Wie empfinden Sie Trauer?
2. Was ist der Sinn der Trauer?
3. Warum zögerte Jesus, ehe er zu Lazarus ging?
4. Wie kann ein Christ auch nach einem Verlust wieder ein erfülltes Leben führen?

Kapitel 23: Asche statt Ehre

1. Wie bringen die Menschen in Ihrem Kulturkreis ihre Trauer zum Ausdruck?
2. Inwiefern macht die moderne Gesellschaft Frauen zu Opfern?
3. Wann wurde Ihnen zum ersten Mal klar, dass Sie ein Königskind sind?

Kapitel 24: Braut sein

1. Was empfinden Sie, wenn Sie den „märchenhaften“ Schluss von Tamars Geschichte lesen?
2. Was ist der Unterschied zwischen einer Braut und einer Ehefrau?
3. Was bedeutet es für Sie, eine Braut Christi zu sein?
4. Wie können wir uns für den Bräutigam bereitmachen?

Kapitel 25: Schön sein

1. Warum sind die Menschen im Blick auf ihr Äußeres oft so unsicher?
2. Inwiefern lässt sich die Liebe, wie sie im Hohenlied geschildert wird, mit Ihrer Beziehung zu Christus vergleichen?
3. Was empfinden Sie angesichts der Liebe, die Christus Ihnen entgegenbringt?
4. Wie wird Ihr Kindertraum, schön sein zu wollen, in Christus erfüllt?

Kapitel 26: Fruchtbar sein

1. Wie ist Ihnen zumute, wenn Sie etwas unbedingt haben wollen, aber nicht haben können?
2. Warum wird Unfruchtbarkeit Ihrer Meinung nach so oft mit Sünde in Verbindung gebracht?
3. Was können Sie tun, um geistliche Kinder aufzuziehen?

Kapitel 27: Glücklich und in Freuden

1. Wieso weigern sich manche Menschen, ihre Träume aufzugeben, während andere es schaffen?
2. Wie hat Gott in Ihrem Leben aus Schmerz Glück gemacht?
3. Warum werten wir in unseren christlichen Kreisen das Glück so oft ab?

Kapitel 28: Verkehrte Welt

1. Warum ist der Gehorsam so wichtig, wenn wir in Christus frei werden wollen?
2. Haben Sie schon einmal erlebt, dass Sie in einem Bereich Ihres Lebens von etwas frei wurden, dafür aber in einem anderen Bereich eine neue Bindung entdeckten?
3. Wo ähneln wir heute den ungehorsamen Israeliten aus Jesaja 30?
4. Welches Merkmal eines ungehorsamen Gotteskindes haben Sie an sich selbst entdeckt?

Kapitel 29: Zerbrochener Ton

1. Wie kommt es, dass sich ein ungehorsames Gotteskind auf Arglist verlässt?
2. Warum rennen ungehorsame Gotteskinder vor den echten Antworten davon?
3. Was finden Sie schwieriger: zu Gott zurückzukehren oder sich ihm zu widersetzen?
4. Zu welcher Art von Ungehorsam neigen Sie am ehesten?

Kapitel 30: Gott hat das Recht zu herrschen

1. Wann erleben wir Freiheit in Christus?
2. Wie finden wir eher zur Freiheit? Indem wir versuchen, uns den Weg selbst zu bahnen, oder indem wir alle Bereiche unseres Lebens Gottes Herrschaft unterstellen? Worin besteht der Unterschied?
3. Was bedeutet der Glaube, dass Gott das Recht zu herrschen hat, für Ihren Gehorsam?
4. Was bedeutet es für Ihren Gehorsam, zu glauben, dass Gottes Herrschaft recht ist?
5. Was bedeutet es für Ihr Leben, dass Gott der Mittelpunkt Ihres Universums ist?

Kapitel 31: Gottes Herrschaft ist recht

1. Wie reagieren Sie, wenn Sie einer ungerechten Autorität gehorchen müssen?
2. Warum versuchen wir so verzweifelt, unser eigener Herr zu sein? Ist das überhaupt möglich?
3. Welche Dinge haben dazu beigetragen, dass Ihr Vertrauen zu Gott gewachsen ist?
4. Haben Sie Probleme mit Autoritäten? Wie ist Ihnen das bewusst geworden?

Kapitel 32: Gottes Herrschaft im Alltag

1. Warum fällt es uns so schwer, Gott in den „Banalitäten" des Alltags zu gehorchen?

2. Welcher der fünf Punkte über den Alltag mit Gott ist Ihnen am wichtigsten? Wie wichtig ist Ihnen ein frisches Wort am Morgen?
3. Was ist für Sie die größte Versuchung, wenn Sie das Gefühl haben, Gott würde Ihren Weg nicht hell genug beleuchten?

Kapitel 33: Auf der Suche nach Liebe

1. Welches Risiko gehen wir ein, wenn wir unsere Beziehung zu Gott auf das abstützen, was er tut?
2. Was ist unser größtes psychologisches Bedürfnis?
3. Wie erfüllt Christus dieses Bedürfnis?
4. Wie haben Sie erfahren, dass Gott nicht nur die Antwort auf Ihre Bedürfnisse, sondern auch auf Ihre Wünsche ist?

Kapitel 34: Liebe macht frei

1. Warum fällt es uns Ihrer Meinung nach so schwer zu glauben, dass Gott uns wirklich liebt?
2. Wie kommt es, dass Gott die Menschen trotz ihres Verhaltens liebt?
3. Welchen Zusammenhang gibt es zwischen Gottes manchmal harten Strafen und seiner Liebe?
4. Wieso kann Ungehorsam in Gebundenheiten führen?
5. Was tut Gott, damit seine gefangenen Kinder frei werden können?

Kapitel 35: Liebe erfüllt

1. Warum können wir nur in Gott echte Befriedigung finden?
2. Wie finden wir Befriedigung in Gott?
3. Was ist der Unterschied zwischen einem vom Geist „erfüllten" und einem vom Geist „befriedigten" Leben?
4. Wie wird der Geist Gottes in unserem Leben freigesetzt?

Kapitel 36: Wer nicht an Gottes Liebe glaubt

1. Wieso kann Unglaube die Gemeinde krank machen?
2. Warum fällt es den Christen schwer, Gott zu glauben?
3. Wie teilt Gott uns mit, dass er uns liebt?
4. Wie zeigt Gott uns seine Liebe?

Kapitel 37: Die Frucht der Liebe

1. Wieso ist ein Mensch, der glaubt, dass Gott ihn liebt, anders als andere?
2. Warum verlieren die Dinge, die uns binden wollen, ihre Kraft, wenn wir glauben, dass Gott uns liebt?
3. Was hat am meisten dazu beigetragen, dass Sie sich Gottes Führung bedingungslos anvertrauen können?
4. Was ist Ihnen am wichtigsten: Gottes Erlösung, Gottes Erbarmen, Gottes Trost oder sein Schutz? Warum?

Kapitel 38: Ein Blick ins Alte Testament

1. Warum sind ein gründliches Bibelstudium und das Umsetzen des Erkannten für einen Menschen, der die Freiheit sucht, so wichtig?
2. Warum ist es besser, gewissermaßen Schritt für Schritt in die Freiheit zu gehen als einfach von bestimmten Bindungen befreit zu werden?
3. Welche Beweise finden Sie in Ihrem Leben dafür, dass Gott über Ihr Denken wacht?
4. Worin besteht der Unterschied, ob wir vollkommenen Frieden in einem unvollkommenen Herzen haben oder ob wir ein vollkommenes Herz haben?
5. Welchen Einfluss hat die Art, wie Sie sich ein Bild von gewissen Ereignissen machen, auf Ihr Leben?

Kapitel 39: Ein Blick ins Neue Testament

1. Können Sie eine Festung, eine Bindung nennen, mit der Sie in Ihrem Leben zu kämpfen haben?
2. Wieso konnte diese Bindung in Ihrem Leben so stark werden?
3. Welche Rolle spielt dabei die Unsicherheit?
4. Welche Entschuldigung haben Sie dafür, dass Sie bestimmte Bereiche Ihres Lebens nicht der Herrschaft Jesu unterstellen?

Kapitel 40: Die Höhen niederreißen

1. Was hält Sie davon ab, Ihre Gedanken auf Christus zu konzentrieren?
2. Was bedeutet es für Sie, Ihre Gedanken – auch die quälenden – in einen Bezug zu Christus zu bringen?
3. Warum ist Götzendienst ein direkter Weg in die Katastrophe?
4. Wie kann es dazu kommen, dass ein Mensch, dem wir nicht vergeben können, für uns zum „Götzen" wird?
5. Was bedeutet „Bekennen" für Sie? Heißt es, etwas zuzugeben, was nicht recht war, oder geht es darum, zu einer bestimmten Sache dasselbe zu sagen wie Gott?

Kapitel 41: Demontage und Neuprogrammierung

1. Wodurch wurden Sie fähig, eine bestimmte Sünde in Ihrem Leben als Bindung zu erkennen?
2. Nennen Sie ein paar der Lügen, die Sie im Zusammenhang mit einer Bindung in Ihrem Leben erkannt haben.
3. Was bedeutet die Aussage: „Lügen und Betrug sind der Leim, der unser Gefängnis zusammenhält"?
4. Haben auch Sie Probleme mit der Lüge, dass Sie dafür verantwortlich sind, jedem Menschen zu helfen, der in Not ist?
5. Warum ist es für ein Leben in der Freiheit so absolut notwendig, dass wir die Lügen, die mit unserer Bindung zusammenhängen, erkennen?

Kapitel 42: Die Gedanken gefangen nehmen

1. Warum weigert sich Gott im Allgemeinen, Versuchungen oder Gedanken, die uns beherrschen, einfach wegzunehmen?
2. Welche Methoden können Sie entwickeln, um den Lügen Satans etwas entgegenzusetzen?
3. Warum ist es in Ihren Augen sinnvoll, die Wahrheiten, die Ihnen wichtig geworden sind, auf spezielle „Wahrheitskärtchen" zu schreiben?
4. Warum müssen wir besonders wachsam sein und manchen Dingen ganz bewusst aus dem Weg gehen, wenn wir in einem geistlichen Kampf stehen?

5. Ist die Arbeit an unseren Gedanken die einzige Methode, damit sie nicht an uns arbeiten? Oder gibt es noch andere und wenn ja, welche?

Kapitel 43: Eine Pflanzung des Herrn

1. Inwiefern haben Sie durch dieses Buch gelernt, Gott von ganzem Herzen, von ganzer Seele, von ganzem Gemüt und von allen Kräften zu lieben?
2. Was wären Sie bereit, dagegen einzutauschen, dass man von Ihnen sagen kann, Sie leben zu Gottes „Lob"?
3. Was empfinden Sie, wenn Sie von Gott lesen, er werde „über dich mit Jauchzen fröhlich sein"? Wenn Sie sich vorstellen, dass er stolz auf Sie ist?

Kapitel 44: Zum Lob seines Namens

1. Haben Sie schon bei Freunden erlebt, dass sie ein Zeugnis für Gott sind und man seine Wahrheit an ihnen erkennt? Wie äußert sich das?
2. Warum wollen Menschen, die Gott gut kennen, ihn auch bekannt machen?
3. Sehnen Sie sich zur Zeit nach der Nähe Gottes?
4. Was können Sie tun, damit diese Sehnsucht in Ihnen noch mehr wächst?
5. Worin besteht der Unterschied, ob ich nach Gottes Macht verlange oder mich nach seiner Nähe sehne?

Kapitel 45: Zu Gottes Herrlichkeit

1. Wie könnte aus Ihrem Ringen nach Befreiung ein Schritt werden, der Sie direkt vor die Tore des Himmels führt?
2. Wie sieht die Beute aus, die Sie aus Ihrem Kampf gegen den Feind und für den Willen Gottes mitgenommen haben?
3. Wie können Sie die Beute, die Sie aus zurückliegenden Kämpfen gewonnen haben, wieder einsetzen, damit Sie für das Reich Gottes zum Gewinn wird?